大势

站在十字路口的互联网行业

裴培（互联网怪盗团团长） 著

电子工业出版社
Publishing House of Electronics Industry
北京·BEIJING

未经许可，不得以任何方式复制或抄袭本书之部分或全部内容。
版权所有，侵权必究。

图书在版编目（CIP）数据

大势：站在十字路口的互联网行业 / 裴培著. —北京：电子工业出版社，2023.9
ISBN 978-7-121-45835-4

Ⅰ. ①大… Ⅱ. ①裴… Ⅲ. ①互联网络－高技术产业－产业发展－中国－普及读物 Ⅳ. ①F492.3-49

中国国家版本馆 CIP 数据核字（2023）第 115613 号

责任编辑：滕亚帆
印　　刷：三河市良远印务有限公司
装　　订：三河市良远印务有限公司
出版发行：电子工业出版社
　　　　　北京市海淀区万寿路 173 信箱　　邮编：100036
开　　本：720×1000　1/16　印张：19.75　字数：312 千字
版　　次：2023 年 9 月第 1 版
印　　次：2024 年 1 月第 4 次印刷
定　　价：79.00 元

凡所购买电子工业出版社图书有缺损问题，请向购买书店调换。若书店售缺，请与本社发行部联系，联系及邮购电话：(010) 88254888，88258888。

质量投诉请发邮件至 zlts@phei.com.cn，盗版侵权举报请发邮件至 dbqq@phei.com.cn。
本书咨询联系方式：faq@phei.com.cn。

前　言

2022年10月，当我开始着手撰写本书时，我构想的是一本主要关于Web 3.0及内容产业的书。与很多投资人及互联网从业者一样，我相信"互联网平台"这个Web 2.0的概念已经走过了巅峰期，盛极难继，接下来必将逐渐让出舞台的中心位置。米哈游、鹰角等新一代游戏公司已经证明了内容开发者的潜力，LVMH（Louis Vuitton Moët Hennessy）老板成为世界首富则证明了品牌认知和优质稀缺产品的价值。在与投资圈的朋友喝咖啡闲聊时，我打趣说："如果二十年后的世界首富来自内容产业，我不会感到奇怪！"其实可能还用不了二十年。

有趣的是，本书才写到三分之一时，ChatGPT就横空出世了，我也成为它的首批试用者之一。从那时起，我就惊叹于生成式AI的伟大力量——与Web 3.0及更早的"元宇宙"（混合现实）概念相比，生成式AI的独特之处在于它迅速影响到了普通人的工作和生活。从ChatGPT发布的第一个月起，我身边就有人开始用它帮助自己回复邮件、写文书、写报告；使用Midjourney绘画的更是屡见不鲜。一项技术创新究竟有多重要，不仅要看它在理论上有多么颠覆，更要看它对实践的影响速度。在这方面，生成式AI获得了一个满分。

IV 大势：站在十字路口的互联网行业

虽然我此前就计划将 AI 作为本书的主题之一，但是在目睹了 ChatGPT 的魔力之后，我决定留出更多的章节，浓墨重彩地讨论生成式 AI 对互联网乃至整个人类社会的影响。在市面上，关于生成式 AI 的研究报告、论文和图书正在像雨后春笋一样不断诞生，如果不谈 GPT，你就落伍了。不过，与主流观点相比，我有两个相对不同的看法。

首先，生成式 AI 是改造未来的一股力量，但不是唯一一股力量。就像在第二次世界大战的欧洲战场，坦克是一种最重要、最具革命性的武器，但是它不能脱离摩托化步兵、自行火炮和战术空军而存在。投资人总是追逐热点，AI 这个热点的冉冉升起似乎使得 Web 3.0、混合现实变成了明日黄花。问题在于，从实际业务层面看，情况可能恰恰相反——AI 可以让混合现实内容创作更容易，还可以与 Web 3.0 交叉赋能。所以，我们不应孤立地看待以 ChatGPT 为代表的生成式 AI，而应将其视为全球行业下一阶段广阔图景的一部分（尽管它可能是最重要的部分）。

其次，在商业上，生成式 AI 最大的机遇在于应用层。其实所有颠覆性的技术都一样，基础研发固然重要，开花结果的地方却在于应用推广。在本书截稿前夕，OpenAI 完成了新一轮融资，估值 290 亿美元。这个数字固然令人印象深刻，但是最早把 GPT 推向应用场景的微软，其市值增加幅度远远过之。就连谷歌、Meta 等在 AI 大模型研发方面的"落后者"，自 2023 年初以来的市值增加值都远超 290 亿美元[1]，因为华尔街相信它们的核心应用能够从 AI 技术中汲取新的力量。说到底，全球不需要那么多的 AI 大模型，但全球需要无数多种 AI 应用场景。

假如没有生成式 AI，那么传统互联网平台面临的可以说是一个日薄西山的局面：用户渗透率见顶，内容方/产品方的话语权日益增强，监管部门对平台的管理越来越严格，更不要说 Web 3.0 这个从根本上瓦解平台的技术手段。

---

[1] 截至 2023 年 4 月 30 日数据，资本市场瞬息万变，上述数字随时可能改变。

贯穿本书的一个核心论点就是：**随着 Web 2.0 时代走向终结，内容方/产品方也将相对于平台方取得越来越多的优势，乃至取代后者走向舞台中心**。到了那一天，万亿市值的内容公司、千亿身家的内容创作者将不再罕见，米哈游、鹰角、Epic Games、罗布乐思（Roblox）只是新时代的先声罢了。

生成式 AI 的爆炸式发展，似乎改变了潮流：只有互联网大厂或者它们扶持的公司才搞得起大模型，创业公司的大模型或垂直模型也必须跑在互联网大厂的云服务平台上。而且，互联网大厂可以将其平台业务与 AI 深度绑定，从而最早享受到生成式 AI 的好处。那么，本书的基本观点是否有必要改变？本书曾经的副书名——诸神之黄昏，本来指的是互联网平台公司的困境与涅槃，如果互联网平台能独享生成式 AI 的成果，那么它们面临的就不是涅槃，而是又一个欣欣向荣的时期了。

抱着上述疑问，我与数十位来自互联网行业和内容产业的朋友进行了交流，看看他们在想什么，他们所就职的组织在做什么。我还以间接的方式观察大洋彼岸的科技巨头们在应用生成式 AI 方面的进度具体如何。初步的结论是：生成式 AI 并不改变本书的基本论断。而且，AI 与 Web 3.0 的关系在很大程度上被人忽视了，而 AI 与内容产业的关系往往被人误解了。像 Midjourney 这样的智能绘图工具抢走了一些原画师的工作，从而让人误以为"AI 要砸内容创作者的饭碗"。可是透过现象看本质，我们看到的是，越重复的劳动就越容易被取代，位于金字塔尖的真正的创造性劳动反而会更加值钱。

不要误会，本书不是想提前敲响互联网平台公司的丧钟；或许这丧钟永远不必敲响。因为大批互联网平台自身也经营内容或实体产品业务，并坚定不移地向传统平台业务的边界之外扩张。就算等到"AI+Web 3.0"全面结合、去中心化潮流席卷世界的那一天，中心化的互联网平台都不会灭绝，就像燃油车不会随着新能源汽车的扩张而灭绝。人类十分聪明，可以发明连自己都理解不了的 AI；人类又十分愚蠢，很容易从一个极端走向另一个极端。虽然我们从中学开始就学习辩证法，不过愿意在实践中应用辩证法的人不多。

本书既不是一本关于科技行业最新热门话题的科普手册，也不是一本对历史上已经发生的事情的总结。本书确实想认真探讨"互联网乃至整个科技行业的下一个时代会是什么样子的"，尽管作者的知识储备和能力或许不足以全面回答上述问题，但是如果本书能够引起广大读者的一些思考，目的就已经达到了。

裴培（互联网怪盗团团长）

目 录

序　章

从米哈游的估值超过 B 站说起　|　1

第一章

**互联网平台：
Web 2.0 时代的"诸神"**　|　13

"平台经济"的前世今生　|　15

互联网平台的本质　|　25

"一个艺术家有 1000 名'死忠'粉丝就能衣食无忧"？　|　35

Web 3.0："平台经济"的终结者和克星？　|　45

第二章

每个人都在讨论 Web 3.0，
谁真的在做 Web 3.0 | 57

发币、炒币、NFT：这不是 Web 3.0 的全部 | 59

Web 3.0 的正确应用方式：DO，DAO，DApp？ | 70

Web 3.0 与元宇宙：一本糊涂账，谁人能看清 | 84

折中解决方案：Web 3.0 = Web 2.0 的自然延伸？ | 95

第三章

内容产业的 Web 3.0 时代：
最好的时代，最坏的时代 | 107

由 ChatGPT 引发的争议：内容产业走向 AIGC？ | 109

互联网时代的马太效应："IP 经济"的本质是强者愈强 | 122

平台型公司的窘境：从席卷全球的游戏公司并购狂潮说起 | 134

时来天地皆同力：Web 3.0 和 AIGC 如何造就万亿级别的
内容公司 | 146

第四章

"帝国"反击：
互联网巨头为新时代进行的备战 | **155**

Web 3.0 去中心化，AI 再次中心化？ | **157**

IBM vs OpenAI：AI 科技"两条路线"的斗争历史 | **163**

谷歌 vs 亚马逊：两大消费互联网巨头的转型军备竞赛 | **175**

进军线下：互联网巨头的最终命运是变成实体企业？ | **187**

中型互联网平台：转型、整合，或是坐以待毙 | **198**

第五章

中国互联网行业：
在新时代的命运还是个谜 | **205**

中国互联网的"特殊性"究竟体现在哪里 | **207**

回顾历史：四次互联网红利及其后果 | **212**

AI 时代的中国困境：ChatGPT 为什么难以复制 | **223**

"AI 独角兽"的进退维谷：企业客户太难伺候，消费市场太难做 | **235**

解铃还须系铃人：正确理解 OpenAI 带来的启示 | **247**

第六章

新时代的科技与消费行业：
一些预测 | **257**

新时代的三股力量：Web 3.0、AI、XR | 259

新时代的内容行业：迎接最好的时光 | 264

新时代的电商行业：大型平台消亡的起点？ | 273

新时代的金融行业："金融科技"的本质是科技而非金融 | 282

新时代的社交网络：三条不同的突破方向 | 290

附录 A

主要参考及学习材料 | **299**

序　章

从米哈游的估值超过
B站说起

我永远忘不了2019年11月，与一位投资界的朋友的微信语音对话。当时，B站刚刚发布了一份非常好看的季度财报：营业收入同比增长72%，月活用户（MAU）数同比增长38%，月度付费用户数更是同比激增了124%。B站董事长兼CEO陈睿谈道：[1]

> 在用户增长、优质内容和商业化能力提升这三大引擎的推动下，我们的收入将持续增长，我们对社区参与者的价值也将持续提升。

彼时彼刻，大部分投资者举双手赞成陈睿董事长的"出圈"战略：仅仅在二次元细分赛道上圈地自萌，是不能缔造一个伟大公司的；只有进军更多赛道、做Z世代的内容门户，才是成为头部互联网平台的正道！但是，"出圈"战略有一个严重的软肋，那就是不赚钱，至少暂时赚不到钱。B站的几乎全部营业利润仍然来自游戏，尤其是来自第三方开发商的二次元游戏，包括现象级产品《命运/冠位指定》（*Fate/Grand Order*），以及《碧蓝航线》《双生视界》等。既然要"出圈"，B站的资源就必须分散到各种各样不赚钱的新兴业务当中，这就导致其在营业收入激增的同时，亏损也在剧增。

不过，处于极度乐观状态的资本市场并不十分担心上述问题，愿意给B站时间；可是问题总归需要解决。在初冬的夜晚，有一位重仓B站的机构投资者给我打微信电话（当时我仍然是某券商负责研究互联网行业的首席分析师，而他是我的客户），讨论"B站扭亏为盈的路线图"。我们都认为，通过收购获得优质盈利资产，或许是B站快速扭亏的必由之路。于是他认真地问我：

---

[1] 摘自B站2019年三季报新闻稿。

> 我看到米哈游很赚钱，不过难以上市。B站可不可以收购米哈游，把自己的平台业务和对方的内容业务合而为一，这不就解决一切问题了吗？

没错，米哈游确实在2017年提交了申请在A股上市的招股意向书，并且在2018年初进行了更新；不过，证监会似乎没有"接招"的意思。自从2016年以来，中国证监会再也没有批准过一家游戏公司通过IPO上市，而通过重组上市也困难重重。游戏公司的融资跟房地产公司一样，在A股市场受到严格限制。根据最后一次更新的招股意向书，米哈游仅仅在2017年上半年就实现了4.47亿元的净利润，净利润率高达76%！如此优质的公司却无法上市，让二级市场的投资者惋惜不已。

附带说一句，2018—2019年，我曾经三次拜访米哈游，与这家公司的管理层和中层员工展开过十分愉快的交流。我最深刻的印象是，米哈游的每一个人都热爱自己的事业，觉得自己做的事情既好玩又有前途——"技术宅拯救世界"这个口号，绝不只是喊喊而已。坦白地说，如果我在当时有投资米哈游的机会，肯定会毫不犹豫地去做。很可惜，不但我没有这个机会，腾讯也没有这个机会。除了一家天使投资机构，在历史上没有任何外部投资者获得过投资米哈游的机会（直到今天，依然如此）。

无论米哈游有多么赚钱，根据2019年资本市场的逻辑，纯粹的"内容公司"都是不能享受高估值的，理由很充分：

> 内容公司高度依赖少量"爆款内容"，这是需要运气的。就算侥幸做出了"爆款内容"，生命周期可能也很有限。结果，内容公司将不得不反复投入大量资源碰运气。就算碰对了，公司也只能在短时间内赚钱，碰错了却有生存之虞。

> 在互联网时代，内容公司处处受制于"平台公司"，因为任何内容都需要通过渠道进行分发——手机厂商、应用商店，以及微信、抖音这样的超级 App，都是不容忽视的渠道。内容公司若不自己建立平台，最终难逃给平台公司打工的下场。

> 一家内容公司的产品做得再好、IP 影响力再强，其用户覆盖面也是有限的。互联网平台动辄可以触达几亿用户，而游戏公司、影视公司能触达上千万用户就已经很不错了。用户基础越狭窄，企业长青的概率就越小，难道不是这样吗？

这就是 2018—2019 年 A 股和港股游戏公司的现状：投资者抱有深刻的怀疑态度，大批公司的市盈率只有十几倍，甚至低到七八倍；市盈率超过二十倍的公司已经算是资本市场的宠儿了。只有像腾讯这样身兼平台公司和游戏公司身份的巨头，才能享受较高的估值倍数。在申请 A 股上市无疾而终之后，如果米哈游转道去香港或美国上市，估计也不会拿到很理想的估值。那么，干脆将米哈游卖给 B 站（无论是全卖，还是部分卖），这是不是一种比较理性的选择呢？

奇妙的是，B 站恰恰在每个方面均构成了米哈游的"对立面"：B 站是平台公司，米哈游是内容公司；B 站热衷于"出圈""去二次元化"，米哈游则深耕二次元游戏这一条赛道；B 站收入规模庞大却在亏损，米哈游收入规模较小却在盈利；B 站在资本市场呼风唤雨，估值与日俱增；米哈游则失去了上市的机会，估值不会太高……

因此，当那位重仓 B 站的机构投资者向我提出"B 站可不可以收购米哈游"这个问题时，他不但是认真的，而且是理性的，绝对不是开玩笑。我的第一反应是：米哈游不会卖；不仅不会卖给 B 站，也不会卖给任何人！于是，在稍作思索之后，我以一种戏谑的口吻回答：

> 按照这个架势发展下去，过几年，谁收购谁还说不定呢。

别误会，我当时确实是在开玩笑。我没有未卜先知的能力。在我看来，米哈游是内容公司的典范，非常符合我这个业余电影制片人、业余小说作家对"文化内容产业"的理想——一群志同道合的人，热火朝天、不惜一切代价地开发自己喜爱的作品，世界上难道有比这更美好的事情吗？当时，我已经看了《原神》预告片和实机演示，直觉告诉我，这将是米哈游的下一个爆款；不过即便如此，米哈游的估值要超过 B 站，可能性也太小了。如果米哈游真的有收购 B 站的那一天，它的估值至少要达到 B 站的 3～5 倍，或者手头持有的现金超过 B 站的总市值——在当年看来，这两件事情发生的概率无限接近于零。

后来的事情大家应该很熟悉了：2020 年 9 月，《原神》上线，不但打破了泛二次元游戏的收入纪录，而且成为全球除了《王者荣耀》之外收入最高的游戏。《原神》横跨了手机、PC 和主机三端，并且在海外市场取得了连腾讯、网易等老牌游戏巨头的产品都没有取得过的佳绩。虽然米哈游从未公布过财务业绩情况，但根据我的个人估计，仅仅依靠《原神》一款产品，该公司在 2021 年的总收入就超过了 200 亿元；即便按照比较保守的算法，米哈游的年度净利润也接近 100 亿元。何况，米哈游的产品创新能力似乎是无穷无尽的，2022 年公布的《绝区零》再次让二次元玩家群体摩拳擦掌（尽管这款产品的商业化潜力肯定与《原神》不在一个"重量"级）。

2020—2022 年，恰好也是全球游戏公司估值暴涨的时刻：Epic Games（《堡垒之夜》及虚幻游戏引擎的开发商）完成了估值 400 多亿美元的一级市场融资；ZeniMax（《上古卷轴》《辐射》《毁灭战士》《德军总部》的开发商）、动视暴雪（想必这家公司无须介绍了）先后被微软以 81 亿美元和 687 亿美元收购。在全球股市普遍大幅下跌的时候，游戏公司成为投资者的避风港，例如 EA（电子艺界，全球最大的游戏开发商之一）的股价迄今也只从最高点回调了约 10%，市值高达 350 亿美元。中国是个例外，因为游戏版号匮乏，导致国内游戏公司的财务表现普遍乏力；但是，像网易这样比较纯粹的游戏公司，其估值下跌幅度也明显低于其他互联网中概股。

公允地说，如果米哈游的股票可以上市交易，考虑到它的利润水平和增长前景，其估值水平不会低于 EA 和 Epic Games，甚至有可能与动视暴雪比肩。2022 年 10 月，有媒体报道称，腾讯内部对米哈游的估值是 3000 亿人民币；这个数字或许太高，但我认为是现实的。对投资者而言最可惜的是，鉴于《原神》让米哈游获得了充裕的现金流，它大概在可见的未来都不会对外融资了。

与此同时，B 站在 2021 年初触及 600 亿美元的历史估值最高点之后，就开启了节节下跌的道路。截至 2022 年 10 月，它从最高点下跌了 93%，在整个中概股当中也算下跌最惨的股票之一。现在，资本市场热议的话题是：就算 B 站能维持用户增长，它会不会永远无法实现盈利？直播、会员付费、广告、自营电商……这些"出圈"业务没有一个能让人看到希望，而最赚钱的二次元游戏业务已经进入了萎缩轨道。大家看出来了，B 站的自研游戏迄今成果寥寥，从财报数据看，其游戏发行和渠道业务的收入也止步不前。在本书截稿前（2023 年 3 月），即便经历了一轮强劲反弹，B 站市值仍只恢复到约 90 亿美元，相当于其巅峰期市值的 15%，仅仅略高于 2019 年 11 月（也就是机构投资者问我"B 站可不可以收购米哈游"之时）的水平。

毫无疑问，米哈游现在的财务资源应该足以收购 B 站，但是这种收购迄今尚未发生，大概永远也不会发生。事实证明，《原神》的成功不依赖于任何特定渠道，也没有受制于任何"平台公司"。现在，无论在游戏圈还是在投资圈，大部分人均已承认：决定一款游戏产品成功与否的首要因素是内容质量，其次才是与渠道的关系。既然如此，米哈游为何要拿宝贵的现金，去购买一家短期内毫无赚钱可能性、与自己的协同效应也很有限的公司呢？

世界真奇妙。历史发展的进程，可能在短短三四年内出现180度的转折。在2019年，我们无法想象内容公司的估值能普遍地超过平台公司；即便最优秀的内容公司，其估值也不太可能超过普通的平台公司。可是到了2022年底，内容公司的估值超过平台公司正在成为一种常态。以美股市场为例：

➢ 前面提到，动视暴雪已经同意以687亿美元被微软收购；由于收购能否完成还存在不确定性，动视暴雪目前（2023年3月）的市值约为667亿美元。[1]EA的市值为343亿美元，Take-Two（《侠盗猎车手》《荒野大镖客》的开发商）为205亿美元。"元宇宙第一股"Roblox上市之后股价大起大落，已经比巅峰期缩水一大截，但市值仍有280亿美元。从估值倍数看，游戏公司的市盈率超过30倍不是什么稀奇的事情。

➢ 与此相反，美股的"二线互联网平台"的估值正在遭受毁灭性打击："阅后即焚"社交巨头Snap的市值仅为174亿美元；全球最大的音乐流媒体平台Spotify的市值仅为261亿美元；图片社交分享平台Pinterest的市值仅为191亿美元；北美最大的在线食品订购平台DoorDash仅为248亿美元。拜埃隆·里夫·马斯克（Elon Reeve Musk，以下统称马斯克）的收购计划所赐，推特在退市前竟然仍能维持400亿美元市值——可是看看马斯克多次反悔的样子就知道，这个价钱买贵了。

➢ 头部互联网平台，也就是苹果（Apple）、微软（Microsoft）、谷歌（Google）、亚马逊（Amazon）、Meta这五巨头，倒是维持着很高的市值。其中，Meta的掉队趋势很明显，或许不久就将与奈飞一样，落入"比上不足比下有余"的尴尬处境。不过，另外四巨头的生态系统均牢不可破，在未来多年内维持强势是可以期待的。

---

[1] 2023年4月，微软收购动视暴雪的计划被英国反垄断当局否决，但并不意味着这次收购一定会胎死腹中，因为微软还有上诉和修改收购计划的机会。

总结一下，现在的情况是：规模最大的平台公司，即所谓"四巨头"或"五巨头"（合称MAGA，Microsoft, Amazon, Google, Apple，有时候也加上Meta），高高在上，其业务规模和估值都可以单列一个档次。然而，在这些巨头之下，二线互联网平台普遍过得比较艰难。它们在规模上固然比不上一线巨头，在盈利能力和现金流上往往又落后于成功的内容公司，对投资人而言变成了一块"鸡肋"，"失宠"因而成为一种必然。其实，在互联网中概股当中，也存在类似的趋势，只是泥沙俱下的暴跌使得这种趋势往往被忽略罢了。

往事无法重来，但我们不妨做一个假设：如果B站管理层在上市前后，没有致力于把自己打造为"Z世代的平台型公司"，没有将大部分资源投向"出圈""去二次元化"，而是集中精力于二次元游戏业务，那么它的财务状况很可能会比现在好一些，营业亏损的幅度可能大幅收窄。早在2016年8月，B站就通过代理《命运/冠位指定》进入了游戏行业；差不多同一时间，米哈游发布了《崩坏3》，而鹰角网络的《明日方舟》（算得上《原神》之前最成功的国产二次元大作之一）还在研发初期。从这个时间点开始，认真、有智慧、持之以恒地进行4~5年的投入，B站是有可能在2021年前后拿出至少一款自研二次元大作的。很可惜，宝贵的时间窗口已经错过，再也不会重现。

对于习惯了移动互联网时代行业逻辑的投资人，以及一直在互联网大厂（所谓大厂，一般都是平台型公司）工作的业内人士而言，平台型公司与内容型公司地位的微妙转变，似乎有些不容易理解。这会不会仅是一股逆流，一个短暂的"特殊时期"而已？然而，只要我们站到更高的维度，从历史的角度看互联网行业，以及一切新科技、新消费相关的行业，就可以合乎情理地得出如下结论：

> "互联网平台"是一个 Web 2.0 的概念，尤其在"移动互联网+Web 2.0"的时代最具备统治力。随着移动互联网渗透率的见顶、Web 2.0 模式基本被探索殆尽，"平台经济"的潜力已经所剩无几。在这种情况下，高不成低不就的二线平台将成为最早的牺牲品。只有居于"食物链顶端"的超级平台仍能稳坐钓鱼台，继续享受甜蜜时光。

> 在 Web 2.0 的极盛时期，内容方/产品方在平台方面前往往处于弱势地位，任凭后者拿走绝大部分经济利益、掌握终端用户。然而，随着用户的不断成熟、内容方/产品方商业模式的进化、IP 经济产业链的不断延伸，以及 AI 在内容产业应用的不断深入（ChatGPT 是一个很好的内容辅助创作工具），上述利益分配格局正在发生根本性的松动。以米哈游、Epic Games 为代表的顶尖游戏公司，只是这一变化过程的"初熟之果"罢了。

> Web 3.0 模式的诞生和发展，可能彻底颠覆"平台"这一概念，把互联网从"平台主导"的中心化结构改写为"没有平台"的去中心化结构。当然，这个愿景或许过于理想化了，更有可能出现的局面是 Web 2.0 与 Web 3.0 的杂糅——平台型公司依旧存在，但是其统治力大为降低，降格为 Web 3.0 主流两侧的各种"支流"。而优秀的内容型/产品型公司在 Web 3.0 时代将会如虎添翼。附带说一句，AI 技术的进步将促使 Web 3.0 在功能和灵活性方面更进一步，这两股潮流在本质上是一股潮流。

> 如果 Web 3.0 的商业和社会试验能够深入下去，那么就连"公司"这个概念也会趋于消解，代之以 DO（去中心化组织）、DAO（去中心化自治组织）、DAC（去中心化自治公司）等新的组织形式。说实话，我个人对这一前景颇为怀疑，即便能实现，可能也得花上几代人的时间；可是一旦实现，就意味着人类从工业革命初期以来存续的商业组织和市场形态的彻底颠覆。

➢ ChatGPT 的诞生，意味着 AIGC（AI 创作内容）时代的开始。它固然有利于微软这样掌握了 AI 基础研发能力的互联网巨头，但也有利于那些优质的内容公司。从美国到中国，一线游戏公司正在踊跃尝试以 AI 进行美术、场景等创作，依托 AI 唤醒玩家的二次创作热情，以及让 AI 充当客服及引导工具。相比之下，二线互联网平台再次陷入尴尬境地：它们既不掌握 AI 核心技术，又缺乏内容基因；如果不能及时找到应对措施，它们将以前所未有的速度陷入边缘化。

在这本书当中，我将全力以赴，把上述论点讲得更清楚、更透彻一些。我们将总结中国和世界其他地区的互联网从 Web 1.0 到 Web 2.0 时代的历程，以及在此过程中"平台方"与"内容方/产品方"之间的相爱相杀；详细分析"平台经济"的本质，全球范围的"平台经济"反垄断的深层逻辑，以及平台巨头自我革新的可能性；对 Web 3.0 这个时髦、光怪陆离的概念做出尽可能公允而全面的审视。另外，畅想一下，"类 ChatGPT"的 AI 应用究竟会对包括整个人类科技及消费产业构成什么样的影响。

通过本书，你可能会发现：许多看似孤立的事件、孤立的产业经济趋势，彼此之间存在着千丝万缕的联系；很多八竿子打不着的公司是可以拿来对比的，很多相隔了几十年、几百年的思潮在本质上是一回事。例如，本章开始提到的那个问题——"B 站为什么不去收购米哈游"，是一个典型的来自 Web 2.0 极盛时代、站在平台型公司的角度提出的问题。从这个问题出发，溯流而上，我们就可以发现"平台 vs 内容""渠道 vs 产品"旷日持久斗争的本质是什么，以及为何 Web 3.0 与 AI 应用的普及可以从根本上化解这种斗争。

本书原定的副书名为"诸神之黄昏"[1]，书中的"诸神"指的正是过去二十年呼风唤雨、定义了一个经济时代的互联网平台公司们；既包括中国的，

---

[1] 考虑到这个典故的普及范围太小，所以改成现在的副书名。

也包括美国及其他国家的。另外，黄昏不等于夜晚，西下的夕阳仍然可能照耀世界很长时间，现在宣判互联网平台的终结还为时尚早。何况，即使真的进入了以"去中心化"为特征的新时代，平台公司也不是不可以转型的。如果说，过去二十年的互联网发展史教给了我们什么知识，那么第一条肯定是：不要把话说得太死。

《原神》是一个很重要的产品，米哈游是一家很优秀的公司，但它们并非本书的主角。即便是互联网行业（包括游戏等网生内容行业），也并非本书的唯一主角。如果 Web 3.0 真能带来一波"去中心化"的浪潮，那它改变的将是整个人类的生产和管理方式，乃至整个人类社会的文化基因。在这个浪潮之下，几家公司的市值变动，乃至几个行业的利益分配格局变化，都仅仅是时代的一个注脚而已。

问题在于：这个浪潮是真实的吗？它会像某些人期待的那样好吗？退一万步讲，假设 Web 3.0 只是一个虚假的"市场噪音"，假设自然语义 AI 的应用推进速度也慢于市场主流预期，那么数字经济的下一个发展阶段究竟是什么？这些问题太大，仅靠一本书是无法解答的，但我还是会尽力给出一些自己的结论。

欢迎读者与我一起开始这段旅程。

第一章

互联网平台：
Web 2.0 时代的"诸神"

- "平台经济"的前世今生
- 互联网平台的本质
- "一个艺术家有 1000 名'死忠'粉丝就能衣食无忧"?
- Web 3.0:"平台经济"的终结者和克星?

"平台经济"的前世今生

当现代互联网的主体技术框架——万维网（World Wide Web，简记为 Web）于 1993 年诞生，并且在短短数年之内席卷全球数亿用户的时候，"互联网平台"这个概念并未随之诞生，也不会有人预计到"平台经济"将伴随着互联网而普及，并深刻改变全人类的经济活动方式。出生于 20 世纪 80 年代或以前的人，或许还记得最早的一批互联网上市公司的名字。

> 网景（Netscape），第一家上市的互联网公司，最早的 Web 浏览器开发商。微软与它展开了旷日持久的"浏览器大战"，由此直接引发了长达十余年的针对微软的反垄断诉讼。

> 美国在线（AOL），美国最早的互联网接入服务商（ISP），同时经营一些互联网信息业务。在"浏览器大战"的白热化阶段，它收购了网景，这也是互联网行业历史上发生的第一次大型并购。

> 亚马逊（Amazon），由贝索斯在自己的车库里成立，最早是一家网络书店，逐渐扩展为一家涵盖各类商品的在线零售商。在 1998—2000 年的纳斯达克互联网泡沫中，它是股价表现最好的公司之一。

> 雅虎（Yahoo!），由华裔留学生杨致远创立，创造了"门户网站"这个概念，提供新闻、邮箱、论坛和"网页目录"服务。它是第一个通过广告赚取大量收益的互联网公司。

> eBay，世界上最早的旧货拍卖网站，然后逐渐扩展为包罗各类商品的网络集市。它频繁使用并购作为扩张手段，为后世的所有互联网公司开了一个好头。

AOL，互联网接入服务商

Amazon，在线零售商

eBay，最早的旧货拍卖网站

Yahoo!，门户网站

Netscape，浏览器及企业网络软件

Web 1.0 时代的"上古互联网巨头"

按照今天的标准，所谓"互联网平台"，就是一座座信息、内容或实体商品的桥梁，一头连着生产者，一头连着消费者。例如，我们称淘宝为平台，是因为它连接着商品的卖家和买家；我们称抖音为平台，是因为它连接着短视频的创作者和观看者。总而言之，有大量的第三方参与者，而且这些参与者之间的互动能创造商业价值，这样的企业才能被称为"互联网平台"。

然而，以上列举的"上古互联网巨头"，大部分均不符合"平台"的定义：网景在本质上是一家工具软件公司；美国在线主要做的是电信运营商的业务；亚马逊在早年只有自营零售业务，没有第三方商品。雅虎的门户网站可能会被误以为是最早的"互联网平台"，其实它的大部分信息是由工作人员更新的，用户交互内容只占很小的比例。只有 eBay 看起来比较像"平台"——它确实撮合了大批买家和卖家，通过张贴信息和撮合交易来收费。

造成这种状况的原因很简单：当时的万维网尚处于 Web 1.0 时代，网站内容以静态网页为主，数据库功能薄弱（尚未使用交互式数据库），网络接入速度也相当慢。绝大部分网站依靠人工维护，信息更新频率很低，只有留言板、文字 BBS 等原始交互功能。例如，上文提到的雅虎，最流行的功能是"网页目录"（Yahoo! Directory），其实就是用户人工输入、后台人工审核的网站列表，是真正意义上的"人肉搜索引擎"——可以想象其效率之低下。

在那个时代，最流行的互联网商业模式是"鼠标加水泥"，其实就是初级阶段的自营电商：eToys.com 一度成为美国圣诞假期销量最大的玩具零售商；Pets.com 专门出售宠物用品，以疯狂进行广告投放而著称；Webvan.com 是最早的生鲜及日用品在线零售商；Kozmo.com 则是最早的"同城闪购"（或者叫"跑腿"）在线服务商。你肯定没有使用过上述网站的服务，因为在 2001 年前后，它们都随着纳斯达克互联网泡沫的破裂而倒闭了。准确地说，绝大部分 Web 1.0 时代的互联网公司都在这一时期消亡了，活到今天的亚马逊、eBay 等皆是万里挑一的幸运儿[我国的腾讯、阿里巴巴（简称阿里）等也位列其中]。

有趣的是，纳斯达克互联网泡沫破裂之时，恰恰也是 Web 2.0 概念产生、成熟之际；在历史上似乎充斥着这种"不破不立"的巧合。在这本书里，我们无意讨论 Web 2.0 的技术细节，例如浏览器技术框架的全面进化、关系数据库的广泛应用、富 Web 应用程序（Rich Web Application）的推出，等等。我们只需要知道，上述软件技术的进步，加上通信基础设施建设带来的网速提升，共同导致了如下结果。

> 用户在互联网上发布信息越来越容易了，由此产生了 UGC（User-generated Content，用户创造内容）这个概念。

> 随着标签（Tagging）、点赞、标记、搜索等功能的完善，用户对互联网上浩如烟海的信息的组织分类能力也提升了。

> 用户与用户之间的沟通也越来越顺畅，可以通过各种手段进行即时或延时的交流。

因此，Web 2.0 时代出现了一大批由用户制造内容、以自动方式更新内容、以用户之间的交流或交易为主要功能的网站。在 Facebook 中，用户主动发布自己的照片和动态，同时浏览朋友发布的照片和动态；在 YouTube 中，每天都有数百万人发布原创视频，供数十亿人选择观看；在淘宝中，数以万计的卖家吆喝着自己的商品，希望让尽可能多的顾客看到；在微博中，用户如饥似渴地讨论各式各样的娱乐八卦和社会新闻，并把它们转发出去。对于任何一种信息，无论是文字信息、视频信息还是商品信息，总是既存在生产者又存在消费者；有些生产者就是消费者业余充当的，有些生产者则是专业的。把这些生产者和消费者联系起来，赋予他们必要的技术和运营支持，所谓的"互联网平台"就诞生了。

附带说一句，也有一些平台不是通过用户主动发布内容，而是通过爬虫等手段自动抓取第三方内容而产生的，最典型的例子就是谷歌、百度等搜索引擎，以及早期的今日头条等信息聚合平台。这只是技术上的差异，不改变其本质。事实上，随着时间的推移，绝大部分互联网平台都形成了多种多样的内容生成模式。对于沉浸于 Web 2.0 时代已久的本书读者而言，这一点应该无须展开解说。

话说回来，这种对接"生产者"与"消费者"的平台模式，在互联网时代之前也并不罕见。最常见的例子是大卖场，它通过招商引进大批品牌，为这些品牌对接顾客，从中收取坑位费和销售提成。农贸市场可能是一个更典型的例子，这里的很多顾客同时也是生产者，他们一边卖自家的农产品，一边买别人的农产品。说白了，实体经济中的大部分零售商品渠道，从大型商场到便利店、从连锁数码店到书报亭，都具备一定的"平台色彩"。不过，现在它们的经济地位远远没有互联网平台那样重要、那样稳固。

在互联网诞生之前，有人认为沃尔玛、Costco 这样的大型商超对美国经济的控制力太大；可是与后来的亚马逊等互联网零售平台比起来，它们就实在是小巫见大巫了。同样，传统时代的媒体渠道对舆论的影响力，也绝非后来的 Facebook、YouTube 等社交媒体平台可比。与实体经济中的渠道相比，互联网平台具备三个无可匹敌的优势；尤其是在 21 世纪的前二十年，这三个优势几乎是不可撼动的。

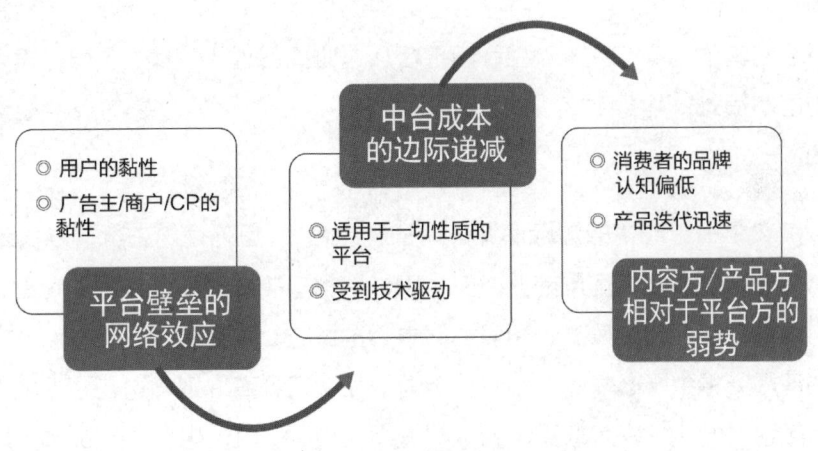

互联网平台野蛮生长的秘诀

首先是平台壁垒的网络效应。 互联网平台带有某种"自然垄断"的特征——规模越大，用户黏性就越强，内容方、商家和广告主对它的重视程度也越高。网络效应的极致是社交网络，用户登录某个社交平台，可能仅仅是因为自己的朋友也在这里，所以一切用户最终会集中到极少数的头部平台。

一切媒体平台或内容平台都带有一定的社交属性，所以自然垄断往往是无法避免的。投资者早已习惯了一个规律：在大部分互联网细分赛道上，只有第一名能赚大钱，第三名及其以后的平台独立生存发展的希望就比较渺茫了。

进入移动互联网时代，一切应用的头部化趋势都在加剧：移动 App 取代了网站，成为流量的焦点；用户日趋"懒惰"，不愿再尝试多种多样的选择，这促使流量向少数头部 App 集中，商家和内容方也不得不随之集中。在任何一个互联网细分领域，只要领先者不犯下错误，竞争对手就不可能超越它。想通过差异化竞争去打败领先者也很困难，因为领先者手中的资源非常丰富，完全可以覆盖一切差异化赛道。

几乎所有顶尖互联网平台都产生于美国和中国，这一点很容易理解：这两个国家的内部市场庞大、消费者众多，能够产生最大的网络效应。尤其是美国的互联网平台，依托着自身强势的英语文化，能够把网络效应轻而易举地扩展到其他国家；中国的互联网平台在这方面就弱了不少。人口低于几千万的国家很难产生原生的大型互联网平台，这是由网络效应的经济规律决定的。

其次是中台成本的边际递减。所谓"中台"，包括两个方面：狭义的中台包括一切坐在办公室里的业务支持工作，例如技术开发、数据和运营；广义的中台还包括基础设施，涵盖数据中心这样的计算存储能力，也涉及电商和生活服务平台所必需的仓储物流能力。在大部分情况下，这些中台成本都是边际递减的：一家互联网平台的收入规模扩张了 10 倍，中台成本可能只会增加 2~3 倍，从而制造巨大的财务效益。所以，互联网平台总是具备无限扩张的倾向，不仅是为了提升收入，也是为了摊薄成本；这样一来，它们的"自然垄断"特征更加明显了。

需要指出的是，中台成本的边际递减不是无条件的，而递减的主要是那些与地理位置无关、主要在线下进行的工作（通俗地说就是文职工作）。基于线下的仓储物流、实体门店等成本,并不会随着业务规模扩大而自然摊薄。由此导致了在电商、生活服务等"重线下"的领域,其自然垄断的趋势往往比社交媒体等"纯线上"领域要弱一些。

最后是内容方/产品方相对于平台方的弱势。很显然,与规模庞大、训练有素的互联网平台相比,内容创作者和普通商家的力量是很薄弱的,在与平台的博弈之中往往处于弱势地位。而且,在移动互联网发展初期,用户也没有养成品牌认知的习惯,往往是跟着平台的推荐逻辑走,流量全部沉淀在平台而不是内容方/产品方那里。既然平台引领了整个社会的内容消费和商品消费习惯,那么平台必然会从经济利益当中分走最大的一块"蛋糕"。

此外,在移动互联网时代初期,任何产品的迭代速度都很快——无论是内容产品,还是线上热销的实体商品,总归是"你方唱罢我登场"。产品迭代速度越快,产品方就越难在用户心目中建立品牌认知,从而更加受制于平台。读者不妨回顾一下,自己三年前在抖音关注的网红,跟现在关注的还是同一拨人吗?自己三年前在淘宝常买的店铺,与现在常买的店铺重叠度恐怕也不是很高了吧。铁打的平台,流水的内容和产品,前者总是压着后者一头。

既然互联网平台拥有如此巨大、不可撼动的优势,Web 2.0 时代的经济成果主要被平台攫取、"平台经济"不断膨胀,就丝毫不足为奇了。如果有选择,绝大部分创业者都想创立一家"平台型公司",投资者也愿意"押注"于这样的公司。事实上,在移动互联网的流量红利时代,创立"平台型公司"的门槛并不高,甚至形成了通行的套路。

第一步:

选择一条尚未被占领的细分赛道,或者直接模仿竞争对手的赛道,成立一家以移动 App 为核心的消费互联网平台。在移动互联网兴起初期,这样的赛道不难找,尽管特别优秀的赛道可能早早就很拥挤了。这样一件事既可以由创业者来做，也可以由现存的互联网巨头来做，甚至可以由投资人亲自去做。

在中国，创业者有一个事半功倍的选择，那就是学习发达国家的成功先例。YouTube 在美国流行之后，中国就有了土豆、优酷；Uber 在美国开花结果之际，中国就有了滴滴、快的；微信、米聊等即时通信工具的出现，也是受到了发源于北美（这次是加拿大而非美国）的 Kik Messenger 的启发。因此，有人开玩笑地说："硅谷创业者摸着石头过河，中国创业者摸着硅谷过河。"

第二步：

创业者从投资人那里拿钱，然后不惜代价地烧钱占领市场，同时以各种优惠政策来吸引内容方/产品方入驻。对于内容方/产品方而言，这是一个绝佳的红利期，可以轻松拿到大把的流量扶持和资金补贴。即便对于外卖骑手、网约车司机这些看似缺乏技术含量的工作而言，在前几年平台争相烧钱的时候，他们也有机会薅到大量的"羊毛"。

在这个阶段，什么样的平台能取得优势，很大程度上取决于它获得资金、维持现金流的能力。我们都知道，美团能在"千团大战"当中笑到最后，是因为它懂得不乱烧钱；B 站能够在与 A 站的竞争当中后来居上，是因为后者的投资人不靠谱、没有及时投入。在这方面，由互联网巨头内部孵化的创业项目具备天然优势，至少它们能够稳定地烧一阵子钱。

第三步：

经过一段时间，平台型创业公司烧掉的钱已经以吨为单位计算了，一批最差劲和最缺钱的公司已经出局，行业格局趋于稳定，到了整合的时候了。此时此刻，如果你有幸处于细分市场的前列，就可以成为一方诸侯，去整合别人、谋求上市；如果你做不到这一点，就只能期待被别人收购整合。在理想的状况下，行业整合应该导致"市场出清"，也就是刚好剩下必要数量的平台，不多也不少。

很可惜，理想的"市场出清"状况很难出现。在许多细分赛道，竞争往往会旷日持久，在一批平台倒下之后，新的一批平台又不期而至。行业整合的进度，很大程度上取决于资本市场的状况：在牛市期间，资金供给源源不断，各路诸侯谁也不肯认输，不妨再战三百回合；在熊市期间，资金的匮乏导致连头部平台的生存都很艰难，市场出清的速度可能会非常快。

第四步：

随着行业格局完全稳定下来、烧钱告一段落，幸存平台的焦点从"打天下"转向了"坐天下"。在这个阶段，它们会不约而同地做一件事情："削藩"，也就是降低合作伙伴的话语权和经济利益，提高自身的货币化率。羊毛出在羊身上，除非出现新的竞争对手，已经功成名就的互联网平台必然要加强对内容方/产品方的"剥削"，把最大的蛋糕留给自己。

混迹互联网多年的内容方/产品方，往往早已预料到了平台方的"卸磨杀驴"意图——打天下的时候不吝丰厚的扶持和补贴，坐天下的时候则只想独占利益。面对此情此景，它们肯定不会坐以待毙，不愿让"平台经济"变成"平台方独享的经济"。它们会通过各种各样的方式与平台方抗争、讨价还价，但并不总是能得到满意的结果。

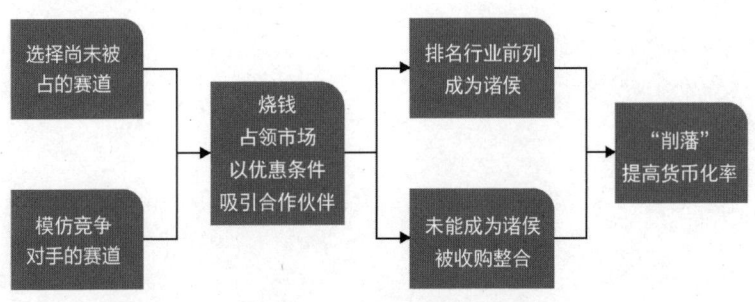

互联网平台诞生与成长的路线图

在一般情况下，一家互联网平台的利润有多高、地位有多稳固，取决于它与内容方/产品方博弈的能力。我们不妨把这种博弈想象为中世纪欧洲封建制度下，国王与封建主（诸侯）的博弈——强势的国王会造就一个中央集权的王国，弱势的国王则只能坐视封建主林立的格局。这就涉及一个更具体的问题：我们知道，平台方是（内容或商品）生产者和消费者的桥梁，那么它是如何收费的呢？为什么有些"桥梁"能收取很高的过路费，而另一些"桥梁"则做不到这一点？

下面我们将展开讨论这个复杂的话题。

互联网平台的本质

想象一下,在 19 世纪的美国西部地区,有一位牛仔在无主之地建立了一座集市。他建起了许多木板房,让商户有地方遮风避雨,还给顾客修了石子路,在集市边缘建起了围栏。周围几十英里(1 英里约等于 1.6 千米)的农民都被吸引过来了,每个星期在这里出售自家农场的产品,互通有无。那么,这位牛仔可以被称为集市的"主人"吗?不一定,除非他确实掌握了两项权力:规则制定权和征税权。这两项权力也是当代互联网平台必须紧紧掌握的权力。

规则制定权

一个互联网平台,可以在自己的统治范围内"立法",规定什么能做、什么不能做,欢迎守法者,驱逐违法者。我们知道,微信可以对普通用户、公众号创作者、视频号创作者和小程序运营者制定规则;淘宝可以同时对卖家和买家制定规则;任何内容平台也可以同时对内容创作者和消费者制定规则。规则一旦确立,所有人就都需要遵守。

互联网平台不仅能通过规则画出"红线",也可以通过规则决定平台的发展方向。例如,短视频平台可以通过修改流量分配规则,扶持某一类型的内容创作,从而改变平台的内容调性;电商平台也可以通过修改运营规则,实现不同品类、不同商品之间的此消彼长。想在某个平台有所成就的产品方/运营商,必须随时学习它的更新规则。

值得一提的是,"规则"绝不仅仅是通过产品经理拍脑袋决定的,规则的权威性,关键在于执行。一个合格的平台,必须同时具备强大的技术开发团队,用于迅速更新规则、堵上漏洞;还必须具备庞大的运营团队,用于进行复杂的人工判断。如果一个平台无力制定有效的规则,或者无力执行,它就无法做任何有意义的事情。就像那位美国西部的牛仔,在集市上张贴告示固然很容易,但是要保证告示内容得到普遍执行就是另一回事了:他可能需要很好的口才,需要一把好用的枪,还需要雇用几个帮手维持秩序。

征税权

征税权,特指平台方对内容方/产品方征收经济资源的权力。请注意,对终端用户收费并不是平台的特有属性——大部分游戏所有者会以各种各样的方式向玩家收费,但绝大部分游戏所有者不是平台;所有实体产品的所有者都会向消费者收费,它们的制造商显然也不是平台。只有对平台合作伙伴,也就是内容方/产品方收费的权力,才是真正的"征税权"。

还是沿用上面举的 19 世纪美国西部的例子:一位牛仔建立了一座小小的集市,在里面出售自家牧场生产的牛奶,这显然只是基本的等价交换,而非"征税"。慢慢地,附近的农牧民都聚集到这里摆摊,牛仔遂决定向他们征收一定数量的"摊位费",以及一定比例的"销售分账",这才叫作征税。

与传统的线下"集市"相比,互联网平台的征税方式明显更多,也更复杂。这就是互联网巨头的利润和市值能够远远超越大部分线下消费公司的根本原因。不过万变不离其宗，它们五花八门的征税方式可以被归结为"显性征税"和"隐性征税"两种，如下表所示。

互联网平台的征税方式及效率

类型	征税对象	征税方式	征税效率	适用范围
显性征税	内容方	内容流水分账	差异很大	手机游戏、长视频、直播、网络文学、音乐……
	内容方/商家	营销费用	极高	一切形式的商家，近年来扩张至一切形式的内容方
	内容方	定制广告分账	差异很大	各种媒体形式的KOL（Key Opinion Leader，关键意见领袖）
	商家	佣金	较高	品牌商家
	内容方/商家	支付手续费	较高	一切在线支付及线下扫码支付的行为
	内容方/商家	"剪刀差"	一般	长视频、部分手机游戏，以及部分品类和品牌的商品
隐性征税	内容方/商家	插入平台广告	差异很大	一切内容形式，尤其是短视频、信息流媒体
	内容方	平台有计划的流量倾斜	较高	一切内容形式，尤其是短视频、长视频、网络文学
	商家	平台主导的购物折扣	较高	一切形式的商家，尤其是中小品牌商家及新兴品牌商家
	内容方/商家	平台罚款、对赌/KPI（Key Performance Indicator，关键绩效指标）等	差异很大	一切形式的商家，尤其是手机游戏商家和O2O商家

显性征税很容易理解，即直接对内容方/产品方（商家）索取经济回报。最典型的例子是内容流水分账，例如手机应用商店对游戏CP（内容方）的分账、直播平台对主播的分账、网络文学平台对作者的分账，等等。电商平台对商家收取的佣金、第三方支付平台对交易双方收取的手续费，也是非常典型的显性征税。

平台的显性征税，不一定要体现为赤裸裸的"过路费"，其更多以"流量成本""营销费用"的形式出现。例如，在淘宝，商家为直通车（搜索广告）、钻展（首页广告）付出的费用，可能远远高于佣金费用。在抖音，网红经常需要为自己接的商单视频购买流量，否则就难以达到一定的曝光率。

有些平台的"吃相"好看，有些平台的"吃相"难看，但总归是要吃的，只是吃多吃少的区别而已。

还有一种容易被忽略的显性征税，即平台对合作伙伴的"剪刀差"收割：平台利用自身市场地位，压低内容或商品的收购报价，从而压低内容方、合作方的利润。例如，自营电商平台可能压榨自己的供应商，长视频平台也可能压榨影视制作公司。至于平台获得"剪刀差"收益之后，到底是让利于最终消费者，还是将其留作自己的利润，那就是另一个问题了。在这个过程中，平台是稳赚不赔的，或许还能捞到好名声，人们却不会注意到代价是谁付的。

隐性征税就不太好理解了。即便不存在直接的金钱转移，平台仍然可以间接挤占内容方/产品方的经济利益。举一个最常见的例子，内容平台在信息流当中插入广告，或者通过开屏、弹窗等方式宣传自己的商业活动。虽然内容创作者并未因此受到经济损失，却受到了"注意力损失"，因为用户的注意力被转移了。当然，内容平台往往也会给创作者一些广告分账，不过分账数字往往不足以弥补创作者的隐性损失。

电商平台主导的大型购物节等折扣活动，是更典型的"隐性征税"，因为大部分折扣最终是由商家负担的，而用户消费增加的大部分好处却被平台占有了。每一次购物节，都伴随着电商平台流量的一次井喷，可是大部分商家都不知道自己付出的真金白银能不能收回来。因此，电商平台的财务报表显示的货币化率可能很低，可是商家的实际负担率却远高于此。

最后，平台对合作伙伴提出的苛刻合作条款，往往会成为限制合作伙伴，甚至平台自我创收的方式。例如，手机应用商店经常要求游戏 CP 签下对赌协议，从而迫使 CP 自充流水，以保证符合对赌协议的要求。外卖等生活服务平台往往对商家和骑手设定极高的 KPI，如果他们达不到要求，则可能面临罚款、限流等各项处罚。事实上，互联网平台"用户体验"的提升，往往是通过拼命压榨内容方/产品方达到的，但平台却享受了绝大部分好处。这是最容易导致外界诟病的一种"隐性征税"。

虽然平台方相对于内容方/产品方在各个方面均处于绝对优势地位，但是这并不意味着它们可以随意征税、予取予求。来自监管部门的限制当然是很重要的，过去几年在全球风起云涌的反垄断立法，在很大程度上是针对"平台经济"的利益分配格局的，以此制止互联网平台无限制压榨它们的合作伙伴。然而，即使不考虑反垄断，平台方的话语权也不是无穷的。就像在中世纪的欧洲，哪怕是最强大、最聪明、运气最好的国王，也不可能彻底压制境内的一切封建主。任何一家互联网平台的实际征税能力，往往是由下列三个指标决定的，如下表所示。

各种各样的互联网平台

对规则的掌控力	征税的技术	征税的意愿	结论
强	强	强	资本市场最喜爱的平台
强	强	弱	内容方/产品方理想中的平台
强	弱	弱	只赚吆喝不赚钱的平台
强	弱	强	早晚会崩溃的"残暴"平台
弱	强	强/弱	不存在的平台
弱	弱	强	努力转型中的平台
弱	弱	弱	被资本忽略的"佛系"平台

首先是对规则的掌控力。 管理效率低下的平台往往无力制定合理的规则，就算制定了也无力执行下去。人情关系和腐败，往往会严重削弱平台运营人员维护规则的能力。可想而知，如果一个平台制定规则的能力很弱，它的"征税权"也就是一句空话。互联网平台的管理者，往往会苦于内部腐败问题的层出不穷——平台业务可能有太多的寻租空间，也可能有太大的灰色地带。能够完整、有效地掌握规则的平台，首先需要是一个组织水平很高、内部管理较好的平台。这样才能有效地化解以上问题。

其次是征税的技术。征税是一门技术活，因为某些内容方/商家常常千方百计地逃税。例如，B2B电商的交易双方经常绕过平台直接成交，迫使平台转而采用年费等更高效的收费模式；秀场直播的主播经常诱导土豪用户去加自己的微信、私下转账打赏，从而回避平台的高额分成。这些都要通过"技术"手段去克服。所谓技术，并不单纯指科技（technology），也包括经验和技巧（technique）。比方说，电商主播一般都希望建立"私域流量池"，将"死忠"用户导入"私域"，从而回避平台征税。如何既满足他们经营私域的愿望，又尽量不损害平台自身的经济利益，就是一个"征税技术"问题了。

最后是征税的意愿。平台的征税意愿不一定很强。平台征税有时候是为了不损害用户体验、实现可持续发展，有时候是为了给未来留出增长空间，有时候则是为了配合监管要求。一般而言，在平台发展初期，投资者聚焦于用户增长，平台的变现压力不大；随着时间的推移，投资者的目标逐渐转移到收入增长上，然后转移到利润上，平台背负的压力越来越大，征税意愿也就越来越强。完全不在乎变现，在任何阶段均没有很强征税意愿的"佛系"平台固然是存在的，但是数量必然很少，而且不会成为资本市场的主流。

如果一个平台的上述三项指标都很强，那它就是资本市场最喜爱的平台；如果一个平台具备较强的征税能力，却没有太强的征税意愿，那它就是内容方/产品方心目中最理想的平台。常识告诉我们，"对规则的掌控力"是"征税技术"的先决条件，如果一家平台无法掌控规则，那么它肯定也不会具备"征税技术"。对于任何平台来说，上述三项因素都处于动态平衡之中。归根结底，规则是由人制定并执行的，征税也是由人进行的。一个平台的人员素质越高、组织架构越完善，就越能有效地行使"征税权"。

话说回来，我们也不能忽视行业自身的属性——有些行业天然就更适合让平台"吃肉"，能够诞生一批高利润、高市值的"巨头"公司；有些行业则只能让平台赚点辛苦钱，甚至全行业都不赚钱。那么，在不同的互联网细分市场，究竟什么因素影响平台的征税能力呢？

从实践中看，除法律和监管因素之外，至少还有四项行业性指标在对互联网平台的"征税权"施加影响力，如下表所示。

影响平台"征税权"的各项指标

	商品/服务的标准化程度	对平台基础设施的要求	运营活动的复杂性	消费流程绕过平台的可能性
传统电商	较高	较高	高	一般
O2O电商	低	高	一般	一般
第三方支付	高	高	较高	一般
游戏及应用分发	高	较高	高	较高
短视频	高	高	较高	较低
长视频	较高	高	较高	较高
图文信息流	较高	较高	一般	较低
网络文学	较高	一般	较高	高
陌生人社交/婚恋	较低	一般	一般	高

商品/服务的标准化程度：显然，一件商品或一项服务的"可复制性"越强，"工业化/标准化"程度越高，平台的话语权就越强，而内容方/产品方就越是退化为人见人欺的"螺丝钉"。其实，这一点在传统制造业当中就得到了很好的体现，越是标准化的工业品，就越会沦为"白牌"，受制于渠道（以及贴牌方）。

显然，在商品/服务的所有属性当中，"地理位置"是最无法标准化的。所以，外卖、买菜、闪购、社区团购等基于地理位置的"生活服务"或"近场零售"电商，是最吃亏的。我们完全可以理解，为何在生活服务这条赛道上，绝大部分平台均亏损累累、"血泪斑斑"。即便美团这种实现了盈利的巨无霸平台，也只处于微利状态。

对平台基础设施的要求：基础设施决定了"履约能力"——对实体电商而言，是指把商品尽快送到用户手中的能力；对非实体的内容或虚拟商品而言，是指让用户快速高质量获取内容的能力。一项业务对平台基础设施的要求越高，就越容易形成马太效应，头部平台的话语权也就越强。

以内容平台为例，视频、直播等流媒体平台对存储和带宽资源的要求很高，会不可避免地促成马太效应；音频、广播虽然也是流媒体，但对基础设施的要求较低，马太效应的形成就晚一些、弱一些。网文（网络文学）平台对基础设施的要求最低，虽然也有阅文（准确地说，是它旗下的 QQ 阅读、起点中文）这样的头部平台，但其头部效应可能是最弱的。

运营活动的复杂性：任何互联网服务在本质上都伴随着一定的运营需求，完全不需要运营的平台是不存在的。但是，有些平台天然更需要运营，有些则不太需要运营。例如，微信这样的即时通信工具对运营的依赖很低，其运营活动主要集中在微信支付、视频号等附加功能当中，而淘宝这样的电商平台对运营的依赖就很高了。

运营不是简单地设置几条规则，更不是简单地对平台流量进行分配。任何细分领域的运营，都存在着大量的"经验之谈"（know-how）。运营活动的逻辑越复杂，内容方/产品方就越是只能跟着平台的指挥棒走，难以把流量和品牌认知沉淀在自己手里。相信在抖音等短视频平台卖东西的商家很容易理解这一点。

消费流程绕过平台的可能性：在互联网平台发生的任何交易，无论是实体商品交易还是虚拟物品交易，交易双方都有可能绕过平台私下进行，这就是所谓的"跑单"。任何平台对"跑单"都是严厉打击的：苹果严格限制"诱导第三方交易"；短视频平台严格禁止主播引诱"土豪"用户加微信；淘宝要求卖家只能通过阿里旺旺与买家交流（尽管事实上无法限制）。

盗版可以算作"跑单"的极致——盗版影视资源、盗版网文、盗版音乐，它们不但绕过了平台，也绕过了内容方/产品方，让所有人（除盗版商之外）均赚不到钱。长视频平台、网文平台的盈利能力堪忧，很大程度上是因为它们缺乏打击盗版的手段，从而不但严重削弱了自己的"征税权"，也削弱了整个产业链的发展基础。

在对上述四个指标进行打分之后，我们会发现：

➢ 在实体电商领域，传统电商平台的征税能力几乎是完美的，但是生活服务电商的征税能力就要差一些。这可以在一定程度上解释阿里（淘宝/天猫）与美团的利润率的巨大差异。

➢ 在内容领域，短视频平台的征税能力最强，长视频、图文信息流次之，网络文学最低。这可以在一定程度上解释为何抖音赚得盆满钵满，阅文却经常让投资者失望。

➢ 陌生人社交（包括婚恋）平台在每个指标上都不占优势，所以，这个领域几乎不存在主流上市公司。其中，最成功的陌陌早已转型为直播平台；Soul 多次试图上市，均搁浅；世纪佳缘则早已被人遗忘。

在此必须指出，上面只是一个高度简化的分析框架，用于帮助读者理解各个细分领域的互联网平台的变现能力差异。注意，任何分析框架都不是万能的。我们都知道，同样是传统电商平台，阿里的盈利水平显著强于京东和拼多多；同样是短视频平台，抖音的货币化能力远远强于快手和微信视频号。这些差异，很大程度上是公司文化、管理层风格、历史沿革等"细节问题"决定的。具体情况需要具体分析，理论永远来源于实践，而实践永远先于理论。

我们还需要注意，不是所有互联网巨头都只经营"平台"业务，它们往往同时以"平台方"和"内容方/产品方"的身份进行商业活动。国内用户最熟悉的例子肯定是腾讯，作为微信、QQ 两大强社交工具的经营者，它是不折不扣的头部平台；作为《王者荣耀》《和平精英》《QQ飞车》等网络游戏的开发商，它又是典型的内容公司，尽管它的内容业务与平台业务存在着巨大的协同效应。

在 Web 2.0 时代的大部分时间，互联网平台相对内容方/产品方的优势过于强大，导致"平台型公司"成为资本市场的唯一宠儿和焦点。即便在讨论游戏公司这样的内容公司时，投资者最看重的也是它们与平台（渠道）的关系，以及是否擅长利用平台规则（"钻空子"）去高效获取流量；而内容本身则是一个无关紧要的因素。然而，在 Web 2.0 时代的尾声（也就是现在），这个观点过时了。经过与平台方的漫长博弈，内容方/产品方掌握了更丰富的经验和更大的话语权，整个互联网的利益分配格局正在悄然改写。如果传说中的 Web 3.0 时代真能到来，那么格局改写的速度还会进一步加快。

这就是我们在接下来几节要讨论的主题。

"一个艺术家有 1000 名'死忠'粉丝就能衣食无忧"？

美国著名作家、未来学家凯文·凯利（Kevin Kelly）曾在 2009 年发表了一篇题为《1000 个"死忠"粉丝》（*1000 True Fans*）的文章，其中谈道：

> 成为一个成功的创作者，你既不需要几百万名顾客，也不需要几百万个粉丝。无论你是手工艺者、摄影师、音乐家、设计师、作家、动画师、程序设计师、企业家，还是发明家，你只需要几千个"死忠"粉丝。所谓"死忠"粉丝，就是愿意购买你生产的任何东西的粉丝。

这很可能是凯文·凯利的所有作品当中，流传最广的一个论断。截至 2022 年底，在谷歌输入"1000 True Fans"，你可以搜到 9030 万个页面；在百度输入"1000 个'死忠'粉丝"，也能搜到 207 万个结果。在我的微信好友当中，至少有 100 人主动转发过关于"1000 个'死忠'粉丝"理论的文章，其中包括做自媒体的、做私募基金的、做独立电影的、做微商的……要让各行各业的人形成一致意见，确实不太容易，可见这个观点有多么深入人心。

凯文·凯利的逻辑是：如果你拥有1000个"死忠"粉丝，每个"死忠"粉丝每年乐意为你花100美元，那么你的年收入即可达到10万美元，足够在任何一个国家过上体面的生活。他同时指出，你还需要满足两个条件：首先是每年要有新的产出，从而吸引粉丝持续付费；其次是要与"死忠"粉丝建立直接联系，从而收到他们支付的一切费用，而不仅仅是从渠道商或平台那里拿到一小笔钱。

第一个条件不难满足，任何创作者只要没有江郎才尽，保持每年有新作品还是不太难的。真正难以满足的是第二个条件——在互联网诞生之前，几乎没有满足的可能性；在互联网诞生之后，要满足还是很困难的，这在很大程度上是因为有互联网平台存在。平台掌控了流量分配的规则，分走了很大比例的经济利益，从而把创作者养家糊口的门槛提高了。在实践中，我们可以看到：创作者可能需要几千个到几万个"死忠"粉丝才能维持体面的生计，反正远远不止1000个"死忠"粉丝。

"内容受制于渠道"，或者更贴切地说，"内容创作者受制于外行"。创作者不但受到外行制约，而且这种制约还是层层递进的。在好莱坞的黄金时代，电影编剧、导演受制于制片人，制片人受制于发行公司，发行公司有时候又受制于院线。在一贯以"尊重作者"著称的日本漫画界，漫画家受制于杂志编辑，杂志编辑受制于杂志出品人，杂志出品人又受制于报刊零售渠道。即便是成名的创作者，在自己作品IP的传播、改编、商业化方面，经常也是受制于外行的——关于这一点，只要去询问一下起点、晋江等网文平台的热门作者，就能听到他们对所谓"资本"（其实是平台）的一大堆吐槽。

然而，凡事皆有例外。一般而言，内容创作者的名气越大、粉丝基础越好、商业敏感性越强，就越有可能冲破"资本"的制约，完全控制自己的内容开发，乃至拿走大部分商业化成果。对于这一点，我想列举两个大家耳熟能详的例子。

第一个例子是《哈利·波特》系列的作者 J.K. 罗琳。作为近一百年来最伟大的儿童文学作家之一，罗琳的粉丝遍布于各个年龄段，《哈利·波特》IP 也被从小说改编成了几乎所有内容形式。在华纳兄弟公司出品的《哈利·波特》系列电影当中，罗琳发挥着举足轻重的作用，不但积极参与编剧，而且对导演、演员的遴选有一票否决权——所有演员必须来自英伦三岛，或者具有英伦血统，这就是罗琳本人的决定。在这一系列的后几部电影当中，罗琳的地位逐渐从执行制片人（Executive Producer）上升为制片人（Producer），体现了她持续提升的话语权。与此同时，这一系列电影的商业价值也水涨船高。在《哈利·波特》系列电影结束之后，衍生系列电影《神奇动物在哪里》仍然由罗琳担任制片人（注：按照好莱坞的惯例，她并非唯一的制片人）和联席编剧，也照样取得了商业成功。

事实上，由于罗琳过于关注性别话题，违反了欧美主流的"政治正确"原则，近年来好莱坞电影公司已经在努力与她进行切割，缩小与她的合作范围。此外，在通俗文学领域取得成功之后，罗琳致力于提升自己在文学界的历史地位，撰写了《偶发空缺》等严肃文学作品，这也大大分散了她的精力。如果没有上述"场外因素"，罗琳在《哈利·波特》IP 衍生产品开发当中发挥的作用可能还会更大，拿走的经济利益也会更多。

第二个例子是《星球大战》系列的灵魂人物乔治·卢卡斯。在 1975 年筹备《星球大战》的时候，卢卡斯只是一个初出茅庐的年轻导演，在被拒绝无数次之后，才从 20 世纪福克斯公司拿到了 600 万美元的制作预算。在《星球大战》成功之后，他迅速上升为"新好莱坞四大骑士"之一（另外三位是马丁·斯科塞斯、弗朗西斯·科波拉和斯蒂芬·斯皮尔伯格），完全主宰了《星球大战》系列电影及其衍生品的内容开发。进入 20 世纪 80 年代，作为制片人，他又一手缔造了《印第安纳·琼斯》（又译《夺宝奇兵》）这个经典冒险电影 IP，从而成为当时好莱坞总票房最高的制片人之一。

2012年，卢卡斯把自己的电影公司——卢卡斯影业（LucasFilm），以40亿美元出售给了迪士尼。卢卡斯影业最重要的资产是《星球大战》《印第安纳·琼斯》两大IP的开发权。众所周知，一旦离开卢卡斯本人，它们的前景值得怀疑。因此，卢卡斯承诺将继续为迪士尼担任内容创作顾问。只是因为种种原因，他并未履行承诺。缺少了灵魂人物的《星球大战》的内容质量和票房果然每况愈下，《印第安纳·琼斯》新作也被推迟到2023年完成。可以想象，如果卢卡斯本人还在，《星球大战》粉丝的幸福度应该可以提升不少。

除了上述两个全球性的案例，我国也有一些类似的情况，例如韩寒以及（2020年以后的）马伯庸[1]。他们牢牢掌握了自己作品的改编流程，甚至成立了自己的内容开发公司，成功地将作品粉丝群转化成了商业价值。他们并未受到"资本"的压迫，反而与"资本"达成了和谐共生关系，乃至自己成为"资本"。那么，从这些内容创作者"翻身当家做主人"的成功案例当中，我们能总结出哪些共性？

首先，肯定是内容创作者自身对于商业化开发的兴趣和热情。很多创作者，从作家、画家到音乐家、导演，擅长的只是创作本身，完全不愿干预复杂的改编、商业化事务。例如，风靡华人文化界数十年的金庸先生，虽然本人就是成功的企业家，但他在世之时对自己作品的影视改编也没有太多干预；至于20世纪90年代以后兴起的金庸武侠游戏，他就更没有兴趣干预了。罗琳、卢卡斯乃至韩寒，都是既擅长创作，又有热情参与IP改编和商业化运作的，这是可遇而不可求的。如果这种热情消失，情况可能大不一样——卢卡斯把《星球大战》系列的改编权卖掉，就是因为希望退出大型商业片的开发，转而拍摄小众的艺术片。

其次，内容创作者的"持续创作能力"也很重要。当《哈利·波特》系

---

[1] 作为知名作家，马伯庸对自己作品影视改编的参与程度本来较少，近年来却越来越多。例如，2023年初上映的《显微镜下的大明》，马伯庸本人就担任制片人，并深度主导了编剧流程。

列电影筹拍之时，罗琳的小说才写到第四卷，整个系列离完结的时间尚远；在《星球大战》第一部成功之后，卢卡斯迅速策划好了整个三部曲乃至前传三部曲的内容。在这种情况下，"资本"把创作者踢开绝非明智之举。事实证明，不论是在欧美还是在中国，对于已经证明过自己的实力，还能不停创造新的商业价值的创作者，"资本"都更乐意与其合作而非为敌。韩寒创立的亭东影业，在连续做出《后会无期》《乘风破浪》《飞驰人生》三部商业片之后，就获得了阿里的战略投资。这说明中国的互联网平台也可以跟国外同行一样识货，而不是非要扮演"优质内容毁灭者"的角色。

再次，内容创作者对粉丝基本盘的直接动员能力很重要。生逢社交媒体时代的韩寒、马伯庸，早已掌握了与粉丝直接沟通的技巧，善于营造全网性话题；J.K. 罗琳成为社交媒体的风云人物，既是为了传播其个人的政治观点，也在一定程度上动员了其粉丝群。乔治·卢卡斯活跃的时代太早，当时尚缺乏创作者与粉丝直接接触的渠道，但是从他接受媒体采访的记录看，他对于主流观众的情绪和偏好有很深刻的理解力。创作者直接接触粉丝，可以培育与粉丝的个人关系，乃至把粉丝群"个人化"，从而使自己与 IP 合二为一。不过，这是一把双刃剑，罗琳对政治话题的过度沉浸就影响到了《哈利·波特》的 IP 价值。

最后，机缘巧合当然也是很重要的。在筹拍第一部《星球大战》电影时，20 世纪福克斯曾经向卢卡斯开出了买断《星球大战》后续开发权的邀约，但卢卡斯在反复思考之后选择了拒绝，这使得他在第一部电影大获成功之后，拥有了近乎无限的创作自由。在 1999 年华纳兄弟提出购买《哈利·波特》电影的开发权时，罗琳也很聪明地只出售了前四部小说的开发权，保留了后三部小说的开发权。所以，在签约后三部电影时，罗琳就可以提出更高的要求。相比之下，国内《三体》《鬼吹灯》等著名小说的开发权，作者均卖得太早、太彻底，以致自己失去了对 IP 改编的话语权。从事后诸葛亮的角度看，这对于作者、观众乃至"资本"而言，均是很大的损失。

公允地说，进入 Web 2.0 时代之后，虽然互联网平台拥有了绝对的话语权，但是内容创作者的日子还是比以前好过的。与前辈相比，他们至少享受着如下优势。

> 通过社交媒体直接经营粉丝基本盘，乃至通过付费社群直接将其变现。欧美的知名作家、画家、音乐家、导演、游戏制作人，大多磨炼出了利用 Facebook、Instagram、推特、Discord……与粉丝进行沟通的炉火纯青的技巧；他们的中国同行，多半也擅长操控微博、抖音、微信公众号、知乎、小红书。直接沟通是一把双刃剑，可能加分也可能减分，但创作者总归多了一种选择。互联网原生的新一代创作者，甚至可以完全从社交媒体出发，从无到有地建立自己的粉丝群，而不必再依赖任何外部资源了。

> 互联网平台对内容方的"压榨"往往没有传统渠道那么严重。以阅读为例，传统出版渠道一般只能让作者拿到 10%以下的版税稿酬，一些新作者甚至没有版税稿酬而只能拿一次性稿酬；电子阅读平台则能让作者拿到三成、四成乃至五成的分账。再以游戏为例，传统线下游戏零售商的分成比例远远高于 Steam、App Store、Google Play 这样的数字应用商店，回款也比后者慢得多。尽管大部分内容创作者对互联网平台满怀怨气，但是恐怕很少有人愿意回到互联网诞生之前的时代。

> 互联网技术和媒介的进化，大大拓宽了优质内容的改编道路，也提高了 IP 生命周期价值。《哈利·波特》小说刚刚问世之时，人们所能想象的最好的商业化途径就是影视改编。慢慢地，基于游戏主机的单机游戏也开始问世；到了 2021 年，由中国网易开发的《哈利波特：魔法觉醒》手机游戏则在全球多个国家创造了巨额流水。不是每一种内容都适合各种各样的改编路线，但是多一条道路总归更好。如果全球游戏产业早在 20 世纪 70 年代就有很大的规模，那么《星球大战》的 IP 价值估计还能上升一个数量级。

不论在互联网诞生之前还是之后，一个强大、多元的资本市场，对于创作者而言都是福音。在《星球大战》第一部电影成功之后，乔治·卢卡斯拒绝了好莱坞巨头的投资，转而寻求银行贷款等外部融资途径，从而基本摆脱了对好莱坞的依赖。在《后会无期》票房超出预期之后，韩寒也迅速成立了自己的影业公司，并于 2017 年、2019 年先后进行了大规模股权融资。内容创作者之所以受制于平台，是因为平台有资本，而他们自己缺乏资本；如果他们有了吸收和利用资本的途径，那么平台就不再是一个限制性因素了。

在证明了自己、打造了 IP、吸收了资本之后，优秀的内容创作者下一步就是建立自己的工业体系，从而具备"闭环生产内容"的能力。对于文字、绘画、漫画等内容形式而言，工业体系不太重要；但是对于影视、游戏而言，工业体系就变成了重中之重，其地位甚至超过了 IP 创意本身。问题的关键是：究竟由谁来负责搭建工业体系？是创作者自己，还是平台或渠道？在大部分情况下，答案是后者。但是随着时间的推移，前者的话语权在不声不响地增强。

从 20 世纪 70 年代开始的"新好莱坞运动"（"新好莱坞运动"重要时间线如下表所示），就是创作者向平台方"夺权"的一个先声。在此之前，好莱坞流行的是片厂制：大型片厂掌控着从制作到发行的每个环节，制片人是片厂的代表，编剧、导演和演员实质上是片厂的雇员。在小众文艺片当中，主创人员或许还有一些话语权；但在主流商业片当中，主创人员的决定权就可以忽略不计了。然而，随着卢卡斯、斯皮尔伯格、卡梅隆等新兴一代的崛起，由创作者亲自担任制片人、参与乃至主导商业运作，逐渐成为风气。卢卡斯是这股风气的翘楚，他一手创办了工业光魔，从而大幅拓宽了电影视觉特效的工业水平。他还改变了电影融资模式，电影融资更加依赖外部投资人而不是好莱坞巨头。20 世纪 80 年代以后，好莱坞片厂制其实已经瓦解，"主创人员+好莱坞巨头+外部投资人"三足鼎立的格局形成了。直到今天，奈飞、YouTube 等流媒体平台的入局，也没有从根本上改变这个格局。

"新好莱坞运动"重要时间线

时间	代表作品	历史意义
1967 年	《雌雄大盗》（Bonnie and Clyde）	一部不符合好莱坞道德标准的电影，在出品方华纳兄弟管理层的大力反对之下，仍然逆袭取得了商业成功。从此，好莱坞大片厂开始放松对内容开发的控制
1972 年	《教父》（The Godfather）	导演科波拉顶住了来自出品方派拉蒙的巨大压力，基本按照自己的风格完成了电影，并收获票房和口碑的双重成功。由此开启了新好莱坞的"大片"（blockbuster）时代
1975 年	《大白鲨》（Jaw）	中小成本惊悚片的标杆之作，奠定了好莱坞"高概念"（high concept）电影的基础。斯皮尔伯格由此跻身一线商业片导演之列
1976 年	《出租车司机》（Taxi Driver）	美国独立电影的标杆之作，代表"新好莱坞运动"获得了戛纳金棕榈奖。马丁·斯科塞斯由此跻身世界级艺术片导演之列
1977 年	《星球大战》（Star Wars）	振兴了沉寂已久的科幻片品类，创造了一个绵延数十年的超级 IP，而且该 IP 几乎完全由制片人兼导演卢卡斯掌控。在此基础上还大幅促进了好莱坞当代视觉特效工业
1982 年	《夺宝奇兵》（Raiders of the Lost Ark）	卢卡斯与斯皮尔伯格两大"新好莱坞骑士"联手，将动作冒险片品类的商业价值上升到一个新的层次，并且再次证明了由独立制作公司牵头创造一线 IP 的可行性

在游戏行业，创作者的"夺权"势头就更明显了。随着计算机技术的进步，一方面是热门游戏（以所谓"3A 大作"为代表）越来越烧钱，另一方面是垂直品类独立游戏的开发门槛越来越低。由此形成了一种独立游戏公司的发展道路：先做小众、垂类游戏，要么以玩法创新取胜，要么以人设、美术或故事框架取胜，从而积累粉丝基本盘和开发经验。等到羽翼丰满之后，再逐步转向工业标准较高的大制作，直至进入主流游戏公司的行列。在选择走这条道路的公司当中，国人最熟悉的大概是米哈游——从《崩坏学园》到《崩坏 2》《崩坏 3》，再到横空出世的《原神》，米哈游用了大约十年时间，从众多的独立游戏开发商之一进化成了国内屈指可数的游戏大厂。事实上，近年来崛起的"上海游戏新势力"，包括莉莉丝、紫龙、叠纸等，走的基本都是这条道路。反而是企图依托平台力量打开局面的互联网大厂，除了腾讯之外，普遍未能在游戏这个最赚钱的内容业务上打开局面。

如果创作者（内容方）既掌握了 IP 自主权，能够直接动员粉丝基本盘，又有自己的融资途径，甚至把工业体系也抓在了自己手中，那么平台方对于这样的内容方就毫无办法了。国内游戏玩家可能还记得 2020 年 9 月，米哈游的《原神》和莉莉丝的《万国觉醒》上线之初，都没有登陆硬核联盟应用商店[1]，主要原因是双方的分账比例谈不拢。直到渠道方对分账比例做出让步，上述两款游戏才在更多的应用商店上架。

在优质内容方尝试"夺权"的同时，平台方也在悄然主动改变。以游戏行业为例，Steam 能够成为全球最大的 PC 游戏平台，就是因为它的分账比例慷慨（平台抽成仅 30%）、审核门槛低、为独立游戏开发商提供了良好的工具。竞争对手推出的 Epic Games Store, 则进一步把平台抽成降低到了 12%，欲借此吸引更多的开发商入驻。在影视行业，奈飞之所以能够让好莱坞传统巨头难以招架，很大程度上是因为它向创作者开出了非常优厚的报价——与很多外行人士想象得不同，奈飞在内容开发上的成功不是因为依靠所谓"大数据"颠覆了传统好莱坞，而是因为它能更好地满足影视主创人员的经济诉求。在此之后，Hulu、Amazon Prime Video、YouTube Premium 等流媒体平台也仿照奈飞的玩法，向世界各地有才华的创作者抛撒大把钞票，在此基础上建立自己的内容生态。

请不要误会，内容方不是要一脚踢开平台方单干，双方分工合作的主基调没有改变；也不是所有内容方都具备与平台方"掰手腕"的能力，只有最优秀、商业化水平最高的那些内容方有这个能力。在正常情况下，内容方与平台方之间"相爱相杀"的关系还将长期持续下去，只是天平正在悄然移动：从平台方占据绝对优势，到内容方逐渐赢回一些场面。那么，接下来还会有什么变数吗？

Web 3.0 就是最大的变数。在互联网诞生之前，内容方缺乏接触终端消费者的途径，从而完全受制于渠道；在 Web 2.0 时代，内容方的话语权似乎

---

[1] 注：硬核联盟是华为、OPPO、vivo 等国内主流安卓手机厂商建立的手机分发渠道联盟。

有了提高，但强大的互联网平台仍然掌握着资源优势；而在 Web 3.0 时代，或许"平台"这个概念会走向终结，又或许所有内容方/产品方均能建立自己的小小"平台"。如果这样的变革真的发生，对人类经济形态和商业模式的影响，可能丝毫不逊于工业革命。

迄今为止，与 Web 3.0 相关的大多数讨论，都是围绕着炒币、NFT（Non-Fungible Token，非同质化代币）等金融性话题展开的。这一点也很容易理解，毕竟立竿见影的炒作总是最吸引眼球的。人们往往忘记了，Web 3.0 的诞生是为了解决"中心化"体系的弊病和局限性，而互联网平台就是影响力最大的中心化体系。至于加密货币、NFT 等虚拟资产，只是基于"去中心化"这个伟大目标所发展起来的手段罢了。下一节就让我们认真讨论一下：Web 3.0 真的能够承接"平台终结者"的历史使命吗？

Web 3.0："平台经济"的终结者和克星？

在讨论"由谁来终结平台经济"之前，我们首先要回答一个问题：为什么要终结"平台经济"？具体而言，"平台经济"损害了哪些人的利益，对经济整体造成了什么损害？稍有常识的人都会承认，过去二十年，互联网平台对全球经济发展做出了不可磨灭的贡献，问题主要出在分配机制上——平台方拿走了太多的份额，内容方/产品方明显处于弱势，普通用户的正常权益（例如隐私权、知情权等）也受到了侵害。

要深入解答"平台经济的分配机制到底有多不公平"这个话题，可以借鉴一下美国国会正在讨论的一系列反垄断法案。2021 年 6 月，经过长达两年的针对美国互联网巨头的调查，美国众议院司法委员会发布了六项反垄断立法草案。它们的共同特点是针对"主导性平台"，覆盖范围需要满足如下条件。

- ➤ 满足美国本土 MAU（月活用户）数在 5000 万名以上，或本土商业月活用户数在 10 万名以上。
- ➤ 持有者或控制者的年销售净额或市值超过 6000 亿美元。
- ➤ 在该平台所经营的业务上是一个关键市场参与者。

可以看到，"六项法案"只针对消费互联网公司，因为企业服务公司难以满足月活用户数的阈值；只针对以美国为大本营或重要市场的公司，因为用户数量以美国本土为准；只针对在商业上非常成功的公司，因为对销售额和市值的要求极高；只针对消费互联网业务非常成功的公司，不覆盖那些跨界试水或玩票、不算"关键参与者"的公司。同时满足上述条件的公司，只有苹果、微软、Meta、谷歌、亚马逊等寥寥几家而已。

除此之外，美国参众两院议员在 2021 年还提出了另外两项法案，适用范围与前六项法案不同，但也是面向科技巨头的：一项法案旨在对应用商店经营者进行监管，另一项法案旨在限制大公司的并购行为。我们可以将它们统称为"八项法案"。截至 2022 年底，这八项法案中还没有一项法案通过立法流程并正式成为法律，漫长的交锋还远远没有结束。"八项法案"的文本非常复杂，美国参众两院审议的版本又多有不同，但是立法的目的是比较一致的，即防止科技巨头滥用市场支配地位，保护其竞争对手、合作伙伴和客户。具体措施如下：

（1）《美国选择与创新法案》(*American Choice and Innovation Online Act*)：平台不得优待自营产品和服务；不得限制平台用户经营与平台自身相竞争的业务；不得歧视商业用户以损害竞争；也不得施加"其他歧视行为"。

（2）《终结平台垄断地位法案》(*Ending Platform Monopolies Act*)：平台经营者不得经营平台业务之外的业务线，以避免利益冲突。简而言之，平台必须与非平台业务分离，像亚马逊这样既有第三方业务也有自营业务的公司首当其冲。

（3）《数据使用权法案》(*The ACCESS Act*)：平台必须保持数据接口技术格式的透明性，允许用户在不同的平台之间传输和使用自己的数据，实现不同平台的"互操作性"。也就是说，平台不能再独占数据，并阻碍用户将数据转移到竞争对手那里。

（4）《平台竞争与机会法案》(Platform Competition and Opportunity Act)：主导性平台的经营者，在进行商业性的并购或投资行为前，必须事先证明这种行为不会损害市场竞争。这是将并购反垄断的举证责任倒置，就连纯粹的财务投资也会受到影响。

（5）《并购审查费用现代化法案》(Merger Filing Fee Modernization Act)：大幅提高执法机关对公司并购活动收取的审查费用，并要求根据CPI（Consumer Price Index，消费者物价指数）逐年调整费用。不过，调整之后的审查费用依然很低，本法案的象征意义远大于实际意义。

（6）《各州反托拉斯执法地点法案》(State Antitrust Enforcement Venue Act)：赋予各州检察长广泛的权力，可以决定在哪个联邦地区法院提起反垄断诉讼，防止科技巨头将诉讼转移到对自己有利的地区审理。

（7）《禁止反竞争性并购法案》(The Prohibiting Anticompetitive Merges Act)：禁止一切导致市场份额过度集中，或价值高于50亿美元的并购。美国司法部或联邦贸易委员会（FTC）有权直接拒绝并购。对于过去的并购，可以进行追溯并勒令拆分。

（8）《开放应用市场法案》(Open Apps Market Act)：在美国拥有5000万名以上用户的应用商店，不得对开发者施加排他条款，不得阻止开发者与用户直接联系，应该允许用户在本平台选择和安装第三方应用商店。

上述第四项、第五项和第七项法案主要针对互联网平台的并购行为，第六项则针对反垄断诉讼的法律流程，与"平台经济"的商业模式没有必然联系。参考意义较高的，是第一项、第二项、第三项和第八项法案，它们形象地指出了"平台经济"最令人厌恶的阴暗面，并且提出了基于现有监管体系和技术框架的解决方案。

首先，互联网平台往往既经营第三方平台业务，又经营自营业务，两者存在不可调和的利益冲突。例如，电商平台可以从第三方卖家收费，以补贴自营商品，乃至把最优质的流量分配给自营商品；应用商店等游戏分发渠道可以优先引导用户下载并赏玩自营游戏，从而削弱第三方游戏的竞争力。既当运动员又当裁判员的人，总是很容易赢得一切比赛。因此，美国国会希望限制平台公司的自营业务，乃至把"平台业务"与"自营业务"完全拆分。这就是我们在前面的章节中提到的"隐性征税"的一部分。

然而，我们真的有可能禁止平台公司经营自营业务吗？就算真能做到，这真的符合用户利益吗？想象一下，假如亚马逊自营、京东自营和天猫超市/天猫国际等淘系自营业务全部消失，假如腾讯应用宝不再收录腾讯自身研发或发行的游戏，假如苹果手机不再搭载 iMusic、Apple TV+等自营流媒体服务……这样一幅场景很难称得上商业的进步。至于要求平台对自营业务和第三方业务"公平对待"，又该如何衡量是否公平呢？在现有的技术水平上，这几乎不具备可操作性。

其次，互联网平台可能对合作伙伴和用户实行"歧视性政策"。在前面的章节中我们提到过：互联网平台的一个核心特征是具备规则制定权，其中也包括制定"歧视性"规则。优待某些内容方/产品方，或者优待某些特殊客户，往往伴随着重大的经济利益转移。所以，大型平台的运营部门有可能是腐败的重灾区，该部门人员随便在规则上开一个口子，就可能造成几十亿元乃至上百亿元的利益输送。平台自身无法杜绝这种"歧视性"行为，对监管部门来说就更是任重而道远了。

在所有"歧视性"行为当中，危害最大的是对竞争对手或潜在竞争对手的歧视。简而言之，如果你不幸与某家互联网巨头存在业务竞争，那么你就很难成为它的客户，甚至很难正常使用它的服务。以国内为例，在 2021 年以前，阿里几乎无法在腾讯旗下的应用投放广告，而腾讯也很难在字节跳动旗下的应用投放广告。淘宝曾经多次试图在微信上架小程序，可是迄今仍然没有下文——究竟是哪里出了问题，不得而知，不过答案应该不难猜。

最后，用户在互联网平台产生、存储的数据，在法律角度应该归用户所有，事实上却完全由平台控制。虽然平台总是会装模作样地询问用户"是否授权使用数据"，但是如果用户拒绝授权，往往就什么功能都使用不了。除非具备很多信息技术知识，否则用户甚至不知道平台究竟掌握了自己的什么数据，更不清楚这些数据被拿去派了什么用场。国内用户对这一点的感触应该尤其深刻——在互联网巨头面前，他们毫无隐私可言，完全就是在"裸奔"。

美国国会提出《数据使用权法案》（The ACCESS Act）的用意，就是取消互联网平台对用户数据的独占权，使得用户可以随意传输、销毁、转移自己的数据。但是，在 Web 2.0 的技术框架下，这一点很难做到。举几个最简单的例子：微信用户该如何把自己的聊天数据和社交关系链转移到钉钉或飞书？淘宝用户又该如何把自己的购物数据转移到京东或拼多多？不同平台的数据库组织形式存在巨大差别，所谓统一数据接口，不啻"挟泰山而超北海"，就算能够做到，成本也会大到不可思议。

既然用户无法带着数据离开，对他们而言，在不同互联网平台之间切换的成本就实在太高了。以我本人为例，从 2011 年使用第一台苹果智能设备（iPad）开始，我已经在苹果设备中留下了太多数据、太多历史记录，以至于我压根不可能迁移到安卓设备上去。我知道，直到 2021 年，苹果 App Store 对一切应用内购征收 30% 的"苹果税"，而且严禁用户安装第三方应用商店。[1]这很有可能影响了我本人的利益——可是我又能怎么样呢？美国国会基于这个问题提出了《开放应用市场法案》（Open Apps Market Act）。不过，即使该法案得以通过（在短期内可能性不大），估计也只能让 App Store 收费稍低一点，还是无法让我带着个人数据在苹果和安卓两大智能手机平台之间自由切换。

---

[1] 2022—2023 年，在各国监管部门的重压下，苹果在应用收入分账和第三方应用商店的问题上有所让步，但迄今让步幅度还不大。

苹果的软件与数据生态：老用户事实上不可能脱离

好了，现在我们都看到了：就算在反垄断立法经验比较丰富的美国，监管者对互联网巨头能采取的办法好像也不是很多。自从 2019 年美国国会对互联网巨头启动监管调查以来，"打破平台经济垄断"的口号喊了三四年，至今依然是雷声大，雨点小。问题只有一小部分出在"如何立法"上，大部分出在"如何执行"上。其实，美国立法者乃至普通民众，对这一点也是心知肚明的，以至于"平台经济反垄断"这一议题在美国政治生活中逐渐失去新意，成为明日黄花。

有趣的是，在 Web 3.0 的时代，我们却有可能轻易完成任何监管者都望洋兴叹的任务——拔掉互联网平台的"尖牙利爪"，乃至从根本上给"平台经济"划定一个不可逾越的界限。假设现在是 2040 年或 2050 年，基于区块链技术的 Web 3.0 模式已经覆盖了全世界绝大部分的上网人口。那么，与 Web 2.0 时代相比，这个时代将存在下列显著变化。

➢ **数据的个人化**：从高度敏感的金融类、在线交易类数据，到普通的内容浏览数据，一个用户的绝大部分数据都可以储存在独立的个人账户里。只要他记得密钥，他就可以随意把自己的数据从一个应用转到另一个应用，甚至将其彻底销毁。任何人，无论出于商业目的还是非商业目的，如果要利用其他用户的数据，均要经过本人同意。要神不知鬼不觉地盗取一个用户的数据，在技术上是不可能的。更进一步说，用户在互联网上的各类数据，也可以与他在现实中的数据（例如住址、电话、银行账户等）合并，形成一个包罗万象的"终身数据档案"。在征得用户同意的前提下，各类互联网应用通过加密的标准化接口读取数据，它们对数据的使用方式则暴露在光天化日之下，而且可以被无限追责。既然数据变成了一种高度标准化的个人财产，那么平台对用户的话语权也就大幅度降低了。用户可以在不同的平台之间任意切换，无须担心任何数据问题。

➢ **规则制定权的草根化**：将互联网社区事务的决定权下放给"草根"用户，从而实现真正意义上的"去中心化决策"，这就是所谓"DAO"（Decentralized Autonomous Organization，去中心化自治组织）的精髓。当然，去中心化组织有很多种具体的实现手段，"DAO"这个概念不能涵盖 Web 3.0 时代的一切组织形式。但是，有一点是肯定的：在大部分互联网应用场景下，制定规则的权力将被下放到用户层面，每个用户同时也是决策者。至于决策权应该如何分配——是平均分配，还是基于某种能力或资源分配，那就是细节问题了。至于规则的执行更是不成问题，只要基于智能合约（Smart Contract），绝大部分执行工作均可自动进行。这也将意味着传统互联网行业的"运营"岗位基本退出历史舞台。

➤ **"征税权"的淡化或消亡**：很显然，在失去对用户数据的掌控、失去统一的规则制定权之后，互联网平台相对于内容方/产品方的话语权大大降低了，它们的征税权也会不可避免地受到削弱。即便平台方还能从合作伙伴那里获得一定的经济利益，这些经济利益很可能也会被分发给全体用户——别忘了，在理想化的"DAO"组织形式当中，用户天然就是股东。例如，Web 3.0时代的"电商平台"，可能由一批品牌商家发起组织，凡是入驻的商家都是比较重要的决策者，个人消费者也以某种方式参与决策；商家可能还需要向平台缴纳押金、广告费、销售分账等，但是平台最终会将这些收入的绝大部分返还给商家。内容平台、社交平台等其他一切平台，面临的局面也会大同小异。

➤ **"平台"变成公用事业**：熟读经济史的人肯定记得，在19世纪末20世纪初的美国"镀金时代"，自来水、电力、煤气等公用事业公司曾经是资本市场的宠儿，与工业、运输业一样被视为现代社会的核心产业。然而，随着公用事业彻底普及到千家万户，它的增长期结束了，面临的监管也越来越严。慢慢地，公用事业从一门"很赚钱的生意"，变成了一门"很稳定的生意"。在Web 3.0普及之后，互联网平台的命运很可能也跟当年的公用事业一样——它不会消亡，因为商业社会的正常运转离不开它。但是，它从经济发展当中分到的利益份额将不断缩小，从经济的"火车头"变成"稳定器"。而且，在漫长的历史进程中，很多公用事业公司都从私营企业变成了国营或特许经营企业；互联网平台的命运可能与此类似，最终归宿都是"DAO"之类的去中心化组织。

Web 2.0 已经在人类历史中留下了不可磨灭的痕迹，而 Web 3.0 有可能彻底颠覆前者，留下属于自己的更深、更长的痕迹。这让我想到了五百多年前的地理大发现时代：从 15 世纪下半叶起，葡萄牙人、西班牙人捷足先登，将足迹踏遍了中美洲、南美洲、非洲和远东地区，建立了以香料贸易和种植园经济为代表的所谓"伊比利亚殖民帝国"。然而，与 17 世纪以后荷兰人、法国人以及后来居上的英国人相比，伊比利亚殖民者的"成就"相形见绌。尤其是英国人建立的全球化体系，横跨五大洲、四大洋，不但涵盖了 1400 多万平方千米的土地，还间接催生了第一次和第二次工业革命。无论是对于欧洲还是对于世界其他地区而言，英国人的影响都远远超过了当年的葡萄牙人、西班牙人。（不过，这种影响的背后隐藏着殖民者对美洲、非洲及亚洲等地民众赤裸裸的剥削和血腥镇压！）

同理，要是我们看着 Web 2.0 在过去二十年取得的成就，看着基于 Web 2.0 的互联网平台的巨大利润和市值，就断定"互联网的巅峰已经到了"，那我们就太小看互联网了。如果把互联网时代比作当年的地理大发现时代，那么我们现在充其量才进入 17 世纪，目睹"葡萄牙人""西班牙人"你方唱罢我登台，它们当年的角色，由苹果、谷歌、亚马逊乃至腾讯、阿里这样的大型互联网平台扮演。而命中注定要创造新秩序的 Web 3.0 新势力，现在最多只能算是初露锋芒，就像 17 世纪的英格兰人刚刚登上马萨诸塞和弗吉尼亚的土地。当年谁能想到，几百年后全世界的通用语言不是西班牙语，而是英语？

在地理大发现时代，西班牙人一度管辖着从秘鲁到菲律宾、从路易斯安那到巴塔哥尼亚的广阔领土，实行的是不折不扣的"中心化"管理方式：各地的行政官员听命于大区总督，总督听命于马德里，一切的最终决定权均归于西班牙王廷。限于当时的技术条件，不可能真正做到事无巨细皆决于马德里，西班牙国王不得不与海外领地的精英们分享一些权力；但是这并不改变西班牙海外领地的本质，即中心化的权力体系、自上而下的利益分配格局。

1609年，英国探险者初次到达北美的哈德逊湾；他们来得比西班牙人和法国人晚，可是留下的历史影响远远超过了早来的两者

Web 2.0 时代的互联网巨头的，就像一个个现代社会的"西班牙帝国"：西服革履的 CEO 和董事们坐在安装着玻璃幕墙的写字楼会议室里决定一切，由庞大的产品、运营和商业化团队负责执行，在弹指一挥间，互联网巨头们就能改变无数人、无数公司的命运。因为它们掌握着如此巨大的权力，所以它们才能拥有上千亿元的利润和数万亿元的市值。

英国人对海外领地的管辖与此大相径庭：绝大部分事务均在海外领地本土决定，哪怕是税收和国防这么重要的问题，一般也很少上升到需要伦敦决定的高度。每当征服一块新的领土，英国人总是依靠"王座背后的耳语"去治理一切。"大英帝国"的财富主要来自"贸易"，而贸易网络天然就是去中心化、自下而上形成的。因此，当维持"大英帝国"的成本逐渐超出了"大英帝国"内部贸易的收益之时，就是英国主动选择收缩其势力范围之际。Web 3.0 时代的互联网公司很可能就是这样的。准确地说，整个 Web 3.0 世界可能就像一个"大英帝国"，届时的主流互联网公司则变成了"大英帝国"范围内松散的自治领地。问题在于，在这个时代，根本不会存在任何意义上的最终决策节点，也不会有少数巨头凌驾于其他公司之上。这样一个 Web 3.0 的世界，更加接近一个松散的联邦或邦联。

读到这里，或许你会认为这是故弄玄虚——Web 3.0 怎么可能具备这么大的威力？那些打着 Web 3.0 旗号的创业公司，口口声声喊着要改变世界、改变商业社会的组织形式，其实不都是在发行加密货币或者 NFT 吗？没错，所有人都在讨论 Web 3.0，但是很少有人真的在做 Web 3.0。

这正是我们下一章集中讨论的问题：Web 3.0 究竟应该是什么？除了炒币这种名声不佳的应用，它究竟可以通过什么方式真正改变这个世界？

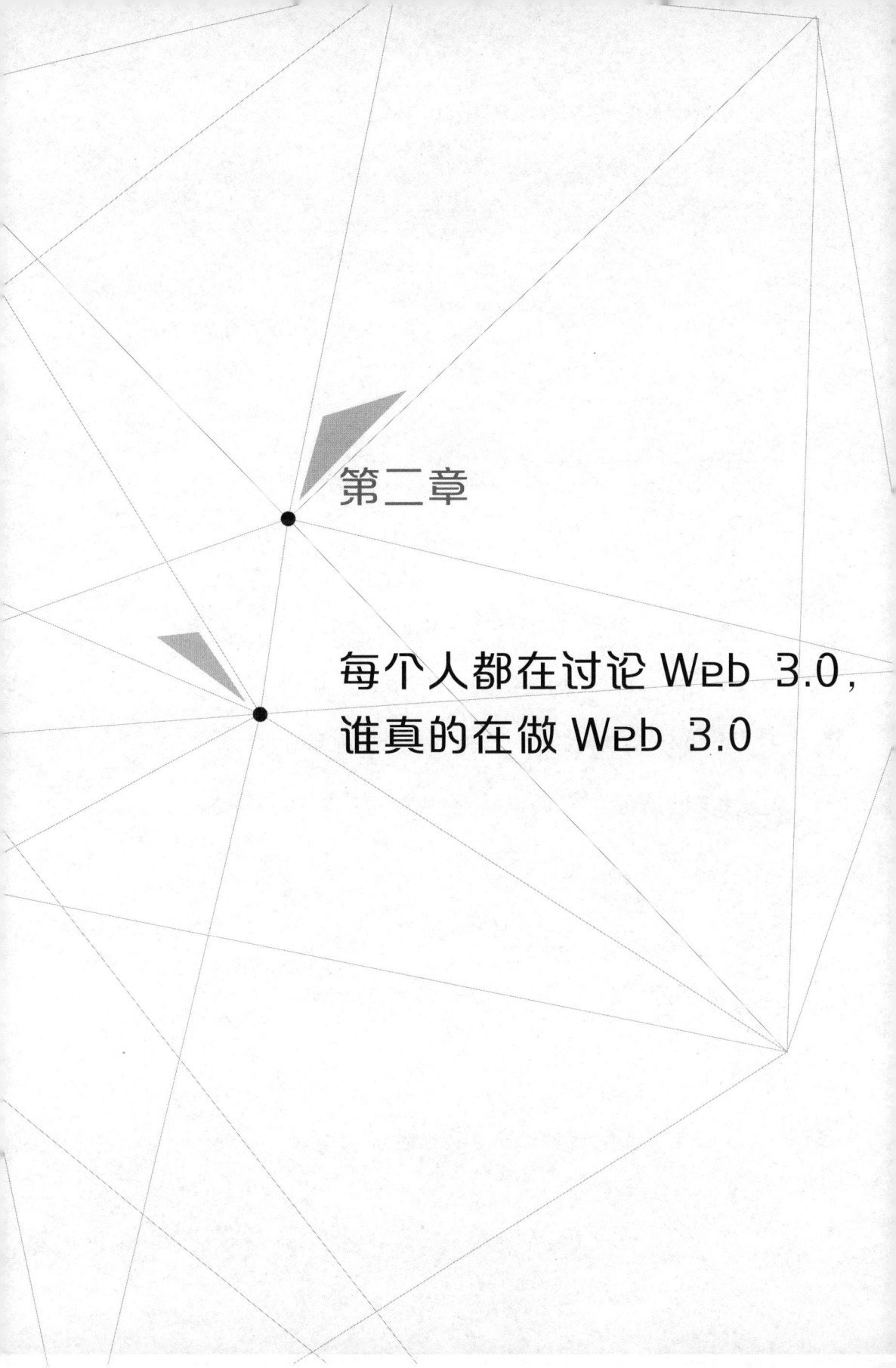

第二章

每个人都在讨论 Web 3.0，谁真的在做 Web 3.0

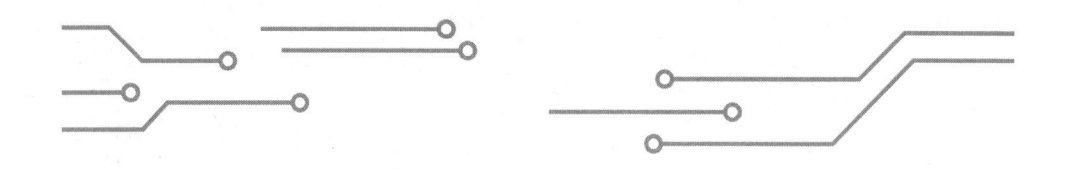

- 发币、炒币、NFT：这不是 Web 3.0 的全部

- Web 3.0 的正确应用方式：DO，DAO，DApp？

- Web 3.0 与元宇宙：一本糊涂账，谁人能看清

- 折中解决方案：Web 3.0 = Web 2.0 的自然延伸？

发币、炒币、NFT：这不是 Web 3.0 的全部

无论你是不是互联网从业者，无论你熟悉不熟悉 Web 3.0，在过去几年里，你多半听说过下面这两个概念。

第一个是加密货币（Cryptocurrency），即基于区块链技术，去中心化的虚拟货币。与传统货币相比，加密货币的最大特点就是没有任何权威背书，既不依托政府，也不依托金融机构。人们最熟悉的加密货币是比特币（Bitcoin），其次是以太坊（ETH）。另外，还有各种千奇百怪的小众加密货币，俗称"山寨币"，最典型的例子就是马斯克曾经发推特力荐过的狗狗币（DOGE），这些"山寨币"大部分是在以太坊的基础之上开发出来的。

第二个是非同质化代币（NFT，Non-Fungible Token），即基于区块链技术，不可复制、不可替换，但是可以交易的所有权凭证。在现实中，NFT 一般用于数字藏品，即具备收藏价值的数字化原创艺术品，其中最著名的是"无聊猿"（Bored Ape）系列卡通头像，它们曾经在 2021 年被炒出天价，至今仍然具备极高的交易价值。从那以后，全球至少诞生了几百个跟风性质的 NFT 项目。

迄今为止，全球绝大部分 Web 3.0 公司，不论是创业公司还是具备一定规模的公司，做的基本都是加密货币和 NFT 生意（这两者可以统称为"代币"）。一般而言，它们的业务模式不外乎如下几种。

（1）**发币**，即发行自己的加密货币。近年来，随着以太坊的功能不断增强，任何人都可以基于以太坊的区块链设计新的加密货币；依托一些专业软件，甚至可以做到"傻瓜式发币"。例如，在马斯克宣传狗狗币导致其价格暴涨之后，立即有人针对狗狗币做出了山寨版的"柴犬币"（Shib），并且立即创造了一天之内大涨 12 倍的神话。可想而知，由于发币门槛实在太低，现在想单纯依靠发币赚钱已经非常困难，更不用说围绕"发币业务"建立一家创业公司了。

（2）**发 NFT**，即基于自己的原创 IP 或第三方授权 IP 发行数字藏品。自从"无聊猿"爆红之后，Web 3.0 圈子里几乎每一个人都想做出自己的"无聊猿"，可是谈何容易！原创 IP 的数字藏品要走红，需要很大的运气；基于知名 IP 进行授权开发，固然是一条捷径，但同时也需要更高的成本、更雄厚的资源。说到底，虽然发 NFT 的门槛比发币略高，但也高不到哪里去，竞争仍然非常激烈。

（3）**虚拟资产流通、交易平台**，典型的例子是 Binance、Coinbase 这样的加密货币交易所，以及各式各样的 NFT 流通平台。我们可以把这些公司视为 Web 3.0 的"金融机构"，只是它们目前所受到的监管远远少于传统金融机构。

（4）**区块链游戏**，这是目前增长最快、吸引资本注意力最多的领域。不过，与传统游戏相比，区块链游戏最大的特点是，它们往往围绕着某种加密货币或 NFT 进行，虽然打着游戏的旗号，但做的还是币圈

（指数字货币圈子）的生意。真正以娱乐为目的的区块链游戏，目前几乎不存在。

（5）**技术支持和周边工具**，例如，帮助创作者设计 NFT 的软件、Web 3.0 信息聚合社区，等等。

总而言之，从数据和实际案例来看，目前全球最成功的 Web 3.0 生意形式是加密货币交易所，主要工作是"帮人炒币"；增长最快的 Web 3.0 生意则都与 NFT 相关，包括发 NFT、交易 NFT、围绕 NFT 做游戏，等等。其实，现在玩 NFT 的人，大部分都是若干年前玩加密货币的人，大家属于同一个"币圈"。

在中国，为了保护中小投资者的权益、防范虚拟资产炒作风险，加密货币的发行和交易受到了金融主管部门的严格限制。在实践中，任何机构或个人都不能在中国境内或者面向中国居民发行加密货币，也不能主动向中国居民提供炒币的工具或便利条件。近年来，比特币和以太坊价格的大起大落、各种山寨币价值的普遍归零，证明了上述监管措施的合理性。既然不能发行加密货币，那么对于国内 Web 3.0 创业者而言，唯一合法合规的道路就是通过 NFT 做数字藏品了。

2021 年以来，数字藏品一度成为国内互联网行业硕果仅存的资本风口之一，直到 2022 年底 ChatGPT 的横空出世，数字藏品的光芒才被 AI 抢走了。很多互联网创业者都在争先恐后地把自己的创业项目往 NFT 上面"蹭"，大型风险投资机构的基金经理都拿到过数百份乃至上千份关于 NFT 的商业计划书。在这个资本市场的寒冬季节，如果你看到一位面带笑容、手里有钱的创业公司老板，不妨问问他："你们公司做的是 NFT 相关的生意吗？"我相信，在百分之八十的情况下，答案会是肯定的。

腾讯幻核，曾是国内最知名的数字藏品平台之一，但已宣布停运

问题在于，国内 NFT 行业也面临着非常严格的监管，尤其是存在一条不可逾越的红线：只准做一级市场交易，不准做二级市场交易。通俗地说就是，任何机构或个人只准把数字藏品卖给最终消费者，而不得向他们提供任何交易功能；消费者买到数字藏品之后，只能自己使用或私下找人交易，而不能通过任何公开渠道进行交易。主管部门的态度相当坚定——数字藏品是拿来欣赏的，不是拿来炒作的。这无疑对 NFT 行业的盈利能力构成了沉重打击，如果有人想做 NFT 的二级市场交易，那他就只能到中国领土之外、面向非中国居民去做。

不过，凡事并无绝对。2022 年 6 月，上海市政府印发了《上海市数字经济发展"十四五"规划》，提出上海将在"十四五"期间支持龙头企业探索 NFT 交易平台建设，研究推动 NFT 等资产数字化、数字 IP 全球化流通、数字确权保护等相关业态在上海先行先试。这个消息震动了国内的 Web 3.0 圈子，大家不禁开始畅想，或许很快就可以去上海炒 NFT 了。可惜从那以后，到本书撰写之时，又过去了半年多的时间，一切毫无变化。毕竟，《上海市数字经济发展"十四五"规划》中写得明明白白：首先，对 NFT 交易平台要先"探索"，再"研究推动"，从探索到全面铺开，恐怕要花好几年的时间；其次，重点支持对象是"龙头企业"，显然绝大部分 Web 3.0 创业公司都不太可能符合"龙头"企业的定义。

在认清形势之后，国内 Web 3.0 创业者面临的无非是两种选择：要么继续等待上海等试点城市的 NFT 交易政策放开，要么跑到境外去做离岸 NFT 生意。选择前一条道路，要有足够的耐心及超人的前瞻性。后一条道路也不是完美的选择，首选目的地是新加坡，因为它与中国处于同一时区，距离不算太远，在当地还能讲中文。不足之处在于，新加坡的生活成本实在太高，工作签证又非常难拿，对于年轻人极不友好。所以，能够下定决心跑到新加坡去做 Web 3.0 创业的，主要是那些早已功成名就，自带大笔资金的"大佬级"人物。除非新加坡的生活条件能出现根本性改善，否则它离真正成为华人世界的 Web 3.0 中心还是差一口气，而且是很大的一口气。

就在 Web 3.0 从业人员进退两难之时，香港财经事务及库务局（财库局）于 2022 年 10 月 31 日发表了《有关香港虚拟资产发展的政策宣言》（简称《宣言》），阐明了特区政府对这个领域的政策立场和方针。其要点大致如下。

（1）分布式记账（DLT）和 Web 3.0 有潜力成为金融和商贸未来发展的趋势，只需得到妥善的监管即可发挥巨大作用。香港已经拥有了庞大的 NFT 业态，今后还可以探索虚拟资产的更多用途，例如各类金融资产的代币化。

（2）香港特区政府已经制定了一套完整的虚拟资产监管框架，近期将展开虚拟资产服务机构的发牌照工作。与此同时，特区政府也欢迎全球的虚拟资产交易所在香港展开业务。对于零售投资者（个人）如何买卖虚拟资产，香港证监会将展开公众咨询。

（3）香港特区政府注意到，虚拟资产未必完全适用香港现行法例的规定，有必要为此修改现有法例或制定新的法例。对于代币资产、智能合约等的合法性问题，特区政府持开放态度，愿意为此提供稳健的法律基础。

（4）香港特区政府正研究推出三个试验计划：为 2022 年香港金融科技周发行 NFT；发行代币化绿色债券；推出数码港元，作为衔接法定货币与虚拟资产的支柱。这些试验将向全球显示香港特区政府鼓励虚拟资产发展的决心。

《宣言》发表之后，立即在大中华区 Web 3.0 圈子中引发了强烈反响。在每一个以加密货币、NFT 或者元宇宙为主题的微信群里，《宣言》都成为热门的讨论话题，就连解读《宣言》的自媒体文章也可以轻松获得 10 万人次以上的阅读量。"天亮了"，Web 3.0 公司既不用"苦等上海"，也不用"远走新加坡"，依托香港这个国际金融中心就能完成争霸天下的大业——这种观点在我认识的创业者当中非常流行。就连以前完全没涉足过 Web 3.0、对区块链或分布式记账等概念一无所知的圈外人，也纷纷以最快速度冲进圈子。

就连本书作者，也就是从来没有买过任何加密货币，也不曾持有任何数字藏品的我，都接到了好几个熟人发来的关于 Web 3.0 创业的邀约，有些是问我想不想入伙一起干，有些则是问我乐意不乐意投一笔钱。为此，我打电话给认识多年的一位老朋友进行咨询，他曾在互联网行业从事战略投资工作多年，目前在某互联网公司担任投资总监一职，他读过的 Web 3.0 商业计划书加起来超过 1 万页。在听了我的问题之后，他干脆利落地回答：

不要在现阶段的 Web 3.0 创业项目上投一分钱，也不要买它们发行的 NFT。至于邀请你入伙，只有在你没有更好选择的情况下才可以去，不过千万留心，不要担任管理职务。

有这么严重吗？虽然我本来也没有加入 Web 3.0 行业的迫切计划，但是对方严肃的语气还是令我颇为意外。在我的追问之下，对方语重心长地说：

现阶段的 Web 3.0 公司绝大部分将沦为"炮灰"。即使不是骗子，它们开展的业务也不代表 Web 3.0 的正确发展方向。现在进入这条赛道，就像在三十年前去做互联网，看起来在投入一项必将成功的伟大事业，事实上最好的结果也只是沦为"炮灰"而已。

上面这段话，尽管有些主观，却与我内心深处的忧虑不谋而合。我研究互联网很多年了，在研究 Web 2.0，也就是现阶段的主流互联网行业时，我看到的是对经济社会活动效率的真实提升，以及对千家万户生活的真实改变——人们躺在沙发上悠闲地看着直播、玩着游戏，手指一动就能购买在千里之外生产的商品，通过社交网络认识新的朋友乃至终身伴侣，通过远程视频会议解决工作中的问题……一个人但凡不想自绝于文明社会，就脱离不了各式各样的 Web 2.0 应用，而且新的 Web 2.0 应用还在不停地诞生。Web 2.0 行业还聚集了全世界最聪明的人，从初出茅庐的名校毕业生，到已经在金融业、咨询业锻炼多年的"金领"，大家都认为从事这一行业是体面的。就连对 Web 2.0 行业进行研究分析，也是一件很有尊严、很有成就感的事情，过去几年我就是怀着这份心情工作的。

可是，当我们把目光转向 Web 3.0 时，看到的却是光怪陆离、鱼龙混杂的场景。从十多年前，炒币时代开启之日起，这个圈子的主流就是各式各样的冒险家，主题则是"互相割韭菜或联合起来割别人的韭菜"。在比特币价格飙升的那段时间，主旋律是"饿死胆小的、撑死胆大的"；在基于以太坊的山寨币粉墨登场的那段时间，主旋律则是"与监管赛跑"，看看谁能在触犯监管铁拳之前卷款收手；在"无聊猿"掀起 NFT 热潮之后，主旋律又变成了"尽可能吸引圈外资本入局"。与"割韭菜"同样流行的是加杠杆，因为只有最大限度地加杠杆，才能以小博大，才能以最快速度实现"空手套白狼"。很多 Web 3.0 公司并不关心自己能为人类社会生产什么真实价值，甚至完全乐意开启或进入一场庞氏骗局，只要自己不是最后接盘之人。

在埃隆·马斯克完成对推特的收购之后，一位来自中国的币圈大佬在英文社交媒体上高调宣布："马斯克已经邀请我担任推特 CEO。"此事很快沦为笑料，因为马斯克早已决定亲自兼任推特 CEO。但是，与自封"马云门徒""中国最牛 90 后"的另一位币圈大佬相比，上述关于"推特 CEO"的花边新闻只能算是小巫见大巫。上述两位满嘴跑火车的大佬，只是 Web 3.0 圈子普遍乱象的一个缩影，类似的例子还可以举出几十个、几百个。

可想而知，当一个圈外人目睹上面这两位"币圈大佬"，以及成百上千以"割韭菜"为唯一目的、以加杠杆为主要经营手段的自爆式创业公司时，他对 Web 3.0 这个行业将会留下多么恶劣的印象。在全球范围内，情况也没有好到哪里去，甚至更糟：2022 年 11 月，世界第二大加密货币平台 FTX 爆雷，造成了至少 320 亿美元的损失，"死因"毫无新意——又是杠杆太高。FTX 的倒下引发了一系列连锁反应，加密货币融资、交易平台出现了大范围的挤兑，因为大家的杠杆都太高了。因为极度贪婪而获得的财富，总会因为极度贪婪而归零。

真正的 Web 3.0 不应该是这个样子的。发币、炒币、NFT，只是区块链应用的一小部分，而且是入门级的部分。如果你读过维塔利克·布特林（Vitalik Buterin，有人尊称其为 V 神）于 2013 年撰写的 *Ethereum White Paper*（《以太坊白皮书》），就会惊叹于 Web 3.0 技术竟然具备这么大的可拓展性，可以拿来做这么多的事情。

我们在此无须赘述区块链技术的发展历程、各种主流区块链之间的区别,以及区块链的底层数理逻辑。因为本书的重点不是讨论技术细节,如果读者对这些细节感兴趣,互联网上有海量资料可供查阅。在过去十多年中,以 V 神为代表的信息技术天才已经把 Web 3.0 的技术框架发展得高度成熟、高度丰富了。基于这个技术框架,我们可以大刀阔斧地改组商业组织,改进公共事务管理,提高社会每个环节的运行效率,创造各种前所未闻的新兴商业模式。是的,Web 3.0 能做的事情远远不限于金融投机,可是偏偏绝大多数人只想用它来进行金融投机!

严格地说,金融投机是区块链的一个与生俱来的属性,现在也成为 Web 3.0 最大的历史包袱。世界上的第一个区块链应用——比特币,于 2008 年 10 月 31 日正式被发明出来,当时其发明者中本聪(真实身份迄今无人知晓)就表示,创造这种加密货币是出于对传统金融系统的不信任。那是次贷危机的高潮时刻,雷曼兄弟公司(Lehman Brothers)刚刚破产,数以百计的欧美金融机构正在排队等待政府救助。在这种情况下,中本聪希望用加密货币替代传统货币,用去中心化机制替代传统的中心化金融制度,这是完全可以理解的。在区块链行业的先行者中,不乏真诚希望"打倒腐败的华尔街"、建立一个公平稳定的新金融市场的理想主义者。

可惜,人总倾向于将任何有金融属性的东西用于投机。2008 年以后欧美发达国家长期的货币超发,促使大批热钱涌入比特币等加密货币市场,从而加剧了它们的投机属性。加密货币的价格波动性远远超过绝大部分传统货币,在创造财富效应的同时,也创造了绝佳的"割韭菜"的温床。2013 年,为了解决比特币的一些技术问题[1],V 神发明了功能更加强大的以太坊,希望它能发挥更多的实际作用。大部分人会承认,比特币只是开启了 Web 3.0 的先声,以太坊才真正点燃了 Web 3.0 的火炬。但是这并没有阻止以太坊迅速变成一种波动性极高的金融投机载体。

---

[1] 比特币的算法由于不具备图灵完备性,所以无法完成一些特定任务。关于这一技术细节,普通读者无须深入理解。

如果区块链在诞生之初的定位不是"取代传统金融体系",而是立足于对实体经济的辅助,那么 Web 3.0 会不会走上一条不同的道路?现在我们都知道,区块链可以用于版权保护、生产安全、供应链管理等各种传统的经济领域,发挥立竿见影的作用。设想一下,中本聪在 2008 年 10 月发布的不是《比特币白皮书》(中本聪发明的是比特币,与以太坊不是一回事),而是《基于分布式记账的供应链监测技术白皮书》,你能想象接下来发生的事情吗?

Bitcoin: A Peer-to-Peer Electronic Cash System

Satoshi Nakamoto
satoshin@gmx.com
www.bitcoin.org

Abstract. A purely peer-to-peer version of electronic cash would allow online payments to be sent directly from one party to another without going through a financial institution. Digital signatures provide part of the solution, but the main benefits are lost if a trusted third party is still required to prevent double-spending. We propose a solution to the double-spending problem using a peer-to-peer network. The network timestamps transactions by hashing them into an ongoing chain of hash-based proof-of-work, forming a record that cannot be changed without redoing the proof-of-work. The longest chain not only serves as proof of the sequence of events witnessed, but proof that it came from the largest pool of CPU power. As long as a majority of CPU power is controlled by nodes that are not cooperating to attack the network, they'll generate the longest chain and outpace attackers. The network itself requires minimal structure. Messages are broadcast on a best effort basis, and nodes can leave and rejoin the network at will, accepting the longest proof-of-work chain as proof of what happened while they were gone.

中本聪于 2008 年发布的白皮书,从一开始就将比特币定义为
"电子现金系统",从而奠定了 Web 3.0 的金融投机基调

即便上述假设成立,加密货币迟早还是会诞生的。因为从技术角度看,区块链必须为参与者提供某种"经济激励",否则整个系统就运行不下去了。区块链之所以具备公信力,是因为每时每刻都有大批参与者对链上发生的数据交换行为进行验证,而这种验证是需要消耗成本的。所以,区块链需要一

种具备交换价值的"虚拟财产",用于补偿参与者。加密货币就这样产生了。无论是比特币、以太坊还是数以千计的山寨币,在本质上都只是维持 Web 3.0 经济模式运行的"底层燃料",而绝不是这个经济模式的全部。

我们不妨把 Web 3.0 时代的加密货币想象成工业时代的石油。有趣的是,V 神在 *Ethereum White Paper* 当中,也把维持以太坊区块链运转所需的加密货币成本称为"汽油费"。石油价格越贵,内燃机的运行成本就越高,工业和运输业的发展也就越迟缓。当石油价格上涨到一定水平后,普通工业将完全无利可图,所有人会蜂拥去开采石油、倒卖石油。[1]这就是 Web 3.0 行业过去几年发生的事情,币圈和 NFT 圈的繁荣是一种畸形的、虚假的繁荣。

从这个角度看,2022 年发生的加密货币崩盘,反倒是 Web 3.0 回归理性、探索更多应用模式的一个良好契机。当人们不再醉心于一夜暴富的神话时,才会真正沉下心来研究那些能长期创造价值的东西。没有人会否认加密货币和 NFT 的重要意义,但是它们绝不是 Web 3.0 的全部。我们永远不可能把币圈和 Web 3.0 的其他部分切割开来,但是随着时间推移,后者的规模应该远远超过前者。

在金融投机之外,Web 3.0 到底能带给世界什么样的真实改变,又将如何从根本上"架空"Web 2.0 时代的互联网平台,这将是下一节讨论的重点。

---

[1] 当然,为了应对石油价格上涨,还有一种办法,就是减少石油的消耗量,只有在最关键的场景才使用石油。其实,这也是近年来 Web 3.0 行业的发展方向:把"汽油费"控制在一定范围内,降低普通用户负担的成本。后续章节我们将展开描述这个趋势。

Web 3.0 的正确应用方式：
DO，DAO，DApp？

首先，让我们简略回顾一下区块链实现去中心化的基本原理：本质上，一条区块链就是一个分布式账本，包含一系列的数据记录，即"区块"。每一个区块都包含前一个区块的信息，由此形成了一条连续、可追溯的链条，即"区块链"。在一个特定时间段内产生的任何数据交换信息（可以称为"交易"），必须经过整条区块链上多数节点（node）的验证，形成"共识"，才能被记载在新的区块之中。

区块链没有中心，没有统一的服务器，每个节点都是平等的。一条区块链上的所有数据信息，被平等地存储在所有节点上，新的数据交换则通过公开"广播"，在很短的时间内传遍整个网络。每个节点的所有者都是这个区块链的决策参与者，尽管它们的决策权不一定平等。它们形成"共识"的过程，就是区块链的日常管理流程。

在实践中，区块链节点形成"共识"的方法有很多种，最常见的是算力证明（Proof of Work），即演算复杂的数学题，这是比特币采用的模式，也是曾经最流行的模式，演算数学题的过程俗称"挖矿"。所有权证明（Proof of

Stake）次之，其基于各个节点已经拥有的代币（Token，可以粗略地将其理解为"加密货币"）数量形成共识，可以通俗地将此类证明理解为现代公司的"股东投票"机制，2022年以后的以太坊就采用了这个机制。此外，还有权威证明（Proof of Authority）、个人身份证明（Proof of Personhood）等多种共识模式。无论在哪种模式下，要操纵区块链、篡改数据记录，都是非常困难的。下图是区块链的数据记录与交换模式示意图。

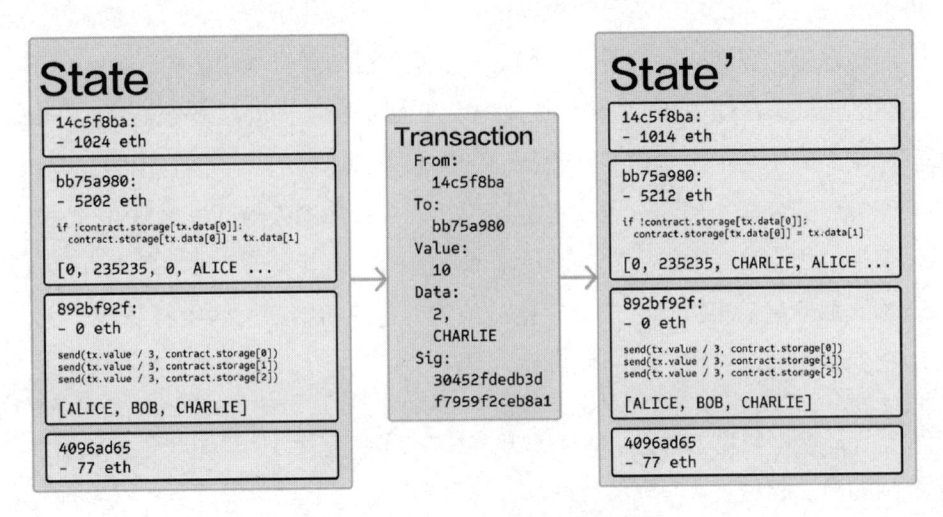

区块链的数据记录与交换模式示意图

（资料来源：《以太坊白皮书》）

> 在算力证明模式下，要篡改记录，必须控制整个区块链上的多数算力（一般为51%）。在比特币这种规模的大型区块链上，这个任务是不可能完成的。事实上，购买如此庞大的计算设备所花费的成本，很可能会超过所有比特币的流通价值。

> 在所有权证明模式下，要篡改记录，必须掌握整个区块链上的多数代币。就好像在现实中收购一家公司，必须先掌握其多数股权，而这是要耗费巨资的。如果想控制以太坊这种规模的区块链，投入的成本可能是天文数字，完全得不偿失。

> 在权威证明、个人身份证明等模式下,每个节点的参与者需要满足苛刻的条件,例如其是某个领域的公认权威,拥有一定的荣誉地位,或者其具备某些特殊身份等。伪造这些条件非常困难,要操纵具备上述条件的个人更是难上加难。

区块链数据的可追溯性、不可篡改性,以及各个节点之间的平等性、不可操纵性,使得区块链本身成为一种天然的去中心化组织。自从人类进入文明时代以来,在数千年的漫长岁月里,人类早已习惯了中心化的、自上而下的组织形式,基层负责向上级报告信息,上级则负责向基层发号施令。在我们每个人的生活中,总是充斥着各种各样的中心化组织:学生时代的班级,工作之后的公司及部门,居住地的社区,业余参加的兴趣爱好俱乐部……即便是下班之后躺在沙发上玩的网络游戏、刷的短视频应用,也都是中心化运营的。即便是最草根化、最扁平化的组织,也总得有一个"中心节点",从中心到外围层层扩展。

在互联网时代的初期,人们似乎看到了打破"中心化"模式、实现更大范围的自由的希望。早期的互联网技术开发人员往往都带着很强的"牛仔思维",认为互联网应该是一个"狂野西部",人人平等,供大家开放、自由地探索。在 Web 1.0 时代,很多著名网站确实是由个人爱好者搭建的,不以营利为目的,用户在海量的网站之间随意寻觅、遨游。用现在的话来说,当时的互联网流量高度分散,远远没有形成头部集中效应。在 Web 1.0 时代的晚期,即第一次纳斯达克泡沫期间,资本大量涌入互联网,催生了第一批商业化的互联网公司——但是,那时的互联网在很大程度上仍然是自由的、分散的,海阔凭鱼跃,天高任鸟飞。

Web 2.0 时代的到来,改变了一切。就像我们在上一章提到的,随着技术进步,互联网公司不再满足于向用户提供原创信息、自营商品和服务,它们开始致力于为用户提供交流互动功能,撮合第三方商品或服务的供给和需求，从而成为"互联网平台"。由于互联网平台具备很强的网络效应、规模效应，极少数平台最终通过自由竞争和兼并收购等方式掌握了绝大多数市场份额。规则制定权和征税权被牢牢掌握在平台手中，用户离开平台做不了任何事情，第三方内容方/产品方也只能任凭平台宰割。依靠用户自身的力量不可能打破平台的支配地位，依靠监管部门的反垄断也只能解决部分问题。那些从 Web 1.0 时代存活至今的"拓荒牛仔们"，看到互联网今天的样子，大概会扼腕叹息吧。

按照以太坊基金会的说法：

> 中心化组织曾经帮助数十亿用户登上万维网，并且为自己创造了稳定、强大的基础设施。与此同时，万维网在很大程度上被一小撮中心化组织控制了，它们可以单方面制定规则。要走出这个困境，就要依靠 Web 3.0。在去中心化原则的指引下，Web 3.0 是由用户建设、运营和拥有的，而不是由大型科技公司所垄断的。Web 3.0 把权力置于个人而不是公司之手。[1]

以太坊基金会的上述说法，深深地打动了很多人。就算在微信这样典型的中心化社交网络上，也有很多用户在笨拙地建立"去中心化社区"，例如我自己就被拉入了十几个以"DAO"或者"岛"（这是对"DAO"的中文音译）为名的微信群。所谓 DAO，就是"去中心化自治组织"（Decentralized Autonomous Organization），可能是除了加密货币和 NFT 之外最热门的一个 Web 3.0 概念。在很多 Web 3.0 信仰者眼中，DAO 就是人类未来的组织形式，绝大部分公司、社会团体均将被 DAO 取代——然而这种观点并不正确。V 神本人曾经撰文列举了 Web 3.0 时代的多种组织形式，DAO 只是其中之一，甚至不一定是最重要的。严格满足定义的 DAO，现在或许还不存在。

---

[1] 详见以太坊官网上的文章"What is Web3 and why is it important?"。

在深入讨论 DAO 或者其他 Web 3.0 组织形式之前，让我们首先分析一下，一个成功的人类组织需要具备哪些特征。大部分人都会赞同，成功的组织必须是有效的，即能够完成某种任务、某种使命。为了保证"有效"，至少需要经过三个环节：

- 决策，即决定要做什么、不要做什么。
- 执行，即把决策贯彻、实施下去，让它从纸面化为实际。
- 监察，即监督决策及执行的过程，确保没有违法、违规、腐败等现象。

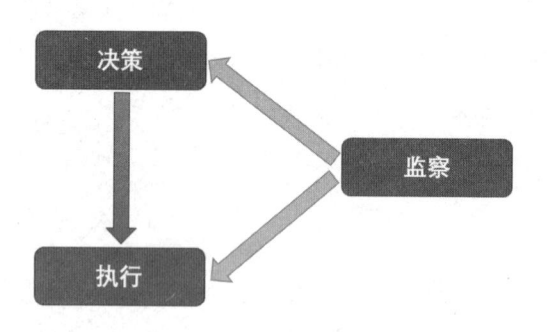

一个有效组织完成任务的三个环节

现代管理学教科书告诉我们，良好的制度是保证各环节顺畅运行的必要条件。以上市公司为例，首先要建立良好的决策制度——什么样的决策由董事会做出，什么样的决策交给 CEO 等职业经理人，决策形成的机制又是什么；然后是良好的执行制度，对于执行效果必须责任到人，并且设立量化评测管理体系；监察制度也是不可或缺的，现在各个互联网大厂都有自己的"高压线"，内部审计和反腐败是一项重要工作。大型上市公司会聘请商学院教授、顶尖咨询公司，帮助自己进行制度建设并定期检查。

问题在于，一切制度都需要人来落实，而人是会犯错误的，甚至经常主观故意地违反制度。举一个最简单的例子：现代公司治理最忌讳"一言堂"，绝大部分上市公司均对 CEO 设立了复杂的制衡体系，但是在实践中，CEO 一手遮天的现象还是屡见不鲜。企业高薪聘请的独立董事、监事、外部专家，往往沦为 CEO 的"橡皮图章"，不敢或不愿发挥制衡作用。人性中趋利避害、不愿承担责任的特性导致许多制度只能停留在纸面上。站在组织外部，我们甚至难以判断制度到底有没有得到落实，更不用说去评判落实效果了。

在人类历史上，无数的组织、无数的国家和民族试图仿效他人的"先进制度"，但是经常以悲剧告终，与其说问题在于制度本身，不如说在于人。人可以被制度塑造，制度又需要人来落实，由此产生了一个死循环——究竟应该先改造制度，还是先改造人？这就像"先有鸡还是先有蛋"一样，是永远无法找到答案的问题。

Web 3.0 对上述难题给出了一个答案，那就是最大限度地排除人的因素，由智能合约（Smart Contract）去负责制度的落实。所谓智能合约，就是跑在区块链（一般是以太坊）上的一组代码和数据，负责根据某种预设的规则，自动执行某些行动。以现实生活为例，我们可以认为自动售货机就是最简单的智能合约——它在外壳上标明了商品的种类和价格，任何消费者只要认同其价格，均可以投币、扫码等支付方式，自动完成对商品的购买，整个交易过程不需要人工参与。

试想一下，在一家人工售货的超市中，收银员可能扫错条码、算错账、收错钱，乃至主动徇私舞弊；可是在自动售货机或者最近流行的无人超市场景下，上述错误都不会存在。从理论上讲，如果我们把一个组织建立在智能合约的基础上，就可以完美地解决制度落实的问题。

- 在决策环节，有两种处理方式：第一种由人去决策，例如，董事会投票、专家评议等，然后由智能合约判别投票结果，自动验证通过；第二种是直接由 AI 根据预设规则去自动决策。无论使用哪种方式，决策制度都会得到彻底的尊重，没有人能违背制度行事。

- 在执行环节，同样有两种处理方式：第一种由人去执行，其执行过程受到智能合约的跟踪评测，例如，定期抽查成果、监控关键数据等；第二种是由 AI 去自动执行，只要事先对执行流程、执行效果做出明确的规定，执行环节就不会出现太大的纰漏。

- 由于智能合约跑在区块链上，其代码和数据均不可被篡改、不可被操纵，所以就不必设立单独的监察环节了，因为区块链本身就是最好的监察机制。

Web 3.0 圈子中有一句时髦用语："代码即法律"（Code is Law），这个"代码"指的就是智能合约。与现实中的法律一样，智能合约也是可以修改的，但要遵循有公信力的修改流程；智能合约也有可能被违反，但是会相当困难，而且所有违反记录会被暴露在光天化日之下。在现阶段，智能合约的法律效力还处于未定状态，美国、中国等主要经济体都尚未对它制定明确的监管框架。但是，以 V 神为代表的 Web 3.0 开发者的愿望，是有朝一日能以智能合约取代现有的法律体系，建立一套去中心化的社会规则。这个愿望看似惊世骇俗，实际上也不是不可能的——要知道，现代民法、刑法、商法体系，起源于 18 世纪末到 19 世纪初，迄今也不过两三百年的历史，不是自古以来就有的。

根据 V 神的观点，智能合约的应用，只是人类组织形式进化的一部分，而不是全部，因为智能合约只是 AI 的一种表现形式而已。还有一个同样重要的问题：在组织当中，人类和 AI（计算机代码）究竟应该分别扮演什么样的角色？在历史上，绝大部分的组织是完全由人类构成、由人类包办大部分事务的。但是，随着 AI 和区块链技术的发展，至少出现了组织进化的四种可能性。

第一种是人类同时占据核心（决策层、信息中枢）和外围（执行层、信息收集），AI 在其中只起辅助性作用。绝大部分传统组织均属于这种类型。现在，在任何一家企业或政府机构的办公室里，都有数量庞大的电脑、智能电子设备，可是大部分决策和执行还是由人做出的，离开了人就一天也运行不下去。

第二种是人类占据核心，AI 居于外围，最典型的例子是工业流水线和机器人。举一个简单的例子，十年前，很少有人相信 AI 能执行城市道路驾驶这种高度复杂、容错率极低的工作，可是现在全世界已经有上百个城市开始了 AI 驾驶试点。这个趋势在高端制造业中同样明显，走进现代工厂，我们可能会发现上万平方米的车间内仅有寥寥数人，日常生产是由无数工业机器人负责的。

第三种是 AI 居于核心，人类居于外围，这可能让人很难理解——这是什么类型的组织？其实，比特币、以太坊等加密货币就属于这一类型。例如，以太坊的货币生成、交易和记账机制，均由代码事先约定、由系统自动判定，而以太坊的参与者则是数量庞大的人类。在本质上，以太坊的运作就是人类定期向 AI 提交一系列请求，由 AI 根据规则自动予以批准或否决，并将结果自动记录在分布式账本之中。作为参与者的人类，只需为自己的微观行为负责，无须考虑整个系统如何运作这种宏观层面的事情。

按照 V 神的观点，只有上面这种组织可以称为"去中心化自治组织"（DAO），因为 AI 比人类更可靠，只有让 AI 居于核心地位，才能做到真正意义上的"自治"。问题在于，绝大部分组织现在还做不到这一点（或者不想做），只是采用智能合约帮助自身进行组织建设而已。在 V 神看来，这样的组织只能称为"去中心化组织"（Decentralized Organization，DO），当不起"自治"二字，属于从传统组织到DAO之间的一种过渡形态。

以公司这样的营利性组织为例，假设一家公司决定将自己的决策、执行制度完全搬上区块链，由智能合约去落实各项制度。在每个月的经营管理会议上，讨论并做出商业决策的仍然是职业经理人，只是决策流程由智能合约背书；在每半年召开一次的董事会上，对职业经理人做出评判或任免的仍然是人类董事，只是评判或任免符合智能合约的规定。在这种情况下，这家公司只能被称为DO。

然而，假设这家公司完全撤销了董事会和职业经理人体系，智能合约不再仅仅扮演"确保人类不违反制度"的工具，而变成了整个公司的信息汇总和决策中枢，那它就真正成为DAO了。这样，一家公司的员工，只需对AI负责，执行AI的命令。如果公司股东认为有必要，也可以发起修改智能合约的动议，对AI规则进行一定程度的修正，但是，这种修正不改变AI的中枢决策者地位。

可想而知，绝大部分商业组织都不适合"由AI担任决策中枢"，或许再过几十年可以，可是在今天还是太超前了。按照上面的严格定义，今天打着"DAO"旗号的各类组织，绝大多数都只是"DO"。不过，在现实中，很少有人认真区分过DO和DAO的区别；就连V神本人，在2021年以后发布的文章中，也不再刻意区分这两个定义。显然，大多数人更关心智能合约带来的"去中心化"属性，对于"自治"属性则没有那么在乎。

最后，还存在一种"AI同时居于核心和外围"的组织，或许我们可以称之为"AI乌托邦"。在科幻小说和电影当中，我们已经见过这样的组织了：计算机自成一体，自己决策、自己执行，在任何情况下都不需要人类的参与。在这样的乌托邦中，人类会失去存在的意义吗？是否会像《黑客帝国》中描述的那样，成为被AI豢养乃至消灭的过时生物呢？无论如何，现在我们离"AI 乌托邦"还非常遥远，或许永远达不到，因此没有必要对此做太多讨论。

下图所示的是 Web 3.0 视角下的四种组织形式。

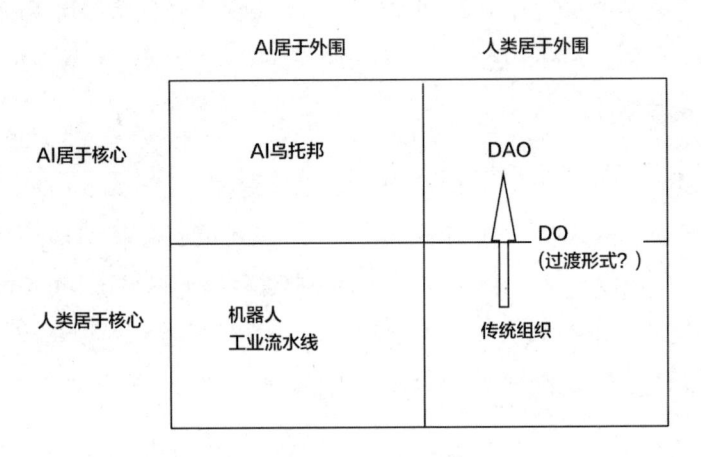

	AI 居于外围	人类居于外围
AI 居于核心	AI 乌托邦	DAO ↑ DO（过渡形式？）
人类居于核心	机器人 工业流水线	传统组织

Web 3.0 视角下的四种组织形式
（资料来源：以太坊官网）

有必要指出：当 V 神讨论人类组织形式的时候，像 ChatGPT 这样的"生成式 AI"（Generative AI）尚未得到广泛应用，AI 对自然语义的处理水平还比较稚嫩。所以，上面提到的 AI，主要还是指传统的、基于标准化计算机语言的传统 AI。在 ChatGPT 诞生之后，AI 行业的面貌被彻底改变了，更强大、进化速度更快、使用门槛更低的生成式 AI 必将在去中心化组织当中扮演更加重要的角色。再过几年，或许任何人都可以用自然语言生成一段严谨的智能合约，并以此为基础建立一个去中心化组织。我们将在后续章节展开讨论这个话题。

好了，现在我们已经初步了解 Web 3.0 时代的去中心化组织的解决方案了。让我们讨论一个更现实的问题：这些组织应该如何在商业上落地呢？尤其是在互联网行业，Web 2.0 时代的平台巨头几乎占领了一切赛道，巨头的头部 App 占领了每一个用户的手机屏幕；Web 3.0 的组织，无论是营利性的还是非营利性的，又应该如何打开局面、说服用户使用自己的服务呢？

或者我们可以换一个更简单粗暴的问题：Web 3.0 究竟能向用户提供什么与以前不同的服务？Web 2.0 相对于 Web 1.0 的进步是肉眼可见的，没有任何人能否认。那么，对于亿万普通用户而言，Web 3.0 相对于 Web 2.0 的进步之处又在哪里呢？

此时此刻，Web 3.0 圈子最拿得出手的答案是去中心化 App（Decentralized App，DApp）。很多 Web 3.0 的开发者认为，在不远的将来，DApp 终将取代传统 App，成为人们使用互联网服务的主要途径。通俗地说，DApp 就是建立在区块链（主要是以太坊）之上的，以一系列智能合约为基础的互联网 App。可以认为，DApp 就是 DAO 在移动互联网上的一种落地方式。

与我们日常使用的互联网 App 相比，DApp 最大的优势是去中心化、运作机制透明，赋予普通用户更多的保障和参与感。在 Web 2.0 时代，人们经常争议：互联网平台的用户数据到底是属于用户，还是属于平台经营者？用户能不能自主转移或删除自己产生的数据？在 DApp 时代，这个问题根本不成问题，一切用户数据均可由用户自己完全掌控。在技术上，要把自己的数据完整地从一个 App 迁移到另一个 App，也是可以做到的。如果用户乐意，还可以参与 App 规则的制定，以对 App 经营决策发挥一定作用。当然，不同的 DApp 给用户提供的参与自由度是不同的，但是在任何情况下，用户能发挥的主动性都远远强于 Web 2.0 时代。

不过，在现阶段，DApp 最大的卖点还是它的融资功能，以及由此伴生的投机属性。由于 DApp 建设在区块链上，因此可以很方便地衍生出加密货币或 NFT（统称"代币"）。准确地说，目前市面上几乎所有主流的 DApp，都自带规模庞大的代币。假设你是一名游戏开发者，完全可以通过建立一个 DApp，然后以"首次公开发币"（Initial Coin Offering）的方式，筹措游戏开发和运营的资金。购买了你的代币的人，既是你的游戏的种子用户，又自然而然地成为股东。看起来，这不但是众筹的升级版，而且是对传统公司制度的一次革新。

然而，这个场景仅仅是看上去很美而已。人类的历史一再证明：对于融资机制过于发达的行业，几乎总是会产生"劣币驱逐良币"的现象，因为既然人人皆可轻易筹集资金，谁还肯认真做业务？自从2016年第一批DApp诞生至今，已经至少有数万款DApp被开发出来。根据区块链新闻平台PANews的统计，截至2022年底，全球主要区块链上共有4464个DApp处于活跃运营状态，其中：

➢ 1708个是去中心化金融（DeFi）类型的应用，主要提供基于区块链的融资、投资、投机功能。还有222个是交易所类型的应用，在本质上也属于金融大类。

➢ 775个是数字藏品（NFT）相关的应用。我们知道，目前数字藏品最主要的功能仍然是融资和投机，说白了仍然是一种变相的金融服务。

➢ 616个是疑似诈骗或犯罪性质的"高风险"应用，131个是赌博类型的应用——这些应用所蕴含的巨大风险，不用我多说。

➢ 717个是游戏类应用，这是目前规模最大的非金融DApp类型。但是，真正抱着娱乐目的去玩DApp游戏的玩家很少，大部分都是抱着炒币或炒NFT的心态。因此，DApp游戏经常被称为"金融游戏"（GameFi），或者"为赚钱而玩的游戏"（Play-to-earn Games）。说白了，还是打着游戏旗号的金融投机。

➢ 86个是社交类应用。从Web 3.0概念诞生之日起，很多开发者就畅想，去中心化的社交应用将带来更好的用户体验、更自由宽松的环境，从而逐渐取代传统社交网络。可是上述愿景至今还没有实现的迹象，社交应用迄今仍然只是一种不太重要的DApp。

> 209 个其他应用，包括从娱乐到购物、从工具到商务的一切应用形式。在 Web 3.0 圈子中被热火朝天讨论的"去中心化电商""去中心化视频"等应用，在现实中根本没有受到足够重视，也没有吸引到多少用户。

继续以游戏行业为例。在传统游戏领域，玩家的数量远远多于游戏从业者，从业者的数量又远远多于投资人。可是在 DApp 游戏领域，情况可能是反过来的，一款游戏有几千个、几万个持有代币的"投资人"，有几十人到上百人的开发团队，真实玩家数量却趋近于零。Web 3.0 何时能迎来自己的《王者荣耀》《原神》？我们不如换一个问题：此时此刻，腾讯或米哈游这样的主流游戏公司，存在为 Web 3.0 开发游戏的动力吗？

如果我们向 Web 3.0 圈子的大佬（无论是开发者还是投资人）提出上述问题，他们的答案多半是：慢慢来，不要着急，面包会有的，一切都会有的。像数字藏品、金融游戏这样的应用，虽然实用价值有限，却也可以起到教育用户、让更多的人逐渐接触和学习去中心化理念的作用。毕竟，Web 3.0 与生俱来的平等、透明、不可操纵属性，是任何其他技术都不可能达到的，有这些需求的用户早晚会投向 Web 3.0 的怀抱。最近几年如同雨后春笋一样成长起来的自命为"DAO"的线下社交组织和网络社交群，在一定程度上就体现了现代人对去中心化理念的认同——尽管这些自封的"DAO"大部分均不符合 DAO 的定义。

Web 3.0 圈子中的很多大佬相信随着时间的推移，去中心化理念终将深入人心，DAO 可能代表着人类组织进化的一个方向，而 DApp 可能就是 DAO 最重要的一种落地形式。2016 年以来，以以太坊为核心的 Web 3.0 社区致力于解决两个问题：第一个是 DAO 的具体组织形式及其与传统组织的关系，这是理念层面的；第二个是 DApp 的具体开发方式和发展路线，这是技术层面的。只要打开以太坊的官方博客，我们就能清晰地看到 Web 3.0 社区取得的进展。现在的道路很可能就是通向未来的正确道路，沿着这条道路走下去，终归能看到曙光。

不过，在 Web 3.0 沿着自身内在逻辑发展的道路上，出现了一个同样具备颠覆性、同样引人注目的新概念：元宇宙。人们经常将元宇宙和 Web 3.0 混为一谈，有时候是无意的，有时候是故意的。要命的是，"元宇宙"圈子很少讨论 DO、DAO、DApp 这些与人类组织形式相关的话题，而是聚焦于 VR/AR 等与 Web 3.0 并不直接相关的技术。这就足以让圈外人产生思维混乱——元宇宙和 Web 3.0 究竟是什么关系？究竟哪个更能代表互联网的未来？

我们必须首先回答这一问题，才可能谈到解决其他更具体的问题。

Web 3.0 与元宇宙：
一本糊涂账，谁人能看清

严格地说，"元宇宙"这个概念引发主流媒体和投资者注意的时间，要远远晚于 Web 3.0。关键的时间节点是 2021 年，当年发生了两个重大事件：第一是罗布乐思（Roblox）在美国上市并被资本市场封为"元宇宙第一股"；第二是马克·扎克伯格（Mark Zuckerburg）宣布全面押注元宇宙，甚至将 Facebook 公司改名为 Meta Platforms（元宇宙平台）。在国内，风险投资机构大举押注元宇宙创业公司，地方政府也纷纷成立"元宇宙产业园"，使得元宇宙成为资本寒冬期极少见的超级风口。

在很多投资者看来，元宇宙和 Web 3.0 是一回事——前者需要一套独立于现实社会的身份系统、经济系统，后者恰恰能提供这套系统。提起元宇宙，人们最先想到的往往是虚拟社区、VR/AR，以及发达的 UGC（用户产生内容）机制；提起 Web 3.0，人们最先想到的则是去中心化、区块链和虚拟资产。那么，这两个产业是否是同一枚硬币的两面，就像 Web 2.0 时代的软件和硬件行业一样，主要是分工不同，没有根本的路线分歧呢？

答案是否定的。过去两年，我与数十位元宇宙从业人员或投资人进行过交流，也拜访过多家元宇宙创业公司、阅读过无数元宇宙商业计划书。我清晰地看到，在元宇宙行业存在如下三种主要的发展路线。

（1）基于 Web 3.0 的元宇宙，从根本上接受去中心化理念、拥抱区块链技术，从而可完全摆脱现有互联网平台制约的元宇宙路线。

（2）基于 Web 2.0 的元宇宙，就是依托现有的互联网平台架构，以中心化、自上而下的方式去做产品，基本排除去中心化理念和区块链技术的元宇宙路线。

（3）在 Web 2.0 和 Web 3.0 之间保持中立，不去考虑身份系统、社区治理等话题，仅仅聚焦于内容开发或 VR/AR 技术层面。严格地说，这并不是一条"路线"，只是把问题暂时搁置起来而已。

具体而言，基于 Web 3.0 的元宇宙将与当前的现实世界采取完全不同的运行逻辑，成为一个完全独立的"平行宇宙"。这样的元宇宙可能会参考现实世界的法律、制度、文化，但是不会照搬，而是会在去中心化理念的指引下对其进行全面改造。更重要的是，这样的元宇宙不会有"立法者"和"执法者"——每个人均可以在一定程度上参与规则制定，而规则实施则由运行在区块链上的智能合约进行保证。人们无须在"平行宇宙"和"现实世界"之间二选一，而是可以自由穿梭于两个空间。所以，它们可以展开一场和平竞赛，直至决定由谁胜出，或者根本没有唯一的胜出者。

基于 Web 2.0 的元宇宙将是现存世界秩序的自然延伸，在社会层面是如此，在商业层面也是如此。人们的虚拟身份将与其现实身份（例如，身份证、手机号、电子邮箱等）绑定，虚拟资产也将以现实中的法定货币计价，与当前的社交网络和游戏的规则别无二致。站在普通用户的视角，元宇宙与现实世界只存在技术上的差别，例如，前者可能会更广泛地运用 VR/AR 内容。用户甚至可以直接使用已有的互联网平台账户（例如，微信、抖音或 Facebook、谷歌）去登录元宇宙，以及存储元宇宙中的数据。

显然，互联网巨头，即 Web 2.0 时代的"既得利益集团"，会更青睐第二条路线。它们非常清楚，Web 3.0 的最终目标是彻底架空平台，建立一个不需要平台的互联网生态；它们也知道，Web 3.0 蕴藏着巨大的监管风险，大型公司涉足这一领域可能会引火烧身。因此，互联网巨头心目中的元宇宙，无非是把移动互联网时代的业务拿到高度沉浸化的环境里再做一次罢了。对于 Meta 而言，元宇宙意味着是基于 VR 头盔的社交网络和远程办公工具；对于微软而言，元宇宙意味着是对 Xbox Game Pass 游戏生态的沉浸式拓展；对于苹果而言，元宇宙意味着是在 iOS 生态中加入的一个混合现实的设备。总而言之，巨头做的都是自己本来就很擅长的事情，并没有期待什么颠覆性的革新。

让我们想象一下，如果互联网巨头真的以 Web 2.0 的方式做成了元宇宙，并且像掌控移动互联网世界一样彻底掌控了元宇宙，那会是一个怎样的场景？或许就是科幻小说中的"反乌托邦"了。对于早已对互联网平台心存不满的普通用户而言，那将是一场噩梦：

> 在移动互联网时代，互联网巨头仅仅掌握了用户的部分信息，而不是全部信息。而在元宇宙时代，它们可以"7×24"小时地收集用户数据并以此牟利。到了那时，用户退出元宇宙社区的难度，恐怕远远高于今天"退网""放弃手机"的难度——既无法守护个人隐私，又无法消极抵抗，那就只剩下任人宰割一条路了。

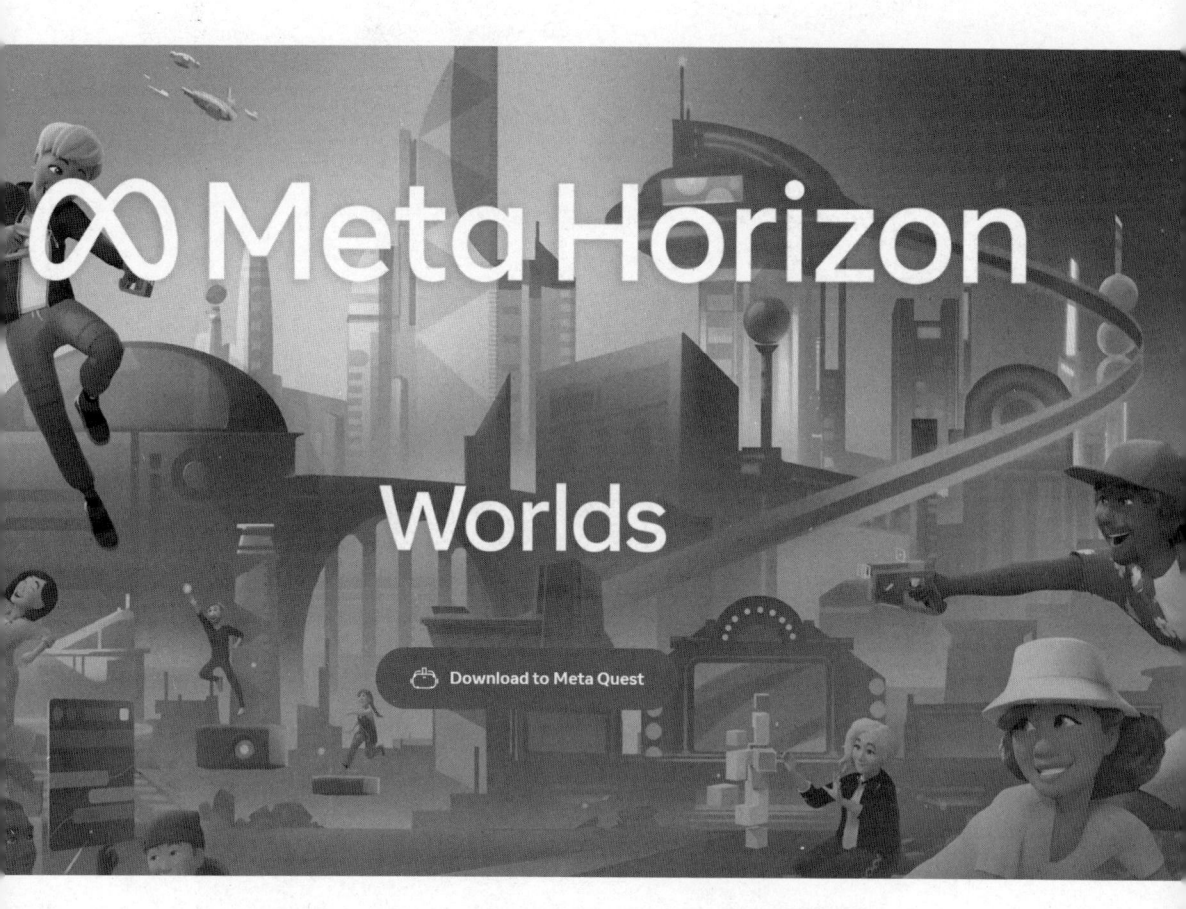

Meta Horizon, Meta 旗下的元宇宙社区平台（虽然经营得并不好）

> 在元宇宙时代，用户的虚拟身份、虚拟财产系统可能非常重要，甚至比现实中的身份和财产系统还要重要。这样，互联网巨头就彻底扼住了用户的命脉。在现阶段，互联网巨头能对我们做得最夸张的事情，无非是封掉平台账号、剥夺平台使用权而已。但到了那时，互联网巨头却能让我们真正地体会到"社会性死亡"。

> 在元宇宙时代，一切娱乐消费均将以元宇宙社区为场景进行——看电影、看演出、听歌、逛街、玩游戏，均会发生在高度沉浸式的虚拟场景之中。那么，掌握了元宇宙社区的互联网巨头，无异于掌握了一切娱乐内容创作者的生杀大权，后者根本无处可逃。平台方的经济利益占比和话语权，将膨胀到史无前例的水平。

> 可以想象，由互联网巨头运营的元宇宙，其内部规则将非常不透明，而且完全由巨头决定，用户不太可能有参与权。我们可以将其想象为一个扩大了无数倍的网络游戏，用户只有吐槽和用脚投票的自由，无法主动改变任何事情。哪怕巨头自称维护公平正义、为多数人利益着想，用户也无法判断其真实性。

当然，监管者不会任凭互联网巨头呼风唤雨，肯定会迫使其做出一定程度的让步。即便如此，在这样一个基于 Web 2.0 的元宇宙时代，互联网巨头的权力仍然会大幅扩张，其权力边界仅仅取决于它们与各国主管部门的博弈。如果有人想去过电影《黑客帝国》或者游戏《赛博朋克 2077》中所描述的那种反乌托邦生活，他可能会期待这个时代的来临。我相信绝大部分普通人都没有受虐倾向，也不会容忍自己的生活被无孔不入地控制。对于我们普通人而言，可以接受的未来可能只有两个：要么元宇宙永远不要实现，要么元宇宙以 Web 3.0 的方式实现。

事实上，就算在 Web 3.0 圈子之外，我们也经常能听到对"Web 2.0 的元宇宙路线"的吐槽。虚幻游戏引擎及《堡垒之夜》开发商 Epic Games 的创始人蒂姆·斯维尼（Tim Sweeney）就曾直言不讳：

元宇宙决不应该是像 Facebook 那样的精心修剪、随处插入广告的信息流平台！

他还认为，在元宇宙时代，用户不应该继续使用 Facebook、Instagram 或谷歌等传统社交网络账号，而是应该转而采用元宇宙专用的统一身份。至于这个身份应该是什么、由谁颁发，斯维尼并没有给出正面回答。Web 3.0 肯定是一种可行的解决方案，但不一定是唯一的解决方案。

耐人寻味的是，在国内互联网巨头中，字节跳动已经通过收购 VR 设备厂商 PICO 的方式入局元宇宙，百度则通过运营在线虚拟社区"息壤"的方式入局元宇宙；网易、米哈游、B 站等主流游戏公司，纷纷通过沉浸式游戏产品及技术等方式，对元宇宙进行了一些擦边性探索。然而，最应该探索元宇宙发展机遇的互联网巨头——腾讯，却一直保持着沉默。2021 年 4 月，腾讯调整组织架构，任命天美工作室群负责人姚晓光兼任手机 QQ 业务负责人，当时外界普遍认为腾讯将依托 QQ 打造元宇宙；同年 11 月，基于《王者荣耀》IP 开发的大型开放世界游戏《王者荣耀：世界》首次披露，外界又认为腾讯将基于"多人电竞+开放世界"的游戏生态打造元宇宙。可是时至今日，腾讯仍然在元宇宙问题上保持沉默，在财报、公告和新闻稿当中均未提及。

没有腾讯参与的元宇宙产业是不完整的，至少在中国是如此。元宇宙必须具备强烈的社交属性，这一点毫无疑问，至少在发展初期，元宇宙必须以"娱乐"作为一项核心功能，这一点也很少有人质疑。因此，身兼社交和游戏两个领域霸主的腾讯，竟然一直没有公开投入元宇宙战局，这一点足以令所有利益相关方诧异。在市场公关方面，腾讯一直比较低调，很少主动宣传还没做好的业务。不过，腾讯在元宇宙业务上的对外沟通方式，与其说是低调，不如说是刻意回避。与此同时，在产品端，腾讯也确实尚未拿出任何具有"元宇宙"雏形味道的产品。

腾讯置身元宇宙战局之外的原因有很多，但是在我看来，"Web 2.0 vs Web 3.0"的路线之争悬而未决，肯定是最重要的原因之一。如果元宇宙的未来是 Web 3.0，那么腾讯就有必要把自己的名誉押在区块链和虚拟资产业务上，从而面临难以估量的合规风险。如果元宇宙的未来是 Web 2.0，那么腾讯就没有必要现在押注了，因为它具备 Web 2.0 时代最丰厚、最全面的资源禀赋，完全可以按兵不动，等待他人做出标杆产品之后再去模仿。

绝大部分创业公司不需要对"元宇宙应该采取 Web 2.0 还是 Web 3.0 路线"这个问题进行讨论，因为它们不掌握话语权。它们要么根据自己的资源禀赋和猜测，选择一条路线走下去；要么尝试践行一种"路线中立"的商业模式，从而达到左右逢源的效果。后者显然更安全，也更能说服风险投资人。因此，我们看到，过去两年最火的元宇宙创业方向之一，是数字虚拟人（Digital Avatar）及其相关开发工具。

所谓虚拟人，是基于计算机图形技术为个人用户创造的虚拟形象。早在 Web 2.0 时代初期，网络论坛上的用户头像可以被视为最早的"虚拟人"。随着时间的推移，基于 3D 建模技术的立体虚拟人已经十分常见，MMORPG（大型多人在线角色扮演游戏）玩家应该很熟悉这种虚拟角色的创立过程。在 VR/AR 技术普及之后，至少在理论上，我们已经可以创造出高度精细、覆盖人类所有感官体验的虚拟人。无论元宇宙是走上 Web 2.0 路线还是 Web 3.0 路线，虚拟人肯定都会是不可或缺的支撑性技术，大量内容开发也将围绕着虚拟人进行。

如果你就职于国内的风险投资机构（更准确地说是任何投资机构），过去几年你肯定收到过数以百计的元宇宙商业计划书。我敢打赌，其中有 80% 与虚拟人有关。虚拟人是一个包罗万象、应用广泛的赛道，足以承载各种各样的创业者的野心或忽悠。

> 与虚拟人相关的开发工具、开发环境，这是技术向的，适合计算机软件和硬件行业出身的创业者。值得一提的是，很多人有意无意地把这些工具误称为"元宇宙开发平台"，仿佛谁掌握了这些工具，

谁就可能成为元宇宙时代的平台巨头。事实上,"工具软件"与"平台"之间的差距巨大,任何稍有技术常识的人都应该知道这一点。

> 基于虚拟人的文化娱乐内容,从直播、短视频到影视剧,再到游戏和 VR 场景,这是内容向的,适合一切泛文娱行业出身的创业者。在这条赛道上非常容易投机取巧,因为任何内容创业者都可以引入一些虚拟人元素并自封"元宇宙时代的内容公司"。虚拟偶像(Vtuber)是这方面的重灾区,吞噬并浪费了大量的投资。

> 围绕虚拟人的人工智能(AI)技术,这是最热门的新兴赛道。尤其是在 2022 年底,ChatGPT 大热出圈之后,具备自然语义识别能力的 AI 被视为元宇宙不可或缺的一部分——元宇宙时代的用户服务工作大概都可以交给 AI 进行。这条赛道的潜力或许最大,技术含量也最高,真正能做好的创业者寥若晨星。

> 基于虚拟人技术开发数字藏品,这似乎是一条明显的 Web 3.0 赛道。像"无聊猿"这样的早期数字藏品,在本质上仅仅是一张图片;通过 3D 建模技术,理论上可以开发出更具感染力的数字藏品,从而吸引更多买家。即便是在 Web 2.0 路线下,也可以基于虚拟人技术开发游戏皮肤、虚拟装饰品等内容产品以获取收入。

真正创业过的人都知道,在一般情况下,创业公司总是会沿着阻力最小的方向前进,随机应变、见招拆招,而不是执着于某种预设的"信念"。这可以解释为什么与虚拟人相关的产业会成为元宇宙赛道上发展最快的部分:因为它的应用范围比较广,产业链辐射范围比较大,监管风险又比较小。对于投资人而言,讨论元宇宙未来的路线缺乏实际意义——俗话说得好,不管黑猫白猫,捉住老鼠就是好猫。投资人追求的无非是两件事:投资收益(赚钱),以及合法合规。前者固然重要,但是只有符合后者的要求才算数。

Web 3.0 和元宇宙恰好构成了一枚硬币的两面：前者往往能赚钱，但是存在严重的合规风险；后者不难做到合规，但是迄今都难以稳定赚钱。对于 Web 3.0 创业者，以及互联网大厂内部从事 Web 3.0 相关业务开发的部门而言，存在一条有效的降低风险的道路：对外打造自己的"元宇宙"形象，而巧妙地淡化 Web 3.0 这个概念。准确地说，对于业内专业人士和投资人，可以适当宣传一下 Web 3.0，但要注意尺度；对于主管部门、地方政府和媒体，则应该尽量多宣传元宇宙、少宣传 Web 3.0，以免引发不良的观感。

在这样的背景之下，元宇宙成为许多 Web 3.0 公司的避难所，用于转移外界的注意力。什么时候打 Web 3.0 的旗号，什么时候打元宇宙的旗号，主要取决于舆论和监管环境。对于那些与 Web 3.0 并无瓜葛的元宇宙创业者而言（此类创业者比例不低），这种"搭便车"行为将带来不必要的风险，乃至破坏元宇宙来之不易的大好局面。照此发展下去，在外界眼中，元宇宙会不会被逐渐与 Web 3.0 画上等号，从而面临苛刻的监管限制？谢天谢地，这种可能性尚未成为现实，但是你能保证它一定不会成为现实吗？

从 2023 年开始的三至五年，可能成为元宇宙产品实用化高速发展的时期，其原因很简单：VR/AR 设备正在越过成熟的临界点，成为一种颇具吸引力的消费电子设备。从 2022 年二季度开始，苹果公司已经在内部测试混合现实（MR）硬件，这很有可能成为在 Apple Watch 之后，苹果推出的第一条具备战略意义的新产品线。在 2023 年的春节联欢晚会上，表演者第一次戴上了字节跳动旗下的 PICO VR 头盔。中国经济的全面放开，给全国数以千计的线下 VR 场馆带来了急需的客流，也让数百万用户获得了对 VR 内容的深刻认知。我们知道，VR/AR 是一种"路线中立"的技术，与虚拟人一样，既可用于 Web 2.0，亦可用于 Web 3.0。

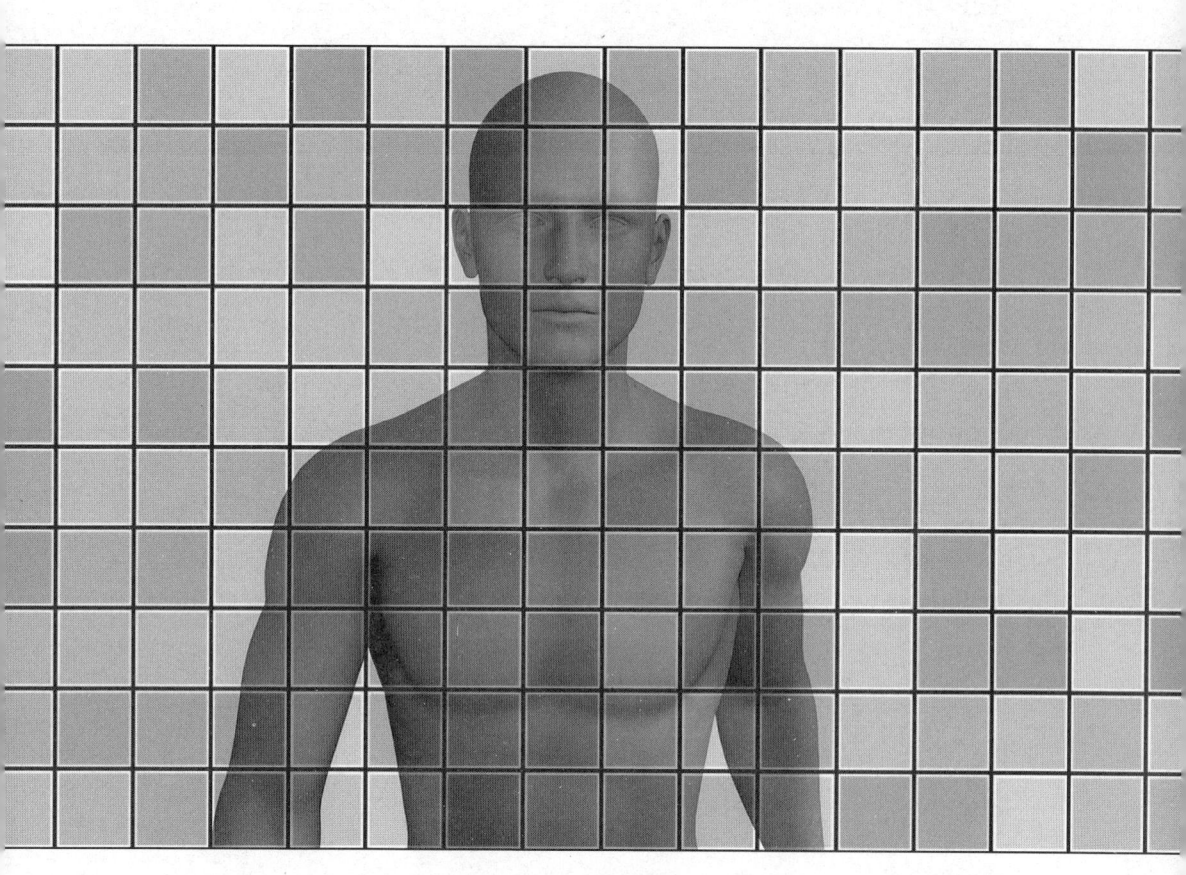

数字人技术与人工智能结合,或许将诞生"新人类"

所以，在未来很长一段时间里，元宇宙的两条路线之争不会产生决定性的结果。VR/AR 技术将把初级阶段的元宇宙体验带进千家万户，也带到各式各样的商业运营场所。或许用不了太久，元宇宙体验内容的普及程度就可以与影视内容相提并论。等到蛋糕被做到足够大之后，Web 2.0 与 Web 3.0 之争必将被再次提上议程，甚至成为元宇宙产业发展的核心议题。这一天不会太遥远，本书的读者都能看到，尽管很多元宇宙创业公司注定熬不到那个时候。

还有一个很少被人注意的话题：ChatGPT 等生成式 AI 其实是有利于元宇宙发展的。元宇宙归根结底是一种特殊的、高度复杂的内容形式，所有内容产业最大的天然瓶颈就是创作产能。传统的影视、游戏产业早已成为消耗人力和资本的无底洞，而元宇宙与它们相比，可以说有过之而无不及。想象一下，若要把《荒野大镖客》或者《原神》这样的大型冒险游戏做成"元宇宙版本"，所需的投资恐怕要在原有基础之上直接乘以 10。因此，在现阶段，发展得最好的元宇宙，反而是罗布乐思（Roblox）这样工业标准较低、面向低幼群体的"低配版元宇宙"。

等到 AIGC 普及之后呢？元宇宙最大的瓶颈将被突破。当然，所有内容公司都会弹冠相庆，不过元宇宙的内容成本负担最高，受益自然也最大。讽刺的是，在 AIGC 横空出世之后，元宇宙迅速失去了投资者的宠爱，沦为资本市场的明日黄花；可是从业务逻辑看，AIGC 恰恰可以成为补齐元宇宙版图的最后一张拼图。资本市场的逻辑经常与实际业务背道而驰，由此可见一斑！至于 AIGC 具体将如何有助于包括元宇宙在内的一切内容产业公司，那将是后续章节讨论的话题。

折中解决方案：
Web 3.0 = Web 2.0 的自然延伸？

直到此刻，本书一直是把 Web 3.0 与 Web 2.0 对立起来的——前者意味着去中心化、自下而上、不要平台，后者意味着中心化、自上而下、平台主导。看到此处，读者可能会形成一种印象：互联网乃至人类社会的未来，将是两条道路、两种理念的决战，一定要以其中一方的胜利和另一方的出局而告终。然而，这并非作者的本意，很可能也不是历史发展的必然。

基于区块链的 Web 3.0 能不能接管整个互联网，彻底将 Web 2.0 化为历史名词？答案是否定的：非不愿也，实不能也。无论你多么赞成去中心化理念，都应该接受一个事实，即区块链存在明显的技术局限性，除非出现技术变革，否则它终究只能统治互联网的一小部分。

让我们回顾一下区块链的技术原理：一条区块链就是一个分布式账本，包含一系列的数据记录（即"区块"）；在一个特定时间段内发生的任何数据交换信息，必须经过整条区块链上多数节点的验证，才能被记载在新的区块之中。一条区块链上的所有数据信息，被平等地存储在所有节点上，新的数据交换则通过公开"广播",在很短的时间内传遍整个网络。因此,区块链能做到不要中心、不要权威,共识即决策,代码即法律。

因此,区块链有两个与生俱来的缺点——可以改进,却不可能从根本上克服。

(1)区块链上的数据信息存储是以"区块"为单位的,生成新的区块需要时间,即所谓的"区块时间"。例如,比特币的区块时间是 10 分钟,以太坊的则是 12 秒。也就是说,用户通过以太坊进行任何操作,都将面临最长 12 秒的延迟。无论技术怎么进步,对区块时间的缩短都是有限的,因为新的区块上的所有信息必须被广播到整个网络、形成共识之后才能被记录,永远不可能瞬时发生。

(2)一条区块链的全部历史信息,必须同时被存储在该区块链的所有节点上,才能形成有效共识。为了节约存储空间,区块链只能存储最简略的信息。即便如此,经过多年的发展,主流区块链的规模也已经非常庞大——截至 2022 年底,比特币区块链在每个节点上均需占用 400 多 GB,以太坊则需要占用近 700 GB!因此,今后无论怎么发展,以太坊这样的主流区块链能直接承担的任务都是非常有限的。

站在普通用户的角度,我们当然希望互联网服务的延迟越短越好、功能越丰富越好。不管是玩游戏还是进行金融交易,没有任何人希望等待 12 秒才能看到行动结果,也没有任何人希望系统只能存储最简单的入门级信息。这样的用户诉求无法通过以太坊这样的主流区块链解决,以太坊的发明者 V 神也没想过解决这些问题。事实上,从一开始,V 神对 Web 3.0 的愿景就是:以太坊只扮演"核心基础设施"的角色,负责给 Web 3.0 社区提供最终公信力。就像现实中的人体，主动脉、主静脉只承担血液主干道的职能，对数以亿计的细胞进行养分交换则是其他血管，尤其是毛细血管的使命。

对于 Web 3.0 而言，"毛细血管"的使命可以以两种方式履行：要么依托主流区块链建立一些"侧链""私链"，要么沿用原有的 Web 2.0 解决方案。不管采取哪种方式，Web 2.0 时代的互联网巨头都注定要发挥一定的作用。

先说第一种。任何一个组织、一个应用，都不可能每时每刻将一切信息上传到以太坊等主流区块链上。不过，它们可以采取一种折中方案，即自己运营一条区块链，只在必要的时候才与以太坊交换信息。这样的区块链一般被称为侧链。例如，一款去中心化游戏可以把复杂的玩家信息记录在自有的侧链上，定期从中选出最重要的部分上传到以太坊；一家虚拟资产交易所可以在内部侧链上快速撮合交易，每个交易日结束时再把用户账户余额上传到以太坊。目前市面上流行的 DApp，绝大部分均拥有自己的侧链，用户也认可这种"主链—侧链"机制，因为离开这一机制，Web 3.0 的世界就根本无法维持下去。

我们此前讨论过的比特币、以太坊等区块链，都是公开的、允许所有人无差别使用的，因此被称为公链。在正常情况下，没有人能控制公链，所以公链不属于任何人。但是，人们也可以建立不公开的、凭许可使用的区块链，即所谓的私链。私链的控制权往往归于某一个人或组织。例如，在国内，蚂蚁、腾讯等互联网巨头为供应链追踪、版权验证等业务所设立的区块链，几乎全部是私链；互联网大厂所发布的数字藏品，基本全是跑在私链而不是公链上的。由于私链不是公有设施，用户和适用范围都很有限，所以它可以做到远低于公链的延迟，在某些特定功能上也远比公链强大。

假如 Web 3.0 普及开来，成为互联网世界的主流，那么 99%以上的用户日常行为也还是会发生在各种侧链（有可能是公链，也有可能是私链）之上。每个 DAO、每个 DApp 均运行着自己的侧链，就像千万条江河，最后汇入以太坊等极少数全球性主链。我们可以将这种运作方式类比为银行业的运行状况：数以千计的商业银行，依托自己的规则完成日常业务，在每日交易结束之后才把材料汇总到中央银行——以太坊就是这样的"中央银行"，不同之处在于，它没有控制者，也不依靠人类进行运营。

无数侧链汇入主链，就像万千江河汇入大海

再说第二种。我们知道，区块链的去中心化，归根结底是为了公信力和不可操纵性。问题在于，用户并非随时随地需要和重视这两种属性。如果实现这两种属性所耗费的成本（包括时间成本和经济成本）超过了收益，那就得不偿失了。何况，在一些日常场景下，公信力完全可以通过个人或组织信誉背书的方式实现。举一个常见的例子：在《阴阳师》《原神》《FGO》这样的抽卡游戏当中，对于每张卡牌的抽出率、每次十连抽的保底率，虽然是公开的，可是并没有接受实时的公开监督。在每一次抽卡的过程中，游戏公司是否履行了公开承诺，其实完全取决于它们是否自律。如果它们违背了承诺，一旦东窗事发则将严重丧失玩家口碑。在这个博弈关系中，就算不引入法律要素，游戏公司和玩家之间仍应维持基本的互信。

由此可见，在既不涉及特别重大的经济利益，也不涉及特别敏感的秘密信息的情况下，用户不一定需要区块链，至少不是每时每刻都需要。用户完全可以把日常信息、日常交易托付给商业公司的内部系统，每隔一段时间由区块链进行验证。当然，如果发生了特别重要的交易，例如，房产转让、遗产继承、荣誉头衔授予，那么也可以即时申请区块链验证。以太坊等全球性主链在其中扮演的角色，就像法律和仲裁制度在日常生活中扮演的角色一样，只有在关键时刻才出手。

可以看到，上面两种方式都允许"互联网平台"继续存在，甚至必须在一定程度上借助互联网平台的力量。而互联网平台公司也没有一味地拒绝 Web 3.0 潮流，它们一直在谨慎地评估与 Web 3.0 合作、融合的机会。在 2022 年马斯克收购推特的过程中，包括《巴伦周刊》（Barron's）、《德瑟雷特新闻报》（Deseret News）在内的多家美国媒体均猜测，马斯克有可能以 Web 3.0 改造推特，其方式包括允许以加密货币支付会员费、以区块链进行身份信息验证，乃至直接提供虚拟资产发布及交易功能等。作为 Web 3.0 的铁杆粉丝，马斯克早就提出过许多将 Web 3.0 与 Web 2.0 模式融合的计划。显然，马斯克不太可能是唯一一个有类似计划的超级富豪。

随着 Web 3.0 的扩张，Web 2.0 时代的互联网巨头将不可避免地失去许多权力：以前是"平台即法律"，平台掌握着几乎无限的规则制定权和征税权，仅仅需要对政府等监管部门负责。今后则是"代码即法律"，最终权力将被运行在区块链上的智能合约接管。熟悉历史的读者不妨回顾一下，从 1688 年英国光荣革命至今，英国君主的权力嬗变史：从绝对君主制下的大权独揽，演化为与议会分享立法、财政等权力，然后君主的行政权力不断被委代给内阁，最后形成了君主"统而不治"的君主立宪制。这个漫长的过程始终是渐变的，没有一个泾渭分明的标志性事件。直到如今，英国君主仍然拥有崇高的威望和巨大的财富，大概还会在历史舞台上存在很长时间。公允地说，这是一个不错的命运——可能也是互联网巨头未来的命运。

那么，Web 3.0 对互联网巨头的"和平渗透"将会如何发生？这在很大程度上取决于各国监管部门的态度。不要忘记，各国政府虽然对加密货币抱着警惕态度，但是对互联网巨头往往抱着更警惕的态度，只是它们还没有找到限制互联网巨头的最佳方式。在前面的章节中提到过，在美国国会提出的限制平台公司的"八项法案"当中，只有两到三项具备一定的通过可能性，而且执行起来也会非常困难。既要限制平台权力、反对平台垄断，又要不损害经济竞争力，还要鼓励基于互联网的科技创新，传统的监管框架很难达成这样的平衡。然而，借助 Web 3.0 的力量，监管者却有可能不声不响地解除互联网巨头的武装，渐进式地剥夺其权力。

首先，用户数据问题是利益相关各方对互联网巨头怨气最深、态度最一致的问题。所有人都担心自己的隐私被泄露，也担心自己的行为数据被平台滥用。在传统的监管框架下，虽然监管者可以不时地给平台开出巨额罚单，用户也可以发起集体诉讼索赔，但是这些维权方式都是事后补救，而不是事前防范。鉴于互联网平台业务的复杂性，监管者很难事无巨细地制定用户数据保护规则。在 2021 年第四季度财报电话会议上，谷歌 CEO 桑达尔·皮查伊（Sundar Pichai）曾直言不讳地指出："我们每年在搜索这一项业务上就会推出 3000 项新功能。我们怎能保证每个功能都符合监管规定？我们是否需要主动提出申请，等待审批？"

在 Web 3.0 时代，监管部门可以要求互联网巨头将敏感数据"上链"，包括但不限于个人身份、金融资产账户等信息。这些信息的使用范围、使用流程，均可通过一系列智能合约加以控制。虽然平台还是有可能滥用用户数据，但是一切滥用行为将暴露在光天化日之下。在现实中，我们已经看到了大量固定资产、设备和大宗商品"上链"的实用案例。同样的技术完全可以用于用户信息保护，没有什么障碍。

长期来说，监管部门还可以要求互联网平台制定标准化的数据接口，从而允许用户将全部个人数据存入一个电子账户——就像人们把加密货币存入虚拟钱包一样。一旦用户对某个平台不满，或者单纯玩腻了，他们可以立即撤回所有数据，转移到其他平台或者干脆销毁。其实，这就是美国和欧盟一直试图通过立法达到的效果，但是只有在 Web 3.0 的技术条件下，这种做法才有可能实现。

其次，在失去对用户数据的控制时，平台也将失去对合作伙伴（内容方/产品方）的控制，从而导致"征税权"的丧失。我们知道，电商平台之所以能强迫商户"二选一"，一方面是因为它掌控着海量用户，另一方面是因为商家在平台运营时存在沉没成本。假设商家决定投奔竞争对手平台，它就有可能失去在原先的平台上积累的一切客户和交易数据。谁都不敢随意做出代价如此巨大的决定。

虽然各国法律都禁止"二选一"性质的垄断，但在现实中，平台若想给商家"穿小鞋"，还是很容易的。同样的"二选一"也存在于内容平台：在某个短视频平台上呼风唤雨的大 V，如果跑到竞争对手平台开设账户，那就很有可能在原来的平台被限流。更无奈的是，你甚至无法抓到平台对你进行限流的证据，因为一切流量分配机制均是商业机密。

在 Web 3.0 时代，监管部门可以要求互联网平台将一些重要的、涉及垄断的规则机制"上链"。即便监管者不这么做，巨大的舆论声浪也可能迫使互联网平台主动接受外界监督，就像 18 世纪的英国君主主动接受议会和选民监督一样。如果内容方/产品方对某个互联网平台的流量分配规则或商业化规则不满，它们完全可以像用户一样，把自己的数据打包到标准化的电子账户，然后转移到其他平台。只要有了自由竞争、自由迁徙的机制，平台的征税权就会大打折扣。

最后，随着 Web 3.0 逐渐深入人心，互联网巨头的规则制定权终究也将日益衰落，它们终有一天将无法决定自己领地的规则，就像英国君主无法决定国家的大政方针一样。互联网平台公司当然算不上"去中心化自治组织"（DAO），其组织决策和业务执行无不浸透着深深的中心化色彩。在用户夺回了对自己数据的控制权之后，他们必然会要求分享规则控制权。在我看来，具体的道路有两条。

（1）在监管部门主导下，平台公司将自己的各项主要规则公布出来，定期接受用户的质询和投票。经过用户批准的规则一律"上链"，由监管部门和智能合约共同保证其实施。平台公司固然可以保有一定的业务决策权，并且在规则制定中发挥举足轻重的作用，但再也不会是"一言九鼎"。

（2）用户自发地建立一系列 DAO，作为行业自律性组织，用来制定各类互联网平台的业务规则。就像现实中的行业协会、标准化组织一样，平台公司可以不加入，可是会因此失去公信力、蒙受舆论压力。平台之间的竞争，终究会导致一部分平台选择跟 DAO 合作，出让规则制定权；最后，所有平台均会放弃一部分规则制定权。

在实践中，Web 3.0 对 Web 2.0 的改造究竟由监管部门主导还是由用户主导，不会存在根本性差别。只要在一个主要经济体中出现了这样的趋势，其他国家都可以以自己的方式"抄作业"。互联网平台公司会不会负隅顽抗？其中一小撮不识时务者或许会这样做，但是只要 Web 3.0 的潮流成为定局，大部分平台公司早晚会意识到抵抗是没有出路的。在风云突变、跌宕起伏的 18 世纪，主动配合潮流的英国君主能安居王座之上，而抗拒潮流的法国君主却上了断头台——今天的互联网企业家，肯定会比两百多年前的国王们更聪明、更识时务吧？

在 Web 3.0 的圈子里，不乏对互联网平台满怀敌意、企图将其彻底消灭之人。他们认为，只要中心化的平台还存在，用户的自由、安全就永远没有保证，内容方/产品方也将永远蒙受盘剥。不过，上述观点还远远算不上主流，迄今也很少有人认真探讨"一个完全没有平台的未来"。换一个角度想：谁需要彻底消灭互联网平台？好像谁都不需要。

时至今日，英国君主仍能在每年的国会开幕典礼上受到议员们的尊重，尽管只是象征性的
（资料来源：英国上议院，United Kingdom House of Lords）

用户当然不需要消灭互联网平台，因为他们首先关心的是有人满足自己的需求，其次才是安全和自由。完全以 DAO 和 DApp 取代互联网平台，固然可以让安全性再上一个台阶，却可能承担产品功能大幅下降的风险。在长达二十多年的发展历程中，Web 2.0 形成了一个高度完善的技术、产品和运营体系，这个体系很难在短期内被 Web 3.0 社区全面替代。说到底，只要不触犯自己的底线，绝大部分用户会乐意继续使用 Web 2.0 时代的互联网平台。至于去中心化的社区治理机制，也不是所有用户都感兴趣并有时间参与的。

出于同样的原因，内容方/产品方也不希望消灭互联网平台。在理论上，Web 3.0 的机制允许每个生产者脱离平台的束缚，直接与最终客户接触。但并非所有生产者都希望直接面对客户。在这方面，最生动的例子发生在海外电商行业：在美国和西欧，由于用户使用习惯、科技基础设施等多方面的原因，电商"独立站"十分发达，许多品牌方和贸易商均选择以自己的官网或官方 App 作为主要出货渠道，由此还诞生了所谓的 DTC（Direct-to-Consumer，直接面向消费者）品牌。然而，大部分品牌方还是同时运营独立站和在亚马逊等电商平台渠道进行销售。从风险控制和市场营销策略的角度，我们很容易理解它们的选择——不要把所有鸡蛋放在同一个篮子里。

至于监管者，恐怕更不希望互联网平台走向消亡，原因很简单：监管少数大型互联网平台，总归比监管数以万计的 DAO 更容易。在任何国家，在大部分情况下，互联网巨头还是乐意顺应主管部门的要求的，很少与法律和规章掰手腕。而在 Web 3.0 时代，对去中心化组织的监管可能比较困难。此时此刻，就连"智能合约有没有法律效力"这个问题，在几乎所有国家都还存在争议。如果 Web 3.0 的发展会带来加密货币的进一步普及，那更不是监管者愿意看到的。假如在 Web 3.0 时代，平台能在一定程度上起到 DAO 与监管者之间的桥梁或润滑剂的作用，那无疑将大大延长其生命周期。

附带说一句，按照一些 Web 3.0 "死忠"支持者的观点，Web 3.0 终究会颠覆旧时代的一切，监管部门将不复存在，内容或产品的生产形式也将发生天翻地覆的变化。所以，不仅互联网平台没有被保留的必要，很多现存的人类组织都没有被保留的必要。这种观点已经超出现实可验证的范围，进入了信仰领域。或许在本书出版之后的几个世纪里，这种观点终将取胜，但本书显然无法就此展开有价值的讨论。

在中世纪文艺复兴和宗教改革期间，英国曾经诞生过一些世界知名的君主。金雀花王朝的君主一度在欧洲大陆拥有广阔领地，都铎王朝的君主以绝对集权的铁腕著称，斯图亚特王朝的君主则与议会改革派进行了长达数十年的斗争。可是到了汉诺威王朝和温莎王朝，英国君主先是被动地遭到议会侵蚀权力，然后又主动地向一切新兴社会势力让出实权。时至今日，英国王室早已不再发表任何与议会和内阁矛盾的观点，也不再承担实质性的政治使命。然而，没有人能否认他们的崇高地位，也没有人能剥夺他们依旧享有的荣华富贵，早已从王座上跌落的欧洲各国王室，应该会相当羡慕他们的待遇。

同样的事情也可以发生在互联网平台上——从呼风唤雨的掌权者，到威望崇高却没有实权的"润滑剂"，这样的转变可能在几十年内就会发生。这个过程的发展速度和顺利程度，与其说取决于平台公司是否配合，不如说取决于 Web 3.0 成熟得有多快。当越来越多的用户和内容方/产品方接受 Web 3.0 时，监管者的态度也会悄然改变，那时一切变革都会顺理成章。从这个角度讲，Web 3.0 圈子的命运从来都掌握在它们自己手里，而不是别人手里。

第三章

内容产业的 Web 3.0 时代:
最好的时代,最坏的时代

- 由 ChatGPT 引发的争议：内容产业走向 AIGC？

- 互联网时代的马太效应："IP 经济"的本质是强者愈强

- 平台型公司的窘境：从席卷全球的游戏公司并购狂潮说起

- 时来天地皆同力：Web 3.0 和 AIGC 如何造就万亿级别的内容公司

由 ChatGPT 引发的争议：
内容产业走向 AIGC？

2022 年 12 月，由 OpenAI 实验室发布的一款生成式人工智能聊天机器人——ChatGPT，引发了全球资本圈、科技圈和媒体圈的一致关注。从表面上看，ChatGPT 只是一款能够识别自然语义的聊天机器人，此类机器人至少诞生过几万个。但是，与同类产品相比，ChatGPT 不但学习速度更快，更能理解人类的意图，而且能做的事情更多。它可以调试程序代码、回答考试问题、修改和撰写文章，甚至写诗、谱曲、写剧本。几乎所有人都相信，随着时间推移，它还可以做更多事情，其能力边界仅仅取决于用户对它的调教程度。

美国《大西洋月刊》(The Atlantic) 杂志刊登了一篇由美国高中教师撰写的文章，作者宣称：我教了 12 年英语，我为 ChatGPT 创作的东西感到震惊……ChatGPT 将导致高中英语教学的终结。《自然》(Nature) 杂志的一篇文章甚至宣称：ChatGPT 已经可以撰写出水平很高、足以以假乱真的大学论文，大学教授有必要对此提高警惕，并且减少布置重复性的一般论文作业，给学生多布置一些需要运用批判性思维和逻辑思维能力才能完成的作业。

2023年1月,在宾夕法尼亚大学沃顿商学院(The Wharton School of the University of Pennsylvania)举行的一次商业管理课程的双盲测试中,ChatGPT取得了B/B-的好成绩。要知道,该学院是全球排名最高的商学院之一,其录取率长年低于20%,现在最先进的AI竟然已经可以在某些领域达到其在校生的平均水平。

在笔者身边,已经有了很多利用ChatGPT辅助学习和工作的案例——这不是段子,是活生生的、产生了实际效果的真实事例。不止一个在外企工作的朋友告诉我,他们现在在撰写或回复英文商务邮件时,一定要用ChatGPT检查一遍,甚至自己只撰写若干重点,让ChatGPT将其扩展成文。这是因为ChatGPT的英文用户最多,得到的英文语法和文法锻炼也最多。听说我正在撰写本书,有人竟然提议:干脆只写提纲和每章的关键部分,剩下的全部交给ChatGPT,或许写作水平比我本人还高。不过,考虑到ChatGPT对汉语的理解还比较拙劣,本着对读者负责的态度,我不敢接受上述提议。

在ChatGPT发布短短5天内,其注册用户数已经突破100万人,从而成为历史上达到百万用户里程碑最快的互联网应用;两个月后,它的用户数又奇迹般地突破了1亿人。作为它的开发者,OpenAI实验室的一级市场估值被迅速推高到290亿美元。资本市场如饥似渴地寻找一切受益者和类似标的:从OpenAI实验室的重要合作伙伴微软(ChatGPT就是在微软的Azure云上受训的),到有"美版今日头条"之称的BuzzFeed(正在打算用AI撰写内容),再到计划推出中国版ChatGPT并以此取代传统搜索引擎的百度,以及数以百计的自称在做同样事情的创业公司。要知道,元宇宙和Web 3.0两个概念的兴起都用了至少几年的时间,而ChatGPT的资本热度达到乃至超过前两者只花了短短两个月的时间。

在ChatGPT(及其类似产品)的所有潜在应用当中,AIGC(AI-Generated Content,AI创作内容)可能是最酷炫、最吸引媒体和市场眼球的应用之一。公允地说,早在ChatGPT诞生之前,AIGC就具备一定影响力了。大部分互联网用户肯定都接触过"AI自动作诗""AI自动作图"等应用，其中自动作图的流行程度最广，就连抖音等短视频平台也推出了专门的"AI作图创作模板"。在二次元、游戏美术等圈子，人们已经开始讨论"AI会不会让画师失业"等问题。ChatGPT的横空出世，直接把AIGC推到了一个全新的高度。尤其是在一贯喜欢炒概念的A股和港股市场，券商分析师急着发布一个又一个"AIGC概念股列表"，尽管其中只有极少数真的在做AIGC。

现在，产业界和资本市场都在讨论一个意义深远的命题：AIGC会不会成为一种独立的、主流的互联网内容形式？我们知道，在Web 2.0时代，网生内容可以被粗略地划分为下列两大类。

> 由用户创作的内容，即所谓的UGC（User-Generated Content，用户创作内容）。在图文和短视频领域，绝大部分的内容都是UGC。当年的BBS（电子公告板）催生了图文UGC的诞生，抖音和快手的崛起见证了短视频UGC的井喷。不论是在中国还是在世界各地，在目前绝大部分流行的互联网媒体平台上，UGC都占据了内容数量和观看量的大头。

> 由专业机构创作的内容，有时候被称为OGC（Occupational-Generated Content，职业创作内容）。生产这些内容的机构，往往要么与平台有深入合作关系，要么本来就是平台的旗下团队或投资对象。在长视频这样耗资巨大、讲究工业化的领域，OGC一直是主流。严格地说，除独立游戏之外的大部分游戏产品也是OGC。

在YouTube这样的综合性视频平台上，我们能同时看到大量的UGC和OGC：由普通网友录制上传的生活类、才艺类视频属于前者，由迪士尼、探索频道等专业影视公司制作的视频属于后者。然而，其中还有一片巨大的灰色地带：某些用户已经具备了很强的创作能力，甚至组建了自己的工作室；

还有一些用户本来就拥有工业化团队，只是装作普通网友而已。准确地说，只要一个普通用户的创作能力足够强、内容足够受欢迎，他早晚会走向"专业化"乃至"机构化"。在图文时代，无数网络小说作者从"玩票"走上了专业作家道路，无数微信公众号作者从单兵作战演变为正规自媒体；在视频时代，从 B 站到抖音再到微信视频号，随处可见从业余创作者成长起来的工业化 UP 主。他们一方面保留了个人用户的才气和接地气，一方面又具备专业团队的资源和运营能力，是社交媒体平台的一支生力军。

为了准确地覆盖这些"模糊地带"，又诞生了一个新概念：PUGC（Professionally User-Generated Content），即"专业化用户创作内容"。虽然没有准确的统计数据，但是我个人猜测：在图文和短视频领域，不管是以内容数量还是观看数量为统计标准，PUGC 的占比很可能高于 UGC 和 OGC。由于 PUGC 灵活、亲民、个人化色彩较强，很多专业机构也将自己的内容伪装为 PUGC——火遍全球各大视频平台的中国姑娘李子柒就是其中的翘楚，直到她与投资方发生矛盾，观众才知道原来她背后是有机构的。

无论是 UGC、OGC，还是 PUGC，归根结底都是由人创作的，其成本主要是人力（而且是受过高等教育的群体）。写文章需要写作者具备创意能力和丰富的写作经验，这一点但凡受过作文培训的人就会心知肚明；视频创作在文案、拍摄、剪辑、包装等多个环节均需要消耗大量工时，因此做视频又有"肝视频"之称。截至 2022 年，虽然 AI 已经在文本、图形乃至视频的生成方面取得了巨大进展，但是其作用仍然是辅助性的。例如，早已被各大平台采用的"AI 自动生成视频"，需要你准备好一份良好的文案，还需要提供参考素材，而自动生成的视频的质量也是良莠不齐、一言难尽的，往往还需要人工进行调整。这种低层次的 AI 很难创作出任何体裁的优质爆款内容，只能作为一种噱头存在。

ChatGPT 改变了一切。它是第一个能够自行输出像样的、有爆款潜力的内容的 AI 机器人。机器学习模型的本质决定了用户可以自主对其进行深度

第三章 内容产业的 Web 3.0 时代：最好的时代，最坏的时代

"调教"，通过投喂大量资料提高它在任何领域的创作水平和熟练度。网上已经有用户展示了 ChatGPT 怎样根据有限的资料产生巨大的"想象力"，或曰"虚构创作力"，例如：

> "假如你在南宋时期的临安，你应该如何为岳飞报仇，刺杀卖国的宰相秦桧？"
> "请给我创造一个欧洲中世纪背景的文本游戏，让我扮演一位维京海盗。"

只要你读过这些记录，就会跟我一样，先是感到难以置信，然后感觉激动不已。

```
Input
Explain the plot of Cinderella in a sentence where each word has to begin with the next letter in the alphabet from A to Z, without repeating any letters.

Output
A beautiful Cinderella, dwelling eagerly, finally gains happiness; inspiring jealous kin, love magically nurtures opulent prince; quietly rescues, slipper triumphs, uniting very wondrously, xenial youth zealously.
```

GPT4 模型应用示例：写一个灰姑娘的故事，其中每个词依次以英文字母 A～Z 开头，不得重复
（资料来源：GPT4 官网示例）

鉴于 ChatGPT 具备构建虚构场景和虚构故事的强大能力，很多游戏公司的剧本策划者正在严肃考虑将一部分游戏剧情委托给它撰写。众所周知，角色扮演、冒险类、互动叙事类等剧情向游戏，最大的软肋就是剧情内容生成速度赶不上玩家的消耗速度。考虑到 ChatGPT 还展示出了较强的编程潜力，今后有一天，它甚至可以做到"既写剧本，又写代码"，直接向游戏公司交

出一段可玩儿的内容，那将彻底改变整个游戏行业的开发流程！如果对于游戏这种工业化水准极高、结合了多种媒体形式的娱乐内容，AI 都可以接手很大一部分开发工作，那么其他内容就更不在话下了。

由此又带来了两个严肃的、必须回答的问题。ChatGPT 诞生至今的时间还太短，对这两个问题的讨论还处于争议阶段，但是早晚需要得到确定的答案。

（1）AIGC 的爆发式发展，对内容创作者尤其是内容公司而言，是好事还是坏事？换句话说，内容方的相对地位是会下降还是上升？

（2）在 AIGC 普及之后，内容方和平台方的博弈关系将向什么方向发展？在这场永不会结束的博弈当中，AIGC 会让哪一方获得优势？

在我看来，第一个问题不难解答：AIGC 将加剧内容方内部的不平衡，或曰"贫富差距"。首先，在内容公司内部，从事重复性、可替代性劳动的工种将被急剧边缘化，其中一部分会消失。其实，就算在 AIGC 诞生以前，可替代性内容岗位（可以理解为与核心创意无关的岗位）就在持续萎缩当中。例如，剪映等"傻瓜型"视频剪辑工具的推出，大幅降低了短视频行业对一般剪辑工作的需求；只有在影视剧等专业性更高的领域，剪辑人员的地位才基本未受影响。常识告诉我们，对于任何一家内容公司、任何一部内容作品而言，核心创意岗位都是极少数的。整个内容产业的蛋糕不会变小，所需的人工量却在持续减少，结果就是，核心创意人员分到的蛋糕比例更大了。

其次，在不同的内容方之间，那些拥有强大原创能力、能够持续产出优质 IP 的头部内容方显然将获得更高的话语权，以及更多的财富。我们知道，阻止头部内容方获得更大成就的瓶颈，往往是"产能不足"——产生新的创意固然不容易，但是把创意以工业化方式转化为产品则更困难。因此，从《阿凡达》上映到《阿凡达 2》上映，过去了整整 13 年；《侠盗猎车手》（简称 GTA）系列两部作品之间的发布间隔，已经超过了 9 年。以中国玩家更熟悉的《原神》为例，即便在拥有超过 600 名开发人员的条件下，米哈游也只能每个季度进行一次大型内容更新，虽然更新质量一般都很不错，可还是让玩家觉得很不解渴。

在任何时代、任何领域，平庸的内容方永远占据绝大多数。它们永远不可能拉近与头部内容方在创意能力上的差距，却有可能在产能上相差无几。只要肯砸资源，它们的内容产能完全可以超过头部内容方。因此，内容产业永远存在"二八定律"：20%的优质内容拿走了 80%的收入，剩下的 20%由其他内容瓜分。AIGC 的普及，终有一天将使得"内容产能瓶颈"大幅放宽直至不复存在。可想而知，头部内容方会继续膨胀，就连 20%的份额也不会留给别人了。

有人担心，AIGC 的普及将导致"资本"对内容产业的影响力继续扩大，内容创作者将沦为"资本"的驯服工具——恰恰相反，AIGC 在强化核心创意人员话语权的同时，也在弱化外部资本的话语权。资本不会创作，资本对内容产业的投入无非是两部分：第一是对优质创作者、优质 IP 的押注，第二是对工业化生产能力的投资。既然后者在很大程度上被 AIGC 简化乃至架空了，资本就只能更专注于前者。事实上，资本追求的只是利润最大化；只要优质创作者能带给它源源不断的利润，它当然乐意做个"甩手掌柜"，而不是事必躬亲。

第二个问题比第一个问题复杂一些，因为影响内容方与平台方关系的不仅有 AIGC，还有 Web 3.0 等各种因素。AIGC 和 Web 3.0 结合起来，会产生什么样的化学反应，这一点无人能够预测。我会在本书后续章节尝试预测一下，但不是在本章。假设我们抛开 Web 3.0 这个干扰因素，仅仅考虑 AIGC 的影响，那么答案可能是：头部内容方相对于平台方的地位会上升；一些具备极强创意和个性的小内容方可能迎来上升机遇；而大部分缺乏特色、可替代性强的内容方相对于平台方的地位将大幅下降，直至淡出市场。

早在 AIGC 出现之前，头部内容方对平台方就有较强的博弈能力，平台方更倾向于与其合作、对其收编，而不是与其对抗。奈飞号称要颠覆好莱坞，但是在实践中，它签下了数以百计的好莱坞名导演、名制片人，从而收编了好莱坞的大部分头部内容方。国内的三大长视频平台（爱奇艺、腾讯视频、优酷）在烧钱争夺头部内容方面不遑多让，直到巨额亏损让它们失去烧钱能力为止。在 B 站和西瓜视频争夺视频霸主地位的白热化阶段，双方都愿意为头部 UP 主砸出数百万元到数千万元的签约经费。前面分析过，在 AIGC 普及之后，头部内容方的产能瓶颈有望得到彻底缓解，从而进一步增加其内容产出量。既然如此，平台方就更要伺候好它们，分配给它们更多资源了。

与此同时，那些不缺乏创意和个性的垂类小内容方，将获得巨大的上升空间，其中一部分终将逐渐上升为头部内容方。从过去几年抖音、B 站的新兴达人的成长轨迹中，我们不难发现：制约业余创作者走上专业化道路的第一门槛是创作时间，第二是资源；而 AIGC 能够节约海量的时间和资源。AI 创作工具走进千家万户，大幅拉近了这些业余创作者与专业团队的差距，从而大幅加快其成长速度。出于提升内容多元化程度、促进内容新陈代谢的考虑，平台方也会给予它们应有的扶持。对于"内容创业"这个与 Web 2.0 几乎同时诞生的古老赛道来说，AIGC 或许意味着又一个春天的到来。

至于那些既无创意、又无特色，依靠模仿和单纯地追热点获得一席之地的平庸内容方，对于平台的价值将大大降低。AIGC 本身的模仿能力已经很强了，至于追热点，AI 生成内容的时效性显然更强。因为平庸的内容方占据绝大多数，它们对平台方的意义就是"填充"，以庞大的内容产量（虽然其中不乏垃圾）去撑起平台的内容生态。从今往后，它们的任务可以由 AI 更好地完成，所以它们可以消失了。不仅在 PUGC 领域是如此，在 OGC 领域也是如此——缺乏特色、只会跟风的影视公司和游戏公司纷纷垮掉可能只是时间问题。

对于平台方而言，AIGC 有好处也有坏处，但是归根结底是好处更多。因为 AIGC 能进一步降低内容创作的门槛、提升内容产量，尤其是提升优质内容的产量，这是平台方最急需的。就算平台方在与头部内容方的博弈当中地位下滑、分到的蛋糕变小，只要蛋糕本身变大，它们也是稳赚不赔的。所以我们可以理解，为何包括微软、Meta、腾讯、百度在内的一批互联网平台公司对 ChatGPT 如此看重：AIGC 既是一剂立竿见影的强心剂，也可以成为一剂长期的大补药。

对于内容方而言，AIGC 的诱惑就更大了：它能让头部内容公司成为世界上最好的、最令人向往的生意，没有之一。在 21 世纪的前 20 年，年轻创业者所能想象的最美好的未来，是开设一家拥有数亿用户的互联网平台公司，这样的公司估值可望达到百亿、千亿乃至万亿美元；接下来，越来越多的年轻创业者的理想，会变成开设一家拥有数亿受众的内容公司，这样的公司估值可以比平台公司的估值还高。

你或许会说，头部内容公司的日子本来就很爽了，看看"上海四小龙"游戏公司（米哈游、莉莉丝、叠纸、紫龙）的收入规模就知道了；影视行业要差一些，不过欢喜传媒、柠萌影视、乐华娱乐等大型影视公司仍能得到在资本市场呼风唤雨的机会。没错，但是我的意思是说，这仅仅是一个开始，AIGC 可以让头部内容公司在增加收入的同时，控制其成本和组织复杂度。简而言之，就是让它们化身全世界最高效、最让管理层省心的赚钱机器。如果你认为现在的头部内容公司已经很厉害了，那么下个世代的头部内容公司会让你惊为天人。

我们不妨先看一个二次元爱好者很熟悉的案例。型月（Type-Moon），这家日本游戏公司起源于 1998 年成立的一个玩家同人社团，以编剧奈须蘑菇、画师武内崇二人为灵魂人物。在发布了轻小说《空之境界》、独立游戏《月姬》之后，型月于 2003 年正式转型为商业公司，并于次年推出了二次元历史上一部划时代的游戏——*Fate/Stay Night*。该作品以"圣杯战争"为背景设定，以"美少女亚瑟王"这一颠覆性的角色人设吸引了大批粉丝，为型月打开了商业化成功的道路，也开启了迄今长达二十多年的"Fate 宇宙"。

从那以后，该系列推出了至少 11 部游戏、20 余部动画（含剧场版）、7 部轻小说（其中大部分也有漫画版），成为历史上作品数量最多、综合收入最高的二次元 IP 之一。中国受众最熟悉的当属 *Fate/Grand Order*（简称 *FGO*），B 站正是因为在 2016 年代理了这款二次元卡牌 RPG 的国服版本，才终于找到了第一个稳定的盈利来源。我们可以毫不夸张地说，*FGO* 撑起了 B 站在资本市场的脊梁，铺平了它的上市道路。在巅峰期，*FGO* 在全球的年度收入可能高达 50～60 亿元人民币。到 2023 年，它仍然是日本和中国市场最受欢迎的二次元手游之一。

自从成立之日起，型月的大部分作品都是由奈须蘑菇和武内崇两位核心创意人员驱动的。以商业价值最高的 *FGO* 为例，奈须蘑菇不但亲自担任主笔、总监修，而且亲自撰写了至少四个章节的剧本（均是玩家口碑极好的章节）。武内崇作为主美术师，亲自负责了三十多个重要角色人设，尤其是阿尔托莉雅（亚瑟王）这位人气最高的女主角。正是两位灵魂人物的存在，使得 Fate 系列能够不断聚集日本二次元界最优秀的编剧、美术、策划人员，二十年如一日地维持高质量的内容更新。Fate 的成功，就是以个人天才为杠杆撬动商业价值的典范。

然而，型月的发展历程也折射了个人天才的局限性：以编剧和画师为核心的游戏公司，在游戏性（Gameplay）和技术方面必然存在软肋。因此，Fate 系列早期的两部游戏均是视觉小说（Visual Novel，在日本又被称为 Galgame）类型，即专注于剧情和人设，游戏性十分单薄。型月花费了多年时间，才逐渐将 Fate 系列扩展至角色扮演（RPG）、动作（ACT）等游戏品类。2015 年

推出的 *Fate/Grand Order*，虽然引进了经验丰富的外包开发商，但仍然是一部以剧情取胜、游戏性不甚丰富的产品，技术水平在当时也谈不上先进，仅有 2D 动画技术还算可圈可点。产品能力的短板使得型月错过了很多机会，包括多年以前策划并"流产"的 Fate 大型网络游戏，以及传说中采用虚幻 4 引擎却迟迟没有发布的新作。

型月旗下 Fate 系列主要作品一览

首发时间	名称	体裁
2004 年 1 月	*Fate/stay night*	游戏 已分批改编为动画
2005 年 10 月	*Fate/hollow ataraxia*	游戏 *Fate/stay night* 的衍生品
2006 年 12 月	*Fate/Zero*	轻小说 已改编为动画、漫画、手机游戏
2007 年 10 月	*Fate/kaleid liner*	漫画 已改编为动画、小说、游戏
2008 年 6 月	*Fate/unlimited codes*	游戏 与 CAPCOM 联合开发
2010 年 7 月	*Fate/EXTRA*	游戏 已改编为漫画、动画
2012 年 8 月	*Fate/Prototype*	官方设定集及短篇动画 已衍生开发轻小说及广播剧
2012 年 12 月	*Fate/Apocrypha*	轻小说（原网络游戏策划案） 已改编为动画剧、漫画
2013 年 3 月	*Fate/EXTRA CCC*	游戏 已改编为漫画
2014 年 12 月	君主·埃尔梅罗二世事件簿	轻小说 已改编为漫画、动画
2015 年 1 月	*Fate/strange fake*	轻小说及漫画 已改编为动画
2015 年 6 月	*Fate/KOHA-ACE*	漫画 已改编为动画、游戏，并有衍生漫画
2015 年 7 月	*Fate/Grand Order*	手机游戏 已改编为漫画、动画、轻小说、广播剧、舞台剧、VR 内容 已开发多个衍生游戏
2016 年 11 月	*Fate/EXTELLA*	游戏 已改编为漫画
2018 年 6 月	*Fate/EXTELLA LINK*	游戏 *Fate/EXTELLA* 的衍生品

（资料来源：型月官网、萌娘百科、日文维基百科）

假设AIGC普及了，情况又会如何呢？我认为，那至少会在三个方面扩大型月的优势、补齐其短板，使其成为一家更强大的原创内容公司：

（1）AIGC将进一步扩大型月的核心优势——剧情和人设。奈须蘑菇和武内崇纵然是天才，但精力是有限的。AIGC将允许他们聚焦于全局性及最重要的环节，帮助他们填充细节。要知道，*FGO*虽然邀请了大批资深画师，但原画质量还是良莠不齐，AIGC在这方面可能会产生奇效。

（2）AI具备很强的编程能力，从而帮助型月这种"非技术导向"型游戏公司补齐技术短板。在游戏行业有一个众所周知的笑话："我们团队什么都有，就缺程序员了。"这固然是一种讽刺，却也道出了许多独立游戏开发团队的困境——缺乏把创意转化为代码的能力。型月再也不必依赖外包开发商去完成产品，从而可以加强对产品质量的把控。

（3）以AI代替基层人力，可以使公司组织架构大幅精简，从而允许核心团队专注于创作本身。办过企业的人都知道，随着企业规模的扩大，组织管理等日常事务会占用管理层越来越多的精力，而内容创作者一般不擅长此道。例如，型月创始人奈须蘑菇以"社交恐惧"闻名，甚至从不在公开场合露面。在这种情况下，AI带来的组织缩减无疑是一种福音。

别误会，就算有了AI的加持，型月这样的独立游戏公司也很难做出类似《原神》的一线手游产品，更不用说类似《赛博朋克2077》的3A大作。在可见的未来，在游戏、影视等工业化程度较高的内容领域，"皇冠上的明珠"仍将归属于那些组织复杂、训练有素的大型公司——但是这样的公司也仅仅是一小撮而已。与此同时，内容产业的绝大部分版图将被类似型月这样的基于少数核心创意人员、规模小而精的独立公司所占领。

我们不妨将未来的"型月"们想象成古代的希腊城邦：人数虽少，土地虽少，却因为掌控关键贸易路线而十分富足，而且其精锐部队哪怕面对庞大的波斯帝国也毫不胆怯。在这些"型月"当中，有一小部分将扩张为新一代"米哈游"乃至"动视暴雪"，就像马其顿在亚历山大大帝的率领下扩张为世界性帝国。至于那些没有扩张起来的，也可以游刃有余地维持多年的繁荣。

如果我们把目光从 AIGC 身上暂时转开，放眼更广阔的全景，就会发现：自从互联网诞生以来，头部内容的强者恒强、头部内容公司地位的不断上升，就是一个不可逆转的潮流。投资者总是喜欢发明各种时髦的概念，"粉丝经济"也好，"IP 经济"也罢，说的其实都是同一件事情——内容产业的空间越来越宽广，同时其内部分配越来越不均衡，由此导致了一批"内容巨无霸"的出现。"时来天地皆同力"，AIGC 和 Web 3.0 只是助推了这个潮流，使它从江流变成了洋流。本章的后续各节将详细讨论这一潮流的来龙去脉。

互联网时代的马太效应：
"IP 经济"的本质是强者愈强

过去一百多年，全球内容产业经历了两次根本性的转折：第一次是 20 世纪中期，以电视为代表的大众媒体的普及；第二次是 20 世纪末、21 世纪初，消费互联网的普及。进入 21 世纪，大众媒体和互联网早已合二为一，后者成为前者的主要载体，前者则借助后者获得了社交传播属性。大众媒体、社交媒体、互联网媒体，这三个概念在实践中已经没有太多区分的必要，其差别仅仅对学术研究人员有意义。

对于内容产业而言，大众媒体和互联网普及的效果是相同的：最优秀、最适应市场主流需求的内容能够被更多的人看到，而且以更方便的方式被看到。所以，优秀内容创作者的身价就以几何级数增长。以好莱坞电影行业为例，在 20 世纪 20 年代的所谓"黄金时代"，查理·卓别林（Charlie Chaplin）和葛丽泰·嘉宝（Greto Garbo）这样的超级巨星年收入可达 60～70 万美元，相当于美国城市人均薪酬的 300～400 倍；到了大众媒体高度发达的 20 世纪 90 年代，超级巨星的片酬进入了"2500 万美元俱乐部"，假设每年拍摄 1～2 部电影，年收入即相当于美国人均薪酬的 1000 倍以上。进入 21 世纪 20 年代，汤姆·克鲁斯（Tom Cruise）和丹尼尔·克雷格（Daniel Craig）均创造过年收入突破 1 亿美元的神话，突破了美国人均薪酬的 3000 倍。请注意，上面只计算了片酬收入，如果计入数量庞大的广告代言、投资收益，好莱坞明星与普通人的差距还会进一步扩大。

如果说电影明星算是"从胜利走向胜利"的话，那么足球明星则是不折不扣的"从蓝领逆袭到金领"。在电视刚刚普及的 20 世纪 60 年代，第一位被全球公认的"球王"——贝利的年收入不过 15 万美元（1963 年数据），一般球星能拿到 3~5 万美元就非常幸运了；进入电视转播进一步发展的 20 世纪 90 年代，欧洲五大联赛中的球星，他们的年收入在 100 万欧元以上的已经不在少数；到了互联网普及后的今天，梅西、C 罗、姆巴佩的年薪均已超过 3000 万欧元，广告代言收入更是数倍于此。在同一时期，很多职业体育项目都经历了类似的发展趋势——美国 NBA 从 1946 年成立至今，球员平均薪酬上涨了约 1000 倍！

从大众媒体和互联网传播中受益的，不仅包括那些"处于台前"的明星，也包括那些"身居幕后"的操盘者。好莱坞的知名导演、编剧、制片人，足球界的顶尖教练，乃至为明星提供服务的经纪人，身价也经历了类似幅度的增长。这些人虽然名义上处于"幕后"，实际上往往具备与终端用户直接接触、建立个人 IP 的能力；他们拿到的薪酬既取决于其专业水平，也取决于其对消费者的动员能力。例如，以"狂人"著称、擅长对媒体发表争议言论的葡萄牙人若泽·穆里尼奥（Jose Mourinho），成为足球界第一个年薪突破 1000 万英镑的教练；多年以后，他的老对手，以球风华丽而吸引了大量球迷的佩普·瓜迪奥拉（Pep Guardiola），把前者的年薪纪录又提高了一倍。

看到上述数据，你是否会认为电影和足球是很适合年轻人作为终身职业选择的行业？如果是，那就大错特错了。每一个日进斗金的明星背后，都有至少几百个混入名利场失败的"废品"，以及几十个高不成低不就、只能吃残羹剩饭的"填充物"。无论在哪个国家的影视行业，一线影星一个人在一部作品中的收入经常能占据这部作品演员成本的 50% 以上。至于足球行业就更残酷了，在欧洲可能有 90% 以上的青训球员从未拿到职业合同；就算走上职业道路，高级别联赛球员的薪酬也是低级别联赛球员的几十倍。有条件的读者不妨玩一下《足球经理》（*Football Manager*）系列游戏，通过其球员数据库感受一下这种近乎天堂与地狱的不平等。至于幕后人员就更不平等了，无法建立个人 IP 的岗位几乎完全不值钱，中层基层幕后岗位的薪酬经常难以维持温饱。

由此，我们可以深刻地意识到所谓"IP 经济"的本质：大众的目光集中在极少数头部内容创作者的身上，导致其边际收益呈几何级数增加，而边际成本却基本不增加（乃至下降）。不但头部内容成为 IP，创作者本人也成为 IP，拥有既高又稳定的长期经营价值。随着时间推移，某些头部内容迈过了量变到质变的门槛，在与渠道和平台的博弈当中处于越来越强势的地位，甚至具备了一定的"平台属性"——像漫威、哈利·波特、Fate 宇宙这样的顶尖 IP 尤其如此。

"IP 经济"的发展，不仅对内容产业造成了利益分配的马太效应，也严重损害了内容多样性。在这方面，电影行业仍是一个最佳的例子：进入 21 世纪，好莱坞电影在全球几乎所有主要国家的票房收入均超过 50%，仅在中国、印度、法国等极少数国家例外。在科幻、奇幻、超级英雄等收入空间最大的电影品类，找不到任何与好莱坞同等量级的竞争对手。必须承认，如果不是因为市场保护、内容审核等监管因素，好莱坞在全球的市场份额还会进一步提高。

有人可能会反驳："好莱坞的垄断也不是不可打破的，中国的《流浪地球》《三体》系列拍得就很不错！"然而，这恰恰印证了"IP 经济"的威力之大——中国科幻影视的崛起，首先要归功于刘慈欣这个头部创作者，其搭起了成熟、完整的内容框架，他还在长达三十多年的创作生涯中积累了庞大的粉丝基本盘。《流浪地球 2》的剧情几乎就是一部"刘慈欣故事精选集"，它的市场推广也在很大程度上依赖于刘慈欣粉丝的"自来水"。世道就是如此残酷,与好莱坞的头部 IP 竞争的最有效的道路,是打造和依托自己的头部 IP!

2023 年是中国影视行业的"刘慈欣年",一部电影、三部剧集扎堆上映

所以,当人们哀叹娱乐行业的"饭圈化"浪潮时,请不要忘记:在每个国家、每个内容赛道,"饭圈化"都在不声不响地发生,因为这是"IP 经济"发展的必然副产品。自从米哈游的《原神》上线以来,正方的"米卫兵"与反方的"原神黑"就一直在社交媒体上争斗不已;《流浪地球》系列电影的上映,每次均伴随着"刘慈欣粉"和"刘慈欣黑"在每一个角落的唇枪舌剑;就连直播带货这种"非典型内容领域",各大平台头部主播的粉丝之间也总是剑拔弩张、互不相让,粉丝之间的比赛购物甚至成为主播盈利的一个主要来源。严格地说,在头部内容方当中,"饭圈化"只有程度深浅的区别,不可能不存在。

2022—2023 年,新东方旗下的电商直播品牌——东方甄选的异军突起,形象地展示了互联网时代一个新兴"头部 IP"的创生过程。不论东方甄选最后是不是昙花一现,它都像一本教科书一样,值得所有内容创作者及投资人认真学习。从"IP 经济"的逻辑看,东方甄选的崛起固然带有一定的偶然性,但是必然性因素显然更大。

(1)"新东方"在中国本来就是一块金字招牌，尤其是在受过大学教育的城市白领当中。数十年的以英语为核心的教育培训事业，为它积累了数百万计的老用户，其中一部分转化为了品牌粉丝。俞敏洪等人创业生涯的传奇性，也进一步加深了白领用户对新东方的品牌认同，从电影《中国合伙人》的成功就可以管窥一斑。

(2)新东方的主营业务是教育培训，所以最不缺少口才好的讲师。当董宇辉这种旁征博引、口若悬河的讲师改行当主播时，对直播带货行业 90% 以上的主播无疑构成了降维打击。从事后诸葛亮的角度看，新东方的资源禀赋本来就比较适合内容产业，只是以前没有想到（或者看不上）去做内容产业而已。

(3)东方甄选的内容调性相当独特：追求"诗和远方"，左手是田园牧歌式的农特产品，右手是文艺小资范儿的经典图书，双管齐下地对观众进行"高尚人格"的塑造，从而让后者获得巨大的满足感。这条道路不是没有人尝试过，但是很难做好。既然东方甄选具备了足够的执行力，又选择了一条不太拥挤的道路，成功就事半功倍了。

有趣的是，曾经身为新东方头牌讲师，后来自立培训机构的罗永浩，早在 2020 年就入局直播带货并迅速成为抖音头部主播。二十年前，罗永浩以语不惊人死不休的风格成为中文互联网的"初代网红"之一。二十年后，这笔"IP 资产"仍在增值，为他带来了急需的现金流和再次创业的出发点。或许正是罗永浩的成功，让俞敏洪意识到了新东方的"IP 资产"也可以从培训行业嫁接到直播带货行业，后者可以提供比前者还高的经营杠杆。试想一下，如果罗永浩一个人就能带动数百万量级的"饭圈"，那么新东方这家机构能够动用的"饭圈"又该有多大？

更有趣的是，东方甄选的"饭圈化"甚至扩张到了投资人圈子，这在一定程度上促进了其股价上涨。许多二级市场基金经理十分迷恋东方甄选，坚信它能成为全市场最成功的直播带货机构，所以不但以自己的钱投票（购买直播间商品），还以基金持有人的钱投票（购买公司股票）。其实，在互联网、新能源等一切高成长行业，投资人往往都是带有"信仰"的：从当年信仰乔布斯、贝索斯，到后来信仰马斯克，感情因素总是能与理智因素扮演同样重要的角色。在本质上，这种对公司的"信仰"也是一种"饭圈化"的体现，只是入戏程度深浅不同罢了。在互联网时代，一切皆可 IP，一切皆可"饭圈"，哪怕是最高大上的金融投资行业也是如此。

也许有人不喜欢"饭圈"这个词，因为它的贬义性太强了，很容易让人想起在微博、豆瓣等社交网络上互相拉踩的明星粉丝。问题在于，我们很难找到一个更准确的词汇，去形容头部内容方与消费者之间的深刻联系。在互联网时代，所有头部内容方都具备了近乎无限的与粉丝直接接触的渠道；他们的一颦一笑、一举一动，均可直接传递给粉丝，无须经过任何"中间商"的"扭曲"。对于粉丝而言，就好像自己的偶像走出了书本和屏幕，来到自己身边，与自己同呼吸、共命运。在这种情况下，内容方与消费者之间的纽带变得异常坚固，针插不进、水泼不透。假如没有这种直接纽带，内容方就要受制于平台方和资本方，在它们的资源优势之下瑟瑟发抖；现在有了这种纽带，头部内容方就可以扬眉吐气、"挟粉丝以令资本"了。

当然，头部内容方与粉丝之间的直接联系是一把双刃剑，很容易反噬自身，引发"人设崩塌""粉转黑"等恶性效果。篮球爱好者大概还记得 2010 年 7 月，被称为"天选之子"的 NBA 顶级球星勒布朗·詹姆斯（LeBron James）在与原球队的合约到期之后，举行了题为"决定"（The Decision）的直播活动，向全美观众通报自己的下一步动向。"决定"吸引了高达 1310 万名观众，成为当天全美收视率最高的节目。可是由于勒布朗在节目中表现得不够真诚、故弄玄虚，其粉丝基础遭受了一定损伤。同样的例子也发生在足球界的克里斯蒂亚诺·罗纳尔多（Christiano Ronaldo）身上：在 2022 年世界杯开幕前，他执意接受长篇视频专访，向自己所在的曼联足球俱乐部开炮，不但损害了自己与球迷的关系，也严重干扰了世界杯备战。不过，综合来看，这种"双刃剑"对头部内容方的影响是有限的，损失一般还在可以控制的范围之内，因为沟通事故而真正砸掉饭碗的只是极少数。

如果内容产业的"马太效应"和"饭圈化"持续下去，会不会终有一天达到一个结果：整个市场只存在"头部内容"，而其他内容趋向灭绝？到了那一天，内容创作者恐怕也只剩下屈指可数的一小撮了，"反垄断"的铁拳将会从平台方身上转移到内容方身上——幸运的是，从过去二三十年的历史看，这种最悲观的场景应该不会发生在互联网时代。

谷歌在年度报告中经常提到一个观点："互联网是世界上最伟大的均衡器。"（Internet is the most powerful equalizer in the world.）从某些方面看，这句话错得离谱，例如，前文已经多次列举了互联网加剧内容产业"马太效应"的案例；可是从另一些方面看，这句话又有些道理。准确地说，互联网有时候会拉开人们的差距，有时候又会缩小差距，并无一以贯之的定论。在内容产业中，互联网的影响更接近于"进两步、退一步"，在加剧内容头部化的同时，又在一定程度上补充了内容多样性，从而给新来的内容创业者留出了机会。

短视频就是一个绝佳的例证：在 YouTube 诞生之前，视频创作是一条高度专业化、从业人员极少的赛道；随着 YouTube、Niconico、Vimeo、快手、抖音（及其海外版 TikTok）的先后流行，视频创作在"草根化"和"民主化"的道路上一路狂奔。平台声称：通过短视频，让每一个声音都有被听到的机会，这固然是一种宣传口号，可确实有一定道理。数以万计的视频创作者，或曰"UP 主""达人"，得到了"被看见""被听到"的机会。就像上一节提到的，其中很多人遵循了"UGC—PUGC—OGC"的成长轨迹，彻底改变了自己的命运。我还记得 2020 年秋天，微信视频号刚刚诞生不久，我在北京金融街的一家咖啡馆亲耳听到三位金融机构从业人员在摩拳擦掌地计划如何组建一个工作室，抓住微信视频号的"流量红利期"进行内容创业。由此可见，就算对于处于社会收入上层的金融从业者而言，内容创业也是一条值得钦羡的道路！

仔细分析一下社交媒体平台的内容构成，我们不难发现：互联网对内容多样性的影响同时体现在正反两个方面，有些垂类内容受到了挤压，有些则得到了更多空间。换句话说，互联网的普及导致了内容产业内部的重新洗牌，而且这个洗牌过程一直没有结束；AIGC 的诞生，将促使洗牌过程向更有利于多样性的方向发展。我们不妨使用一个高度简化的分析模型，将互联网原生内容创作者的能力划分为两个方向。

> **热点敏感性**，也就是追逐热点、热梗的能力。毫无疑问，在任何一个时间点，社交媒体的大部分流量集中于极少数热点题材。能否把握热点题材，决定了创作者的短期爆发力，用更时髦的话讲就是"出圈能力"。

> **内容调性**，也就是内容的特殊性、不可复制性。有些创作者的内容，让人过目不忘，带着鲜明的个性烙印，任何竞争对手无法模仿。是否具备足够的、不可替代的调性，决定了创作者的长跑能力，或曰"可持续性""粉丝黏性"。

强大的创作者无疑应该在两项能力上都获得高分，从而达到"既有爆发力又有长跑能力"的全能性，这是成为头部创作者的最高效的途径。例如，有 B 站"镇站之宝"之称的科技数码 UP 主"何同学"，一方面坚持以自己动手做数码产品为调性，一方面又抓住了 2019 年 5G 通信技术发展初期的热点话题，从而奠定了自己的全网头部视频创作者地位；另一位横跨公众号、B 站和知乎的财经创作者"半佛仙人"，一方面以专业性和搞笑风格兼而有之为调性，一方面又抓住了 2020 年初瑞幸咖啡被做空的热点话题，从而在图文和视频赛道上均建立了庞大的粉丝盘。这样的幸运儿不多见，但是每隔一段时间就会出现一些，他们是其他内容创作者梦寐以求的标杆。

如果一位创作者不具备抓热点的能力（或者不乐意这么做），那么他的最佳发展方向就是做一个优质垂类内容方，吸引符合自身调性的粉丝，依靠粉丝的口碑效应实现"慢热出圈"。这条道路最典型的例子莫过于罗翔：在多年的司法考试授课过程中，他以深入浅出和幽默风趣的调性逐渐积累了大批"自来粉"，最终依靠粉丝的自发传播实现了"出圈"。一般而言，只要坚持足够长的时间，垂类内容方总归能迎来量变到质变的时刻，但是大部分人往往坚持不下去。

与此相对立的则是那些只会抓热点、不具备调性的创作者，他们的生存之道就是"下手快"，依靠千方百计地"蹭热点"乃至模仿抄袭，尽快完成"出圈"。这种创作者的生命周期一般很短，在瞬时爆发之后就陷入了沉寂，做的是"过把瘾就死"的短线生意。MCN 等专业机构经常会批量孵化此类账号，希望其中极少数能爆红，至于那些未能爆红的则沦为"炮灰"。

很多用户会哀叹："互联网社交媒体充斥着快餐内容，短视频、直播更是集快餐内容之大成，完全没有让人静下心来体验的干货！"可是这样的哀叹并不正确。或许网生内容的绝大部分确实是毫无调性和深度的"炮灰"，就像一瓶酒的大部分成分是水，那我们也不能因此得出"酒就是水"的结论。事实上，只有在 Web 2.0 时代，垂直、小众内容才第一次获得了稳定的输出渠道，从而赢得了被更多人看见的可能性。数以万计的"中腰部"垂类创作者，到了 Web 2.0 时代才真正走上内容创作道路；他们当中的大部分永远不会"出圈"，但是他们的存在既取悦了大批垂类观众，也为自己带来了一定的收益和成就感。如果一定要在"以前的时代"和"Web 2.0 时代"之间做出选择，我相信，几乎所有用户和创作者都会选择后者而非前者。

第三章　内容产业的 Web 3.0 时代：最好的时代，最坏的时代　131

那么问题来了：以 ChatGPT 为代表的 AIGC 的发展壮大，会更有利于上面哪一类创作者呢？我觉得答案非常明显——AIGC 会有利于那些以内容调性取胜、"慢热出圈"的垂类内容方，不利于那些以抓热点取胜、"昙花一现"的跟风内容方。因为在 AIGC 时代，"抓热点"的门槛将越来越低，从而不再是内容方的一项核心竞争力。所以，"内容调性"的重要性就进一步攀升了，甚至可能成为取胜的唯一一张王牌。

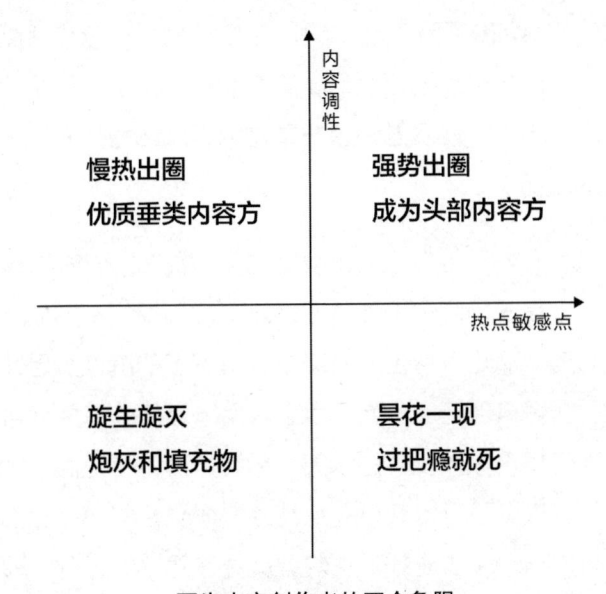

	内容调性 ↑	
慢热出圈 优质垂类内容方		强势出圈 成为头部内容方
		→ 热点敏感点
旋生旋灭 炮灰和填充物		昙花一现 过把瘾就死

网生内容创作者的四个象限
（资料来源：公众号"互联网怪盗团"）

不要误会，无论到什么时候，"热点话题"总是会此起彼伏地产生，也需要有创作者覆盖。然而，在比拼速度方面，人类创作者无论怎么努力也比不过 AI。在新闻媒体领域，AI 的速度优势已经明显体现出来了：现在，从财经到体育，从娱乐八卦到社会新闻，几乎一切"突发性事件"在第一时间的报道都是由"AI 机器人"自动撰写的。平时炒股的人可能对此有更深的体会——打开任何一个股票信息软件，无论是突发的财经新闻还是财报的即时解读，由 AI 撰写的比例均呈不断上升的态势；专业分析师和评论员正在退出这些"比拼手速"的即时信息工作，把精力集中到需要高度逻辑分析能力的深度解读上。

从今往后，上述趋势会延伸到一切体裁、一切类型的内容上：对于热点话题的"时效性覆盖"将主要是 AI 的任务，比拼的主要是 AIGC 的效率，很难有人玩出与众不同的花样。目前在国内，已经有电商服务机构向带货主播推出"AI 根据热梗自动撰写视频脚本"的服务，哪怕主播对这个热梗毫不了解，也可以依靠 AIGC 跟上潮流。可以想象，今后对热点话题的竞争将趋于高度同质化；经济学原理告诉我们，高度同质化的市场总是会走向供大于求，从而导致"抓热点"性质的内容严重过剩，以此为核心竞争力的内容方大部分将被淘汰出局。

而对那些以"调性"为核心竞争力的内容方而言，AIGC 却可以成为一种强大的新武器。互联网用户仍然有追逐热点的天性，不过他们今后更需要的不是时效性内容，而是有特色的演绎或者有深度的解读。足球爱好者对此肯定深有体会：在资讯匮乏的年代，大家对足球媒体的首要诉求是快速全面的新闻覆盖；到了资讯极端发达的今天，新闻覆盖早已泛滥，大家的诉求转移到了对赛事的深度分析，以及带有互动性、趣味性的节目上面。优质的垂类创作者完全可以与 AI 达成分工：前者负责有调性的部分，即所谓"灵光一闪"；后者负责不需要调性的部分，即重复劳动——按照内容产业的黑话，可以称之为"行活儿"。

AI 是一种工具，一种由人类创造、帮助人类解决问题的技术手段。从目前的形势看，只要 AI 不产生自我意识，它就不会具备所谓"原创性"，而仅仅是对人类现有知识的收集和整理——即使 ChatGPT 这样高级的生成式 AI 也不例外。所以，AI 在内容创作中的角色更接近 MOBA 游戏中的辅助：帮助 C 位更好地发挥自己的特点，让 C 位心无旁骛地输出，而不是自己代替 C 位去输出。强大的 C 位玩家借助强大的辅助可以如虎添翼，而不合格的 C 位玩家有了强大的辅助也很难翻盘。就以刚提到的"AI 根据热梗自动撰写视频脚本"功能来说，有调性的创作者可以在此基础上进行修改，使之符合自己的调性，事半功倍地创作出优质内容；缺乏调性的创作者恐怕只能用它生产千篇一律的"垃圾"。

至此，我们可以得出一个结论——内容产业"强者恒强"的趋势，在 AIGC 时代会持续下去，只是其含义更加复杂，超过了"马太效应"的范畴：头部内容方当然会继续强大、继续享受时代的红利，但具备强大调性的垂类内容方也能享受时代的红利；对于这两者而言，未来二十年将是最好的时代。对于其他内容方而言，却将迎来最坏的时代。

> 且慢！照你这么说，很多平台型公司的内容业务岂不也要迎来最坏的时代了吗？众所周知，真正懂内容的平台很少，大部分都是依靠砸资源和内部协同才能在内容市场拥有一席之地。如果一家平台型公司既缺乏足够的头部 IP，又缺乏内容调性和独创性，我们是否可以认为，它的内容业务早晚要被市场淘汰？

这是一个好问题！如果你能提出这样的问题，说明我们想到一起去了，而且我们与很多平台型公司的管理层也想到一起去了。下面我们将讨论一些严肃而富有争议的问题：平台型公司究竟适不适合做内容？假若未来二十年真是优质内容的黄金时代，平台型公司怎样才能不错过时代的红利？它们现在又已经做出了什么样的努力？

平台型公司的窘境：
从席卷全球的游戏公司并购狂潮说起

从 2020 年开始，全球游戏行业进入了一个兼并收购的时代，而且这个时代尚未有结束的迹象。截至本章撰写之时（2023 年 2 月），游戏行业已经发生、正在发生或传闻会发生的大规模并购，可以列出一个长长的清单。

> 2020 年 9 月，微软宣布以 75 亿美元收购 ZeniMax，后者是 Bethesda（《辐射》《上古卷轴》系列的开发商）、id Software（《毁灭战士》《德军总部》系列的开发商）的母公司。本次收购已经于 2021 年 3 月完成，微软由此获得了欧美主机平台最流行的一些游戏 IP。

> 2021 年 3 月，字节跳动宣布以 40 亿美元收购沐瞳科技，后者是东南亚最流行的 MOBA 手游 *Mobile Legends* 的开发商；差不多同一时间，它还收购了在日韩市场颇有影响力的有爱互娱。上述两笔收购都是为了增强字节跳动在海外游戏市场的实力。

> 2022 年 1 月，微软宣布将以 687 亿美元收购动视暴雪（Activision Blizzard），后者拥有《使命召唤》《古惑狼》《暗黑破坏神》《魔兽

世界》《守望先锋》等炙手可热的超级 IP；微软的目标是通过这次收购，大幅加强旗下 XGP（Xbox Game Pass）游戏生态的吸引力，建立一个横跨主机、PC 和移动端的超级游戏平台。截至 2023 年第二季度，本次收购还在接受各国反垄断部门的调查，前途未卜。[1]

➢ 2022 年 1 月，Take-Two Interactive（《侠盗猎车手》《荒野大镖客》系列的开发商）宣布以 127 亿美元收购手机游戏厂商 Zynga，以加强自身在移动端的研发和发行实力。本次收购已经于 2022 年 5 月完成。

➢ 2022 年 1 月，索尼宣布以 36 亿美元收购 Bungie（《命运》系列的开发商），目的不仅在于扩充其自研游戏阵容，还在于学习吸收 Bungie 在游戏内购付费方面的经验。本次收购已经于 2022 年 7 月完成。

➢ 2022 年 5 月，CNBC 等媒体报道称，EA（全球最大的主机及 PC 游戏开发商兼发行商之一）有可能成为收购对象，潜在的收购者包括迪士尼、苹果、Comcast、亚马逊，等等。迄今为止，上述收购并未发生，但是此类消息仍然不时在资本市场流传。

➢ 2022 年上半年，欧洲最大的游戏开发商 Ubisoft 也成为收购传闻的对象，潜在收购者既包括互联网巨头也包括对冲基金等金融机构。为了抵御潜在的恶意收购，Ubisoft 控股股东于当年 9 月引进了一些腾讯投资，希望借此加强自身的控制权。

整理一下公开信息，不难发现：全球游戏行业规模超过 20 亿美元的收购项目，有一半以上发生在 2020 年以后，其中最大的两笔（微软收购动视暴雪、Take-Two 收购 Zynga）都发生在 2022 年！尤其是微软对动视暴雪的天价收购要约，引发了一系列连锁反应：索尼出于与微软对抗的目的，迅速收购了 Bungie；苹果、亚马逊等互联网巨头开始严肃考虑收购 EA 或 Ubisoft；

---

[1] 2023 年 4 月，英国反垄断审查部门否决了微软收购动视暴雪的计划，但这应该不是结束，微软很可能会有应对措施。

流媒体巨头奈飞斥巨资进军游戏行业并公布了庞大的研发计划。2022—2023年，绝大多数上市游戏公司都被卷入过并购传闻，而传说中的收购者一般都是互联网平台公司。谁的内容研发实力更强、谁掌握的热门 IP 更多，谁就是互联网巨头的兵家必争之地。

有必要指出：除了游戏内容，互联网巨头进军影视内容的步伐同样坚定，只是受到的媒体关注度略低而已。亚马逊的原创电影、剧集和综艺内容，是其泛娱乐战略的重要组成部分，在其每期财报当中所占据的篇幅甚至比云计算的还要多；苹果旗下的流媒体平台 Apple TV+ 已经建立了较稳固的用户基础，近年来正在强化对原创剧集的投入（而且已经摘得了几座艾美奖奖杯）；谷歌旗下的 YouTube 正在努力发展付费会员服务，这一服务必将伴随着对影视内容的投资开发。更全面的说法是，近年来互联网平台公司对包括游戏、影视、动漫、音乐、出版在内的整个内容产业都很感兴趣，也更乐意亲自下场"做内容"，无论是通过内生还是并购的方式。

苹果的视频流媒体服务 Apple TV+，已经出品了《足球教练》《人生切割术》等多部艾美奖剧集，成为苹果增值服务的重要分支

（资料来源：Apple TV+官网）

讲到这里，我们有必要梳理一下内容产业链的全景，厘清一些容易被混淆的概念。当代绝大部分内容产业的生产过程，均可划分为如下三个环节。

（1）开发，又称为制作，就是内容产品的创作环节。

（2）发行，又称为代理，就是内容产品的市场推广及运营环节。

（3）渠道，又称为分发，就是内容产品被送到用户面前的过程。

在手机游戏行业，游戏自研公司是开发商，代理公司是发行商，手机应用商店或买量平台则是渠道商。在影视行业，一部电影的制作公司是开发商，发行公司是发行商，影院和流媒体平台则是渠道商。需要注意的是，在非专业人士当中，内容产品的"发行"和"渠道"两个环节经常被混淆，尽管它们的区别非常明显——发行商需要为产品的业绩负责，而渠道方一般不需要为此负责。

在现实中，一家公司可以包办上述环节中的两个甚至三个，实现"垂直整合"；但是这两三个环节在本质上仍然是分开的，在公司内部被划归到不同的部门。一般而言，互联网巨头最擅长的是渠道环节，因为它们控制了应用商店、社交媒体平台和流媒体平台，用户难以脱离互联网平台去接触内容产品。然而，在发行环节，互联网巨头的掌控力就要弱一些；在开发环节就更弱了。以游戏行业为例，在全球范围内，能够在开发、发行、渠道三个环节均具备一定优势的互联网平台公司，也仅有腾讯、微软、索尼等寥寥几家（其中索尼还不一定算得上"互联网巨头"）。

回顾一下历史，我们就会知道：北美的主流互联网平台在过去多年中基本都尝试过进军游戏开发及发行，从而建立"垂直整合"的游戏内容生态，不过结果往往不尽如人意。2020年以来的并购风潮，只是互联网巨头进军游戏行业的最新一波攻势。

➤ **亚马逊**进军游戏行业始于 2011 年，最开始是为它自己的应用商店开发社交游戏。2014 年，亚马逊收购了 Twitch 电竞直播平台；就在同一年，它宣布将成立自研游戏工作室。然而，亚马逊自研游戏命途多舛，很多项目胎死腹中，完成的项目也口碑平平。直到 2021 年，亚马逊自研的 MMORPG《新世界》上线，一度成为 Steam 同时在线人数最多的游戏，总算打了翻身仗。2022 年 5 月，亚马逊一度被传将收购 EA，但是传闻没有兑现。从亚马逊财报看，管理层非常重视自研游戏，会在这条赛道上持续投入。

➤ **谷歌**对游戏行业开展过多次进攻，其中最大规模的一次是 2019 年推出的 Stadia 云游戏平台。为了推广云游戏生态，它组建了一个自研游戏工作室群。然而，从一开始，整个游戏行业就对谷歌的游戏野心不太乐观，因为近年来谷歌推出的新业务大多以失败告终。果然，经过大约两年的不成功运营，谷歌于 2021 年 2 月宣布关闭 Stadia 自研游戏工作室，但这并不意味着它将永久退出自研游戏——按照谷歌管理层的做事风格，在三五年内再次通过并购进军自研游戏是很有可能的。

➤ **奈飞**涉足游戏行业始于 2021 年，当年推出了五款基于自家影视 IP 的手机游戏，供视频付费用户免费游玩。进入 2022 年，或许是感受到了其他互联网巨头进军游戏行业的压力，奈飞成立了多个自研游戏工作室，宣称将"致力于开发一大批具备深刻感染力的原创游戏"。截至 2023 年初，奈飞已经发布了超过 50 款移动游戏；很可惜，其中尚未出现爆款产品，奈飞用户玩游戏的比例也仍然很低。但这不会影响奈飞管理层继续扩充自研游戏部门。

➤ **Meta** 为了实现其"元宇宙"愿景，在 VR 硬件和软件上积累了大量资源，其中也包括游戏开发。2019 年，它收购了风靡全球的 VR 游戏《节奏空间》；2021 年，又推出了自研的大型多人 VR 游戏 *Facebook Horizon*。很可惜，虽然投入巨大，但是 Meta 至今仍未建立起坚实的 VR 内容生态。此前被寄予厚望的 *Facebook Horizon*，截至 2022 年底的月活用户数仅有 20 万人，严重低于预期。看样子，扎克伯格若想实现元宇宙愿景，只能依靠办公功能而不是游戏内容。

➢ **微软**的游戏野心始于 20 世纪 90 年代初，比尔·盖茨一直有通过游戏主机占领用户客厅的想法。2000 年，微软推出了自己的 Xbox 主机，并在此基础上组建了一系列自研游戏工作室。在此后的二十年里，虽然微软的游戏主机一直只是行业老二，自研游戏业务也总是起起落落，但它还是坚持了下来。自 2018 年以来，微软在自研游戏方面投入了更多资源，内容精品率有明显提升；对 ZeniMax 和 Activision Blizzard 的收购则让它如虎添翼。在北美互联网巨头当中，微软的游戏业务无疑是最成功、最具战略价值的。

➢ **苹果**曾多次尝试做自己的游戏产品乃至游戏硬件。其中最大的一次尝试是在 1995 年，困境中的苹果联合日本万代推出了 Pippin 游戏主机，但是在全球仅仅售出了 4.2 万部。乔布斯回归苹果之后，立即叫停了游戏主机业务。库克接任 CEO 之后，将 App Store 打造为了全球最大的移动游戏渠道，还推出了 Apple Arcade 游戏订阅服务，但是始终没有展开游戏自研业务。这或许是因为手游厂商基本都是苹果的客户，苹果不希望与自己的客户竞争。

可以看到，在北美的一线互联网平台公司中，微软是唯一一家在自研游戏方面取得了重大成就、可以被视为"顶尖游戏开发商"的公司；但是，这种成就是以长达二十多年不计成本的投入带来的。平心而论，微软在游戏行业的最大优势，就是它有足够的钱、足够的耐心，能够承受其他巨头不敢承受的亏损。谷歌、亚马逊、Meta 对游戏行业的态度都是浅尝辄止，想押注赌一把，却又不愿意把赌注提得太高。由于谷歌的耐心最少，没有给自研游戏工作室足够的试错空间,所以游戏野心失败得也最快;亚马逊的耐心稍多一点儿,所以还存在打出翻身仗的可能性。相比之下,苹果坚持只做游戏渠道、不做自研和发行的策略,反而相当明智。

把目光转移到国内,情况又是怎么样的呢?毫不夸张地说,国内绝大部分互联网平台公司都尝试过做游戏,因为游戏被证明是一种高效的流量变现形式,平台公司在积累了一定用户量之后,自然会想到尝试做游戏。结果呢?并不太好。

> PC 时代的"四大门户",即**新浪**、**搜狐**、**网易**、**腾讯**,全部尝试过做游戏。其中,腾讯取得了巨大成功;网易也取得了成功,但是随着游戏业务的膨胀,平台业务变得无足轻重。搜狐取得了少量成功,游戏子公司单独上市,与平台业务分开。新浪则没有取得成功,在《天堂2》运营失败之后,退出了游戏业务。

> **百度**和**奇虎 360** 这两个在 PC 时代呼风唤雨的"昔日巨头",也曾经在页游、手游上展开过多次尝试,但从未成为主流游戏公司。2017 年,百度退出了游戏业务,不过后来又有重建游戏业务的尝试。奇虎 360 的游戏业务运营至今,不过收入规模很小。

> 在视频平台中,**爱奇艺**、**B 站**都尝试过做游戏:爱奇艺喜欢搞"影游联动",也有过《花千骨》这样的成功案例,但是总体上越来越不成功,逐渐被边缘化。B 站通过二次元社区氛围去做游戏发行;但是从 2019 年以来,B 站的游戏发行市场份额不断下降,至于自研游戏,则从未取得良好成果。

> **阿里巴巴**从 2014 年开始押注游戏行业,到 2019 年,终于做出了《三国志·战略版》这款 SLG 爆款;它的自研卡牌游戏《三国志幻想大陆》也取得了一些成功。阿里游戏能够打开局面,首先是依靠多年如一日的投入,其次是抓住了"SLG+大规模买量"这个黄金组合。不过,在两款"三国"题材游戏成功后,阿里尚未拿出其他爆款产品。

> **字节跳动**从2017年开始尝试做游戏，2019年以后不断加注，尤其是2021年收购沐瞳科技、有爱互娱。但是，除了《航海王：热血航线》之外，它还没有别的自研爆款。时至今日，字节跳动游戏业务唯一的成功希望在海外。

> **阅文集团**作为腾讯的控股子公司，也一直致力于进入游戏市场。其手中握有大量网文IP，在此基础上开发或外包了一批IP游戏，但至今也只有《斗罗大陆》取得了一些成功，而且持续性较差。

除了腾讯，想做游戏的互联网平台公司及其结局[1]

名称	时间段	主力产品	现状
新浪	2003—2008年	天堂2	已退出游戏业务
百度	2007—2017年	热血战纪、战佛、游仙、大闹天宫OL	已退出游戏业务
奇虎360	2006年至今	以页游及联运为主	少量产品仍在运营，但并非市场主流
爱奇艺	2010年至今	花千骨、琅琊榜：风起长林、灵域、楚乔传	仍在运营，但是"影游联动战略"已经被证明失败
陌陌	2013年至今	以社交游戏及小游戏为主	仍在运营，但用户和收入贡献极低
阿里巴巴	2014年至今	三国志战略版、三国志幻想大陆	在SLG品类取得了一定的成功
哔哩哔哩	2016年至今	Fate/Grand Order、碧蓝航线、公主连结	发行业务取得了一定成功，但在自研方面始终没有拿出爆款产品
字节跳动	2017年至今	航海王：热血航线	仍在摸索，虽然媒体经常宣称字节跳动游戏即将颠覆腾讯
阅文集团	2018年至今	斗罗大陆	仅仅在一款产品上取得了有限的成功
快手	2019年至今	暂无	仍在摸索，与游戏直播业务配合作战

（资料来源：公众号"互联网怪盗团"）

即便是腾讯这个独一无二的特例，其游戏业务的成长也带有很大的运气因素：如果在2007年它没有拿到《地下城与勇士》的代理权，2011年没有适时收购《英雄联盟》的开发商拳头游戏，那么它是不可能成为中国网游行

---

[1] 网易和搜狐已经从平台公司蜕变为典型的内容公司，所以不再列入此表。

业霸主的。腾讯游戏业务的发展几乎踩对了每一个时间节点，其战略并购能力也为游戏业务带来了极大加成；后来的字节跳动、B站、快手等平台公司就没有这么好的运气了，也就没有复制腾讯的特例。

那么问题来了：为什么互联网平台公司在具备巨大资源优势的情况下，还是难以做好游戏内容？因为从根本上讲，平台公司与内容公司的经营逻辑是矛盾的。平台公司必须是快公司，以最快速度、不惜代价地建立规模效应和网络效应，排名第一和排名第二的差异极大，一步走慢了就会步步走慢。内容公司往往是慢公司，优质内容不但需要钱，还需要时间和正确的人；第一步慢了可能无所谓，慢工经常能够出细活。在做平台时养成的很多企业文化、组织手段、评测机制，在做内容的时候不但毫无用武之地，甚至可能带来副作用。

在腾讯、微软、索尼等极少数做成了内容业务的平台公司当中，游戏部门都严格独立于平台部门，前者从后者吸取养分，但是在组织和执行层面均享有很大的自由，不会受后者的干扰。我们可以认为，任何工业化的内容（游戏、影视剧、VR内容等）都需要以下各种因素的配合。

> 完美主义、思想偏激、语不惊人死不休的创作者。每个成功的自研游戏背后都有至少一个"不疯魔不成活"的策划者。如果不对自己的内容抱有强烈的使命感，是不可能做出优质爆款内容的。

> 具备高度纪律性和强大执行力的制作团队。游戏是一门高度工业化的内容生意，魔鬼全在细节之中。哪怕有一个天才的策划班底，若不能高效率、高质量地执行，也无济于事。

> 高层赋予足够的时间、足够的资源。这一点尤其重要。微软能在自研游戏上取得成功，而谷歌没有，是因为前者愿意二十年如一日地投入，而后者只投入了两年。要对游戏业务产生三分钟热度很容易，但要在发展不善的情况下忍耐三年以上就很不容易了。

第三章　内容产业的 Web 3.0 时代：最好的时代，最坏的时代

在 Web 2.0 时代成长起来的互联网巨头，显然不具备上述第一项条件，在第二项上的优势也不一定明显。不知道有多少天才的内容创作团队，在被互联网巨头收购或重金延揽之后，迅速陷入内部组织和 KPI 管理的汪洋大海，产生严重的"文化冲突"，丧失锐气乃至夺路而逃——在游戏行业和影视行业，这样的例子数不胜数。像微软这样的公司，由于管理层足够有耐心而具备了第三项条件，然后在漫长的发展历程中培养起了第一项和第二项条件；至于谷歌、Meta 这样的公司，恐怕连第三项条件也不具备，自然毫无胜算。

正因如此，像美国的 Take-Two、中国的米哈游这样富有原创性的游戏公司，一直非常珍视自身的独立性，与互联网巨头保持距离。在《原神》火遍全世界之后，财经媒体纷纷追问"为什么腾讯未能投资米哈游"，甚至认为"错过米哈游是腾讯最大的战略失误"。可是这些媒体没有意识到，米哈游不仅拒绝了腾讯的投资，也拒绝了一切互联网平台公司的投资，在天使轮之后还拒绝了一切大型投资机构的投资；独立于平台和资本之外，是米哈游得以保持耐心、做好产品的关键因素之一。假如米哈游在 2020 年之前就接受了任何一家互联网巨头的投资，那么毫无疑问，《原神》就不会是现在的《原神》了，关于米哈游管理层和组织文化的一切佳话也很可能烟消云散。

那么新的问题又来了：既然互联网平台公司的组织文化与内容公司格格不入，为什么前者还要前仆后继、不惜代价地进军后者的领域？其实，不论在资本市场，还是在互联网巨头内部，对于进军内容产业的质疑之声一直不绝于耳，真心赞成的反而是少数。以微软为例，在现任 CEO 萨提亚·纳德拉（Satya Nadella）上任之前，微软自研游戏团队规模被持续削减，一度走到了存亡边缘，在纳德拉的力挺之下才坚持了下来；在微软宣布以天价收购动视暴雪之后，投资者的主流意见也是"这个价格太贵了"。谷歌、Meta、奈飞乃至国内的字节跳动，其内容战略也无不遭受着巨大的内外压力。就算顶着这么大的压力，互联网巨头还是要进军内容产业，原因无非以下两条：

第一，互联网平台的传统地盘，即所谓"消费互联网"，其高增长期已经接近尾声。2020—2022年的全球新冠疫情，是消费互联网最后的黄金时代，各项业务的用户渗透率和商业化均接近了上限。要维持下一阶段的增长，互联网巨头要么求助于云计算、大数据、企业软件等"产业互联网"业务，要么到内容消费赛道上碰一碰运气。公允地说，虽然内容开发很烧钱，毕竟没有产业互联网和基础研发烧钱——建设一个初具规模的公有云平台可能要花上百亿美元，但是做出一个有竞争力的类似ChatGPT的AI工具也至少要花几十亿美元；就算侥幸做成了，产业互联网的商业模式也还远远没有成熟，难以带来立竿见影的投资回报。

当微软豪掷687亿美元拿下动视暴雪时，它买到的是一家年营业收入75亿美元、月活用户3.9亿人（2022年数据）、手握十几款全球知名IP的内容公司。在亚马逊在影视业务年复一年投入数十亿美元巨资后，它收获了无数个艾美奖、上千万付费会员，以及人均每月数百分钟的观看时间。投资人可能会觉得性价比太低，可是这些效果至少是真实存在的。而且，与科技研发的日新月异不同，内容IP是越陈越香，哪怕是已经沉寂多年的IP也可能焕发第二春，相当于一张持续时间无限的看涨期权。从这个角度讲，押注于内容产业的风险虽高，但没有很多人想象中的那么高。

第二，互联网平台以前习惯了"挟渠道以令内容"，依托自身庞大的流量对内容开发商颐指气使，轻轻松松拿走产业链上的大部分利润；可是这一套现在玩不转了。在本书前面的章节中，我们反复强调过：现在的用户越来越成熟，现在的创作者的动员能力越来越强，尤其是头部创作者早已具备了与平台掰手腕的本钱。《原神》的划时代意义，就在于它上线初期绕过了几乎所有手机应用商店，仅仅依托官网和TapTap等独立渠道进行分发，而互联网平台对此毫无办法。既然头部内容方已经挣脱了平台的枷锁，今后平台从内容产业获得的份额就将大幅缩小，相当于丢掉了一只能下金蛋的金鸡。

那么，平台公司怎样才能把头部内容留在自己的体系内，从而继续分享内容产业的庞大利润呢？最好的解决方案是自己动手去做，更简单的方案则是砸钱收购。如此看来，互联网巨头对内容公司的投资并购，与其说是进攻性策略，不如说是防御性策略。这不禁让人想起在微软收购动视暴雪的分析师电话会议上，微软管理层强调："对于电子游戏这样一个庞大的消费市场，微软决不能缺席。"换句话说，微软认为如果不能积累足够的内容自研能力，不仅无法称霸游戏市场，还有可能面临出局的厄运——任何互联网巨头都不会允许这种事情发生！

在当前的时间点，互联网巨头深知自身在内容开发方面的天然弱点，内容公司也深知这一点。而且大家都知道，随着 Web 3.0、AIGC 等新技术的发展，平台公司相对于内容公司的弱点将越来越明显，其资源优势则将逐渐消失。因此，平台公司必须趁着优势尚在之时，尽快以各种方式建立强大的内容开发业务；内容公司则可以待价而沽、好整以暇。这既是近年来游戏行业出现并购风潮的原因，也是影视行业再次得到互联网巨头垂青的原因。

看到互联网巨头挥舞着大笔钞票，许多头部内容方会选择出售。但是，有些内容公司在任何情况下都不会出售，不仅是为了保持创作独立性，也是因为看到了更诱人的未来：再坚持若干年，头部内容公司的估值或许会超过一切平台公司，成为下一个时代的巨无霸。对于主流投资者而言，这种前景还是很难想象的，就像五十年前的人很难想象信息科技行业能成为全世界最重要的行业一样。在本章的最后一节，我们将深入探讨这种可能性：在 Web 3.0 和 AI 的加持之下，内容公司如何超越平台，成为新的千亿收入、万亿市值的公司？

时来天地皆同力：
Web 3.0 和 AIGC 如何造就万亿级别的内容公司

在本书第一章中，我们援引过未来学家凯文·凯利的名言，其要表达的意思是：作为一个成功的创作者，你不需要几百万粉丝，只需要几千个铁杆粉丝。

由此衍生出了风靡一时的"1000 个铁杆粉丝"的理论。不过，凯文·凯利同时还指出，要依靠 1000 个铁杆粉丝维持生计，必须满足两个条件：第一是每年要有源源不断的内容产出，第二是能够建立与粉丝的直接联系、直接从粉丝那里收到钱。

对于当代内容创作者来说，上述第一个条件不难满足，可第二个条件就很难满足了。各种各样的平台和渠道，不仅决定着消费者能接触到什么内容，还能决定内容的价格与分成模式。在 Web 2.0 时代，任何创作者的粉丝，同时也必然是某个互联网平台的用户；当创作者和平台发生矛盾时，粉丝真能放弃平台去追随创作者吗？那将意味着牺牲自己在平台积累的数据、历史记录乃至经济利益，恐怕连最"死忠"的粉丝也难以做出这样的抉择。

在 Web 2.0 的体系下，即便是头部内容方，若决定与平台决一死战，最好的结局也不过是杀敌一万、自损八千而已。2021 年 1 月 1 日发生了一件震惊国内游戏行业的大事：腾讯旗下的《王者荣耀》《和平精英》等一批游戏从华为应用商店全部下架，虽然几个小时之后又恢复上架了，但是腾讯与华为之间的矛盾由此彻底暴露出来。据媒体猜测，这很可能是因为双方就游戏流水分账比例问题没有达成一致。在这个情景中，腾讯游戏是内容方，而华为应用商店是平台方；事实证明，哪怕是《王者荣耀》这样的超级内容，在强势的平台面前也难以一硬到底。米哈游旗下的《原神》与平台的关系似乎更紧张一些，直到 2023 年初，它在国内的许多应用商店仍未上架。我们可以说，现在的优质游戏内容正在日益挣脱平台的枷锁，但是这个过程还远远没有完成。

游戏公司已经算是内容方当中规模最大、实力最强的一批了，如果连它们都尚未完全脱离平台的辖制，那么其他内容创作者就更不用说了。网文爱好者大概还记得 2020 年 5 月，阅文集团更换管理层之后，大批网文作者因为担心平台规则会转向对自己不利，发起了"五五断更节"（集体中断内容更新）等串联活动，有些资深作者还计划建立新的独立平台。幸运的是，阅文并没有调整平台规则，作者们的担忧得以逐渐缓解。不过，假设它真的做出了对作者不利的调整，作者的实际反抗能力也非常有限，最多是跑到竞争对手的平台罢了；要脱离平台去独立发布网文简直是痴人说梦。就像在中世纪的欧洲，农奴只能从一个封建主的领地逃往另一个封建主的领地，却决不能奢望跑到一片没有领主的自由土地上去。

因此，在内容创作者尤其是直播、短视频、知识付费等新兴赛道的创作者当中，"私域运营"成为一个热门名词。"公域流量"意味着平台掌控的流量，平台可以随意调整规则，把内容方玩弄于股掌之间，迫使它们不停地给平台缴纳"买路钱"；"私域流量"则是内容方可以自主掌控的流量，无论平台方怎么调整规则，一般都还能保持稳定。最常见的私域运营方法是把粉丝导向自己的微信群、QQ 群，以及绕过平台与粉丝进行经济交易。可以想象，大部分平台对私域运营深恶痛绝，虽然嘴上说着支持内容方建立自己的私域，实际上却竭力以各种方式切断私域流量。即使是在互联网平台反垄断的高峰期，这种对私域运营的限制也没有成为反垄断的重点，因为它太隐蔽了，内容方的损失又太容易被忽视了。

历史告诉我们，农奴若要逃离封建主的控制，唯一的办法是建立一个没有封建主的制度：要么打倒原有的封建主，要么转向海外寻求新大陆。前者需要付出的代价太沉重，后者则有赖于航海技术的进步——对于互联网时代的内容方而言，区块链就是"航海技术"，而 Web 3.0 就是"新大陆"。以 V 神为首的以太坊创始团队早在 2016 年就描述过这样的愿景：在 Web 3.0 时代，一切权力归属于内容生产者；平台精心打造的枷锁在无形之中被绕过，就像第二次世界大战中的马其诺防线一样。我们在前面的章节已经讨论过具体的实现方式。

➢ 用户数据的所有权从平台转移到了用户自身，导致平台对用户的掌控力大减。今后，当内容方与平台方发生矛盾时，用户完全可以对平台说"不"，带着自己的虚拟身份和数据一起迁移出去。当平台意识到自己无法在冲突中取胜时，它们就不得不向内容方做出更多让步。

➢ 同理，一旦内容方的数据上了区块链，平台方也就不可能对其进行"封杀"。就算在某个平台被禁止或限流了，内容方完全可以把自己"连根拔起"，带着全套数据和粉丝关系转移到别的平台，在此过程中既不会蒙受人气损失，也不会蒙受经济损失。

➢ 假如内容方真的想成立自己的"专属平台"，Web 3.0 向它们提供了足够强大的技术工具和变现手段。"死忠"粉丝肯定乐意从自己崇拜的创作者那里购买 NFT，或者直接对其打赏。

> 随着去中心化运动的推进，互联网社区的规则制定将不断趋于草根化，互联网巨头扮演的角色从"绝对君主"变成"立宪君主"，而具备强大动员能力的内容方则将像"民选议员"一样，不声不响地接过更多权力，从而把规则推向更有利于自己的那一边。

如果说 Web 3.0 是内容创作者的新大陆，那么 AIGC 就是帮助它们开垦新大陆的手段。学过世界地理的人都知道，北美大陆拥有全世界最宽阔的平原、最肥沃的土地和最大的淡水湖，可是在地理大发现以前，那里从未诞生先进的农耕文明。原因很简单：在缺乏铁制农具、大牲畜和水力磨具的情况下，土地的潜力很难被发挥出来。到了近代，在内燃机、铁路、化肥和大型工程机械的助力之下，北美发挥出了其农业潜力，上升为全球最大的农产品基地。一个没有经历过工业革命的新大陆，或许仍会比较重要，但不可能像今天这样重要。

在 AIGC 流行起来之前，多数内容方对于 Web 3.0 概念的态度是："很有趣，那又如何？"与 Web 2.0 相比，Web 3.0 给创作者带来更多的自由、更高的天花板，可是创作者往往不知道怎么运用自由，更不知道怎么达到天花板，就像中世纪农奴最关心的问题是如何填饱今天的肚子，而非如何享受明天的自由。在这种情况下，ChatGPT 的横空出世，足以让最保守的内容方也产生巨大的震动、看到新的希望；就像昨天刚刚发现新大陆，今天就发生了工业革命。

> 前文提到过，AIGC 将取代内容创作中的大部分标准化、工业化岗位，从而允许创作者聚焦于原创性工作。无论是对于大规模的头部创作者，还是小规模的垂类创作者，AIGC 的作用都是一视同仁的。只要创作者有才华，AI 就能在才华上施加杠杆，帮助他们飞得更高。

> 在诞生的短短几个月内，ChatGPT 已经充分体现了其对内容运营、客服等岗位的替代能力，而这恰恰能够补齐内容创作者急需的短板——接触客户、服务客户的能力。如果你要直接对接"1000 个铁杆粉丝"，仅依靠个人力量显然不够，依靠人力则过于昂贵。在 ChatGPT 量级的 AI 机器人普及之后，内容方将能够以极低的成本与粉丝对接，凯文·凯利的"1000 个铁杆粉丝理论"终于有了实现的可能性。

换句话说，Web 3.0 加强了内容创作者的"长板"，AIGC 则补齐了它们的"短板"。标准化、工业化水平以及运营、客服能力，在历史上一直是平台方的强项，ChatGPT 的诞生无异于给平台方泼了一头冷水，严重削弱了它们相对于内容方的议价能力。晚唐诗人罗隐在《筹笔驿》中有一句名句："时来天地皆同力，运去英雄不自由。"Web 3.0 和 AIGC 接踵而至，对于优秀的内容方而言是"时来天地皆同力"，对于平台方而言却不啻于"运去英雄不自由"。

在本书序章中，我们审视了乔治·卢卡斯和 J.K. 罗琳两个白手起家创造头部 IP、从而成为超级富豪的经典案例。尤其是 J.K. 罗琳的《哈利·波特》系列，对于出生在 20 世纪 80 年代至 21 世纪初的大部分人而言，都是其青少年时期难以磨灭的美好记忆。罗琳因此成为英国仅次于伊丽莎白二世女王的女富豪，但是很少有人意识到，她的财富其实是以很低的效率积累起来的。

首先，《哈利·波特》出版的年代，纸质书还占据着绝对主流，知识产权保护也还很不得力。当时社交媒体还没有普及，《哈利·波特》完全是依靠口碑效应逐渐流行开的，改编为其他媒体形式的探索展开得也比较晚。虽然上述弱点没有影响它成为风靡全球的头部 IP，但是其商业价值不可避免地被拖了后腿。

Pottermore 关闭之后，新成立的 Wizarding World 网站成为 J.K. 罗琳与哈利·波特粉丝沟通的主阵地，不过其影响力很有限

（资料来源：Wizarding World 官网）

其次，虽然《哈利·波特》的电影改编比较成功，但是游戏改编就差了很多。华纳兄弟为了配合电影上映发行了一系列《哈利·波特》IP 游戏，可惜制作质量欠佳，很快被遗忘在历史长河中。由于罗琳本人不懂游戏，难以推动游戏改编进程，直到最近几年才出现了《哈利波特：魔法觉醒》《霍格沃茨之遗》等商业化水平较高的《哈利·波特》IP 游戏。

第三，在 Web 2.0 时代初期，罗琳曾经积极拥抱互联网浪潮，成立了 Pottermore 网站，为粉丝提供《哈利·波特》IP 的背景设定等附加内容。可是因为内容质量良莠不齐，加上没有找到合适的变现模式，Pottermore 网站没有产生什么商业价值就关闭整顿了。这在很大程度上限制了罗琳对粉丝进行直接服务、直接交易的能力。

最后，罗琳本人相当关注社会话题，尤其是女权等性别政治话题，那是西方世界相当敏感的话题。因为在 LGBT 问题上频繁发表争议言论，罗琳的社交媒体账户频繁被封禁或限流，好莱坞片厂不得不与其"划清界限"，就连《哈利·波特》游戏改编也遭受了巨大的舆论压力。因为罗琳不愿意为了赚钱而放弃社会观念，《哈利·波特》的商业化潜力成为西方"政治正确"的牺牲品。

假设《哈利·波特》的诞生和走红晚了 25 年，直接被平移到今天，情况会有什么变化呢？应该承认，在过去 25 年中，游戏、VR 等内容产业有了很大的进步，《哈利·波特》被改编为这些内容形式的步伐可能大大加快，这是历史的必然，与 Web 3.0 和 AIGC 这两股浪潮无关。在我看来，Web 3.0 和 AIGC 真正能带来的改变在于如下方面。

> Web 3.0 将大大拓宽 J.K. 罗琳与粉丝接触的渠道，使其无须屈从于舆论压力。即便互联网平台和好莱坞片厂对她的社会观念不满，也无法对她进行封杀或排斥。作为全球最知名的作家之一，罗琳完全可以通过 Web 3.0 与粉丝直接沟通，乃至直接向其筹资进行影视或游戏内容的改编。

> 对于 Pottermore 这样的《哈利·波特》扩展内容而言，AIGC 将简化其创作流程、提高其质量底线，在文字和图片方面均能大幅提高效率；Web 3.0 则将为其提供潜在变现模式。罗琳可以考虑把《哈利·波特》的背景设定、衍生作品做成 NFT，乃至授权优秀的同人作者发行自己的 NFT，建立一个基于《哈利·波特》的虚拟资产品类。

> 在反盗版方面，Web 3.0 亦能发挥举足轻重的作用——要知道，知识产权保护和侵权溯源本来就是区块链的重要应用方向。虽然区块链不能取代法治，但它能显著降低调查取证和诉讼的成本，让各类内容创作者在盗版面前多一层保护。附带说一句，AI 主导的大数据分析在版权保护方面也能发挥一定的作用。

在互联网发展的初期、就连 Web 2.0 也才初具规模的年代，乔治·卢卡斯建立了一家价值 40 亿美元的影视公司，而 J.K. 罗琳依靠写书成为十亿富翁。在 Web 2.0 的极盛时期、Web 3.0 和 AIGC 初具规模的时代，Epic Games 和米哈游这样的顶尖内容公司成长到了数十亿美元收入、数百亿美元市值的规模。既然如此，那么在 Web 3.0 和 AIGC 成熟的年代（或许就是五至十年之后），内容公司又将达到什么样的高度？下一代世界首富会不会是某个游戏制作人、电影制片人，乃至畅销书作家、商业画家？又或者在技术进步的推动下，各种内容形式会汇合成一种全新的内容（或许就是目前人们所说的"元宇宙"），这种内容的创作者将积累惊人的财富，远远超过今天最疯狂的投资人的梦想？

一切皆有可能。与其说内容公司的上限取决于它们自身的努力，倒不如说取决于人类历史的进程。幸运的是，从当前的形势看，历史站在它们那一边，而且最激动人心的时刻尚未到来。

第四章

"帝国"反击：
互联网巨头为新时代
进行的备战

大势：站在十字路口的互联网行业

- Web 3.0 去中心化，AI 再次中心化？

- IBM vs OpenAI：AI 科技"两条路线"的斗争历史

- 谷歌 vs 亚马逊：两大消费互联网巨头的转型军备竞赛

- 进军线下：互联网巨头的最终命运是变成实体企业？

- 中型互联网平台：转型、整合，或是坐以待毙

Web 3.0 去中心化，AI 再次中心化？

迄今为止，本书对互联网平台公司的观点基本上是悲观的。然而，Web 3.0 不是主宰未来科技行业的唯一一股力量。在 ChatGPT 流行起来之后，我们甚至无法断定对于未来而言，Web 3.0 和 AI 哪个更重要、影响更深远。

从任何角度看，Web 3.0 都是完全"去中心化"的：没有权威，没有中央节点，没有唯一的评判者。而 AI 的情况就要复杂得多。无数人都在问："在本质上，AI 到底是中心化的，还是去中心化的？"这个问题可能还要被争论几十年，因为它根本没有标准答案。在 AI 这个庞然大物面前，人类无非是在盲人摸象，每个人摸到的部位都不太一样。

"去中心化"的支持者会争辩说：从一开始，AI 就是 Web 3.0 不可或缺的基石，因为没有 AI 就没有智能合约，而 DAO、DApp 完全是建立在智能合约基础上的。AI 越是进步，智能合约就越有用，DAO、DApp 能完成的任务也就越多。既然 ChatGPT 已经能够基本理解人类的自然语言，那么今后的智能合约就可以引入模糊的、基于自然语言的判断，做到"像人类一样理解人类行为"。到了那时，人类与智能合约打交道，就像与自己的同类打交道一样顺畅、自然，DAO 将顺理成章地取代包括互联网平台在内的一切传统组织，成为人类社会的核心。

如果你认为上述场景太理想化、离现实太远，那么只需要回想一下无人零售行业的发展轨迹就知道了：自动售货机被认为是一切智能合约的雏形，虽然它仅仅是基于简单的自动化技术而不是 AI 技术。随着物联网、AI 和生物识别技术的进步，无人零售逐渐从一种噱头上升为零售行业的主流方向，亚马逊已经在美国开设了数百家无人超市（无营业员超市）。或许有一天，大家都会习惯于在没有店员的超市购物，拿起商品直接走出大门——把这幅场景扩大到每个行业，就是智能合约全面普及之后的人类社会，一个去中心化的 Web 3.0 理想国。

然而，"中心化"的支持者会反唇相讥：**别忘了 AI 技术是谁研发的，训练 AI 的数据又是由谁提供的！**开发 ChatGPT 的 OpenAI 实验室，早在 2019 年就接受了微软的 10 亿美元投资，2023 年又接受了微软高达 100 亿美元的增资。ChatGPT 的数据训练工作大部分是在微软运营的 Azure 云上完成的。在 OpenAI 的早期投资人当中，不乏特斯拉创始人艾隆·马斯克、领英（LinkedIn）创始人里德·霍夫曼等科技界大佬，今后实验室不排除会接受更多科技巨头的投资。这些巨头投资 AI 技术是为了搞"去中心化"吗？只有最天真的人才会这么认为。

ChatGPT 的潜在竞争对手同样来自互联网巨头——别忘了，美国的"机器学习四巨头"是微软、谷歌、亚马逊、Meta。在微软拔得头筹之后，后面三家均在跃跃欲试，其中谷歌在 2023 年 2 月就推出了自家的 Bard AI 应用程序。在中国，百度、阿里、字节跳动、京东等互联网平台公司均表达了打造"中国版 ChatGPT"的兴趣。考虑到机器学习训练所需要的庞大预算和海量数据，中小型企业和创业型公司注定无法承担，AI 技术的核心推动力还是现存的科技巨头。

OpenAI 创始人、CEO 山姆·阿尔特曼（Sam Altman），曾任创业孵化机构 Y Combinator 总裁

（资料来源：TechCrunch）

至于 AI 的应用方向，完全可以是"中心化"的，甚至比现在的互联网更"中心化"：微软、谷歌和百度均公布了将 AI 聊天机器人整合进搜索引擎的计划。长此以往，搜索引擎返回给用户的可能就不是一大堆答案，而是 AI 整合过的"唯一正确答案"。在未来某个时间点，AI 助手甚至可以自动整合一切形式的互联网信息，向用户提供"量身定做"的信息套餐，这就好像根据每个用户的偏好定制一份报纸、一个电视台。如此强大的 AI 助手，如果掌握在互联网平台公司手里，那显然将进一步加强而不是削弱它们的中心地位。

由此产生了一个有趣的局面："去中心化"和"中心化"两条路线的拥趸，都在真诚地为 ChatGPT 喝彩，希望 AI 技术尽快替代大部分传统人力，因为他们都觉得这样的变化有利于自己一方。这何尝不是人类历史的常态？每当一种革命性的技术走上历史舞台，每个利益相关方总能找到有利于自己的一面，并且真诚地希望这一面成为主流。可惜的是，在历史转折的关键时刻，个人意愿往往没有任何意义，因为历史进程是由客观规律决定的，而我们只有到了事后才能看清一切。

站在投资人的角度，AI 当然是一种比 Web 3.0 更主流、更普适的投资主题，因为后者存在太多的灰色地带。所以，Web 3.0 征服全球投资行业花了将近十年时间，ChatGPT 却只花了两个多月。不过，真正的顶级投资人都是两头下注，不会因为个人信念而偏向任何一方——最典型的例子是艾隆·马斯克，一边身体力行地炒加密货币，宣称要把推特打造为 Web 3.0 应用，一边对 OpenAI 进行大笔投资。其实，我们当中的大多数人只要具备足够的资本，大概也会选择两头下注。

无论是对于 Web 3.0 还是 AI，最大的不确定性都来自监管者。近年来，全球主要经济体对 Web 3.0 的监管正在逐渐形成成熟框架，2022 年 10 月，香港特区发布的《有关香港虚拟资产发展的政策宣言》就是这种监管框架的一个缩影。至于 AI，在传统上并不是各国监管部门特别担心的领域，它们最多会对 AI 训练使用的数据进行一些限制。可是 ChatGPT 的功能和应用范围远远超过了以前的 AI 应用，从而给监管者制造了无穷多的新麻烦。至于 Web 3.0 和 AI 的深度融合，肯定还会创造许多前所未有的新场景。在历史上的大部分时期，相对于技术进步，监管的进化都是滞后的。而在 Web 3.0 和 AI 问题上，监管的滞后程度可能更大，监管部门对于形势的认知也可能出现明显的偏差。

因此，在"中心化"和"去中心化"各占一边的天平上，监管者的态度可能成为至关重要的砝码。各国监管部门对互联网巨头都抱有警惕和限制的态度，如果 AI 会进一步加强后者的优势地位，前者必然不会坐视不管。可是如果要扶持 Web 3.0 去瓦解互联网巨头的优势，又会对金融系统、商业系统，乃至整个法律体系带来难以估量的冲击。前门有虎，后门有狼，走哪一条路都不像是安全的选择，原地止步更不像是安全的选择。

Web 3.0 的铁杆支持者大概不会过于担心监管问题，因为在他们脑海中，去中心化理念最终是要颠覆整个传统社会的，凡是"中心化"的监管体系均在破除之列。即便美国和中国这样的大型经济体推出更严格的政策限制，Web 3.0 圈子的大佬们也可以在新加坡等地方找到监管"空隙"，静待有利的时机出现。反过来讲，互联网巨头若想大幅推进 AI 应用，绝不可能离开监管部门的支持——AI 对数据的使用、对人力的替代、对专业性领域的渗透，无不需要监管者的许可（至少是默许）。

没有人能预测短期将发生什么，至于长期将发生什么，很大程度上取决于你对"长期"的定义。我的观点是，在 Web 3.0 和 AI 两种力量的共同推动下，历史的发展方向将在"去中心化"和"中心化"之间反复震荡多次。

> ➢ 在未来数年之内，微软、谷歌这样的互联网巨头就能在自家的核心应用里融入类似 ChatGPT 这样的技术，从而加强自身的统治力。但是，监管部门几乎一定会出手限制它们，把"中心化回潮"限制在一定范围之内。

> 再过一段时间，AI 技术的先进成果将被 Web 3.0 开发者彻底吃透，并在智能合约中得到广泛应用，从而大大提升"去中心化"对普通用户的吸引力。那将是 Web 3.0 真正走进千家万户、主宰人类日常生活的时刻。

> "中心化"和"去中心化"哪一方能笑到最后，取决于谁能掌握 AI 基础研发的主动权。目前，主动权掌握在科技巨头及其孵化的创业公司手中，但这种情况可能会改变，因为 Web 3.0 圈子里也人才济济、不缺资本。只要 Web 3.0 积累了足够的普通用户，互联网巨头就不再能垄断至关重要的用户数据，天平很可能最终摆向"去中心化"一边。

上述震荡很可能成为人类历史上最重要、最激动人心的一段历程。生逢此世，我们大家都获得了坐在前排观看大戏的特权，这种特权可不是每一代人都能看到的。与其急于判断谁将取胜，倒不如抱着开放的心态，认真观看这出大戏，或许其精彩程度会远远超过上一出 Web 2.0 时代的大戏。

IBM vs OpenAI：
AI 科技 "两条路线" 的斗争历史

人类对 AI 的研究远远早于 Web 2.0 时代，甚至早在互联网诞生之前就已颇具规模。回顾历史，我们会发现一个趋势：AI 研究的火炬，曾经掌握在 IBM 这样的"产业级"科技公司手中，可是随着时间推移，逐渐转移到了"消费级"科技公司（尤其是互联网公司）手中。根据一般人的刻板印象，机器学习这样的"黑科技"，应该是由一群"两耳不闻窗外事"的博士在一尘不染的实验室当中研究出来的，与消费互联网完全不是一回事——可惜，这种刻板印象至少过时了 20 年。

IBM 是中国人非常熟悉的一家信息科技公司。它不但主宰了计算机行业在 PC 出现之前的历史，而且亲手开创了 PC 产业。虽然在 20 世纪 80 年代一度陷入危机，但是从 20 世纪 90 年代开始，IBM 在路易斯·郭士纳（Louis Gerstner）的领导之下成功回到了一线巨头的位置。IBM 对人工智能的投资可以上溯到 20 世纪 90 年代，很多人至今还记得"深蓝"超级电脑在国际象棋比赛中击败人类的报道。直到今天，在所有关于人工智能的教科书中，"深蓝"都是绕不过去的一页。21 世纪 10 年代，IBM 又推出了 Watson 这个基于自然语义的人工智能解决方案，试图以此为支点彻底改造人类的商务和政务活动。请注意，当 IBM Watson 投入使用的时候，OpenAI 实验室甚至尚未成立，而谷歌、亚马逊的 AI 研究也才刚刚起步！

历史跟 IBM 开了一个莫大的玩笑：在 AI 赛道上领先了近 30 年的 IBM，却在其寄予厚望的 Watson 身上输了个底朝天；与此同时，谷歌、亚马逊等消费互联网巨头，以及微软这个横跨产业端和消费端的综合性巨头，却取得了一个又一个胜利。2016 年，谷歌旗下的 AlphaGo 成为第一个击败人类围棋世界冠军的 AI 应用；2022 年，微软投资孵化的 OpenAI 推出了划时代的 ChatGPT。毫无疑问，IBM 彻底将 AI 研发的主导权出让给了生机勃勃的互联网平台公司，自己只能屈居于局部的技术解决方案领域。其实，IBM 的下场还算不错了，因为其他"产业级"科技公司，不管是硬件公司还是软件公司，几乎都早已退出了 AI 研发的第一梯队。

传统科技公司与互联网公司在人工智能领域的此消彼长，原因固然很多，但最根本的原因有两个：第一，前者没有找到最合适、性价比最高的应用场景，而后者找到了；第二，前者没有掌握用于训练 AI 模型的海量用户数据，而后者掌握了。因此，微软、谷歌、亚马逊等互联网巨头是在沿着阻力最小的路径前进，基础研发和应用之间形成了良性循环；而 IBM 的惊世豪赌则以惨败告终。公允地说，这是一场不公平的交易，传统科技公司从来就没有真正接近胜利，只是看到了胜利的假象罢了。这一点从 IBM Watson 的兴起和衰落当中可以看得很清楚。

早在 20 世纪 90 年代后期，当机器学习第一次成为学术界的热门话题时，IBM 就敏锐地捕捉到了其中蕴含的机会，参与并主导了一批早期研究项目。2006 年，IBM 正式启动了 Watson 项目，目标是在自然语义下实现复杂的人机问答。也就是说，用户可以以日常语言向计算机提问，无须将其转换为代码，即可获得专业的、可理解的回答——这在当时是不折不扣的"黑科技"。2011 年 1 月至 2 月，IBM Watson 取得了一个万众瞩目的开局成果：在美国历史最悠久的电视智力竞赛节目"Jeopardy!"当中，它击败了两位人类冠军，并获得了 100 万美元的大奖。同年，IBM 宣布 Watson 已经达到了医学院二年级学生的知识水平（有趣的是，整整 12 年以后，ChatGPT 也达到了类似的知识水平）。

雄心勃勃的 IBM 决定利用 Watson 改造整个西方世界里最复杂、资源浪费最多的行业——医疗，而且一上来就聚焦于难度最高的癌症诊疗。2013 年，包括德克萨斯大学 MD Anderson 癌症中心在内的三家大型医疗机构与 Watson 签约合作；IBM 市值的历史最高点，也恰好出现在那一年（比现在高 25%左右）。2015 年，Watson Health 正式成为 IBM 旗下的一个独立部门。同一时期，Watson 在教育、交通、工程、政务、天气预报等领域也得到了一定的应用。不过，所有人都知道，IBM AI 应用的成败基本取决于癌症诊疗——在这方面表现好了，在其他方面就会兵不血刃地赢得竞争。换句话说，癌症诊疗既是 IBM Watson 的初战，也是决战。

IBM Watson 医疗解决方案的兴起与衰落

时间	重要事件
2006 年	IBM Watson 开始内部测试
2011 年	Watson 在"Jeopardy!"知识竞赛中击败人类选手，IBM 宣布 Watson 达到医学院二年级学生的知识水平
2012 年	Watson 开始应用于癌症诊疗等复杂医疗场景
2013 年	至少三家大型医疗机构宣布与 Watson 签约，将其应用于癌症的研究和治疗工作
2015 年	Watson Health 正式成为 IBM 旗下的独立部门和品牌
2016 年	Watson 的癌症治疗版本开始在印度投入应用
2018 年	与 IBM 合作多年的 MD Anderson 癌症中心发表论文，指出 Watson 的癌症治疗建议不尽如人意，大批医疗机构客户开始与 Watson 解约
2019 年	*IEEE Spectrum* 刊发文章：《IBM Watson 在医疗领域承诺得太多，做到的太少》
2022 年	IBM 将部分 Watson Health 业务资产出售，声称今后将聚焦于"混合云和 AI 策略平台"

（资料来源：公司新闻、IEEE、MD Andersen、公众号"互联网怪盗团"）

然而，IBM Watson 此后的历史，给"技术泡沫"这个词做出了最佳注解。从 2018 年开始，每年都有大批医疗机构与 Watson 解约；2019 年，*IEEE Spectrum* 上发表了一篇文章，详细论述 Watson 为何不能完成自己的承诺；2021 年，

IBM 终于决定出售 Watson Health 的大部分资产，由于买家兴趣平平，直到 2022 年才完成出售。综合来看，Watson 的失败完全是可以理解的。

> **对癌症的治疗建议效果不佳。** 具体而言，Watson 的治疗建议与人类专家的治疗建议一致性较低，导致许多医院拒绝采信。当然，人类专家的建议未必就是对的，可是在癌症治疗这种大事上，没有人敢轻易用人工智能否定人类专家。此外，Watson 的适用场景有限，只对肺癌等常见癌症有比较高的治疗精度。

> **无法融入已有的医疗信息和数据系统。** 在 MD Anderson 癌症中心，Watson 甚至无法接入电子病历系统；在英国，Watson 也经常无法读取实际病历。原因一方面在于监管（保护病人隐私），另一方面在于医疗系统的复杂性。因此，让 Watson 接入所有医院的医疗信息和数据系统简直是难于登天！

> **无法直接代替医生的劳动。** Watson 的设计初衷是减轻医生的工作负担，但由于技术和伦理的双重原因，它无法代替医生发表诊断意见，只能为医生提供参考。结果，在许多医院，Watson 沦为昂贵的"年轻医生培训系统"，资深医生的工作量并未得到很大缓解。

说到底，IBM 选择医疗作为突破口，本来就错了，因为医疗涉及太多既得利益，又涉及太多伦理问题；选择癌症诊疗作为细分市场突破口，更是大错特错，因为医疗机构对于癌症这种重症的治疗手段必然是非常保守的，很难相信人工智能技术。选择以自然语义提供癌症诊疗建议，更是人为增加难度，妄想一步登天。因为医生和癌症患者在治疗过程中使用的语言，与普通用户日常使用的语言可能有天壤之别，难度完全不可同日而语。结果就是直到 2020 年，医疗机构仍然在抱怨 Watson 对日常语言的理解能力不足！

无法接入医疗信息和数据系统，对于 IBM 这样的"产业级"科技公司而言是一个死穴。如果谷歌、亚马逊这样的"消费级"互联网公司遇到这样的问题，还可以借助自己掌握的庞大用户数据做一些弥补——谷歌可以把自家搜索引擎上关于癌症的数据"喂"给 AI 模型，亚马逊则可以利用自家电商平台上一切与癌症相关的商品数据。至于微软，它既有搜索引擎 Bing，又有求职社区领英，还通过 Azure 云对接了大批医疗机构，因而可以从消费端和产业端同时获得宝贵的数据。反观 IBM，只能通过效率极低的人工方式，一个一个说服医疗机构允许其使用医疗数据——这怎么可能成功？

在癌症诊疗上遇到瓶颈之后，IBM Watson 能不能回头在其他更简单、更容易做出成效的赛道上做些尝试呢？很遗憾，"产业级"科技公司的弱点在此暴露无遗：因为在医疗这个标杆产业，Watson 的成绩没有达到预期，因此，其他产业客户也不敢信任 Watson；消费级业务本来可以成为一根救命稻草，可是 IBM 几乎没有消费级业务！况且，即便有产业客户愿意冒着巨大风险信任 Watson，IBM 也不一定能获得足够的用于训练的专业数据。就拿 IBM 一度抱有希望的交通行业来说，IBM 旗下既没有地图服务，也没有基于地理位置的生活服务，那么 Watson 要如何理解交通行业面临的问题呢？

IBM 对 Watson 从希望到绝望的全过程，形象地体现在其年报中：2012 年仅提及 8 次 Watson，此后逐年剧增至 2016 年的 131 次，然后又一路回落至 2021 年的 6 次。值得一提的是，2020 年 Watson 有过回光返照的势头，可那是由于疫情期间美国个人用户大量使用 Watson 语音助手所致，与"高大上"的医疗服务没有关系。这不禁令人畅想：如果 IBM 像苹果或微软那样，拥有庞大的消费级智能硬件业务，并在智能硬件上加载 Watson 助手，说不定 Watson 就找到出路了呢！可惜历史不容假设，当 IBM 在 2012 年选择"高大上"的医疗行业作为突破口时，一定没有想到看似"低门槛"的智能语音助手可以成为胜负手。

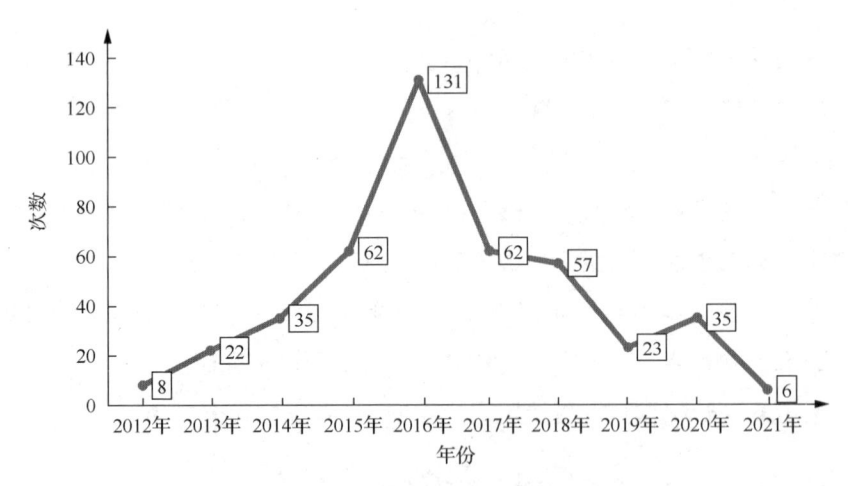

```
次数
140 ┤
120 ┤           131
100 ┤
 80 ┤
 60 ┤       62    62  57
 40 ┤    35              35
 20 ┤ 22              23
  0 ┤8                      6
    2012 2013 2014 2015 2016 2017 2018 2019 2020 2021
                        年份
```

IBM 年报中提到 "Watson" 的次数
（数据来源：公司财报、公众号"互联网怪盗团"）

假如 IBM 没有选择医疗这个极难改造的行业作为突破口，而是从一开始就聚焦于教育、交通等相对容易改造的行业，或许 Watson 的命运会大不相同。换一个角度想，IBM 可不可以把 Watson 做成纯粹的消费应用，例如智能家居产品或智能机器人？毕竟，"自然语义识别"对消费者有很强的吸引力，即使是 Siri 和 Alexa 这种智能语音助手都能赢得用户青睐，何况是水平更高的 Watson？可惜，历史不容假设。好高骛远、一味追求改变人类历史的结果，就是成为人类历史的笑料。

附带说一句，以今天的眼光看，Watson 在算法技术上也是比较落后的，远远无法与 GPT 相提并论。对于这一点，从事机器学习相关工作的朋友应该很容易理解。然而，这并不意味着 Watson 从一开始就注定要失败——如果它能产生足够的利润，对基础研发构成反哺，那么 IBM 总有一天能够开发出更先进的机器学习算法。对于科技大厂而言，依托资源优势反复试错、多方下注，才是取得技术突破的常态。可惜的是，Watson 并未为 IBM 带来足够的资源优势。

在 Watson 黯然退出舞台中央的同时，ChatGPT 正在冉冉升起，其背后的 OpenAI 实验室也在人工智能赛道上取得了远高于 IBM 的地位。回首

OpenAI 实验室的成功之路，除了研发团队的能力，我们还可以总结出三个不可或缺的外部因素。

> 微软 Azure 云提供的计算和存储资源，以及专门为 OpenAI 进行的技术改良。如果离开了微软的全力支持，改用第三方云服务，对 ChatGPT 进行训练的费用可能是天文数字，没有投资人敢于承担。

> 来自多家消费互联网公司的数据支持。OpenAI 的创始人之一，同时是硅谷知名风险投资机构 Y Combinator 的创始人，还曾投资了 Airbnb、DoorDash、Dropbox、Quora、Twitch 等一系列成功的互联网平台，其中很多都与 OpenAI 实现了数据互通。当然，这些数据必须脱敏并严格限定使用范围，才能作为 ChatGPT 的训练材料。

> 即时而广阔的应用场景，以及在此基础上的变现潜力。在 ChatGPT 问世两个月内，主要投资方微软就宣布将在 Bing 搜索引擎和 Office 办公套件当中植入其功能。虽然 ChatGPT 的大规模应用还存在许多技术问题，但是能够迅速投入商业场景无疑是一个重大利好，说明 OpenAI 实验室已经非常接近自给自足了。

不难发现，上述三条优势几乎全部属于互联网平台公司，其中既包括消费互联网平台，也包括横跨消费和产业互联网的综合性平台，偏偏完全不属于传统科技公司。可惜的是，自从 2005 年出售 PC 业务以来，IBM 基本失去了消费级业务，也就失去了对消费市场的感知。IBM 从来没有认真地在零售、家电等消费行业推广 Watson。2017 年，IBM 收购了一家广告代理公司，企图利用 Watson 指导广告投放——可是与谷歌、Meta 高度成熟的精准投放技术相比，IBM 又能有什么优势？就算 IBM 想把 Watson 技术带进千家万户，也要首先找到一个消费互联网巨头作为合作伙伴。附带说一句，IBM 可能是历史上所有信息科技巨头当中，唯一一家从未认真考虑开展任何消费互联网业务的公司。这种"只做 B 端、不做 C 端"的战略在 20 世纪大致上是成功的，而在 21 世纪则成为一种脱离现实的失败战略。

由此可见，微软在 2007—2014 年的困难时期，坚持不放弃消费级业务，反而一次又一次对智能硬件市场和娱乐内容市场发起冲击，是何等高瞻远瞩！那是进入 21 世纪以来微软与 IBM 市值差距最小的时期，也是两家巨头走上根本性道路分歧的时期。到了 2014 年萨提亚·纳德拉（Satya Nadella）接任微软 CEO 之后，微软一方面大力发展云计算，一方面继续加码游戏和平板电脑等消费级业务；2015 年，微软成为 OpenAI 的初期投资人，而 IBM 正式成立了 Watson Health 事业部。因此，"IBM vs OpenAI" 的路线之争，归根结底是 "IBM vs 微软" 的路线之争。

现在大家看到了，在这场路线斗争之中，微软取得了全胜。微软的胜利也让谷歌、亚马逊等竞争对手看到了希望——它们也拥有强大的云计算业务和海量的用户数据，当然可以期待孵化出一个属于自己的 "OpenAI"。相比之下，像苹果、Meta 这样不具备云计算业务的互联网巨头，要推出类似 ChatGPT 的技术解决方案就困难得多。如果 ChatGPT 引领的潮流继续发展下去，今后不排除会出现一种战略性的利益交换：苹果、Meta 等巨头用自己掌握的海量用户数据，去交换微软、亚马逊、谷歌等巨头的云计算资源，从而补齐短板。在这种利益交换体系中，微软、亚马逊、谷歌显然会处于优势地位，因为它们既不缺乏云计算资源，也拥有庞大的自有数据，故而在讨价还价的过程中可以游刃有余。

如果我们再多回顾一点历史，就会进一步发现：微软 Azure 云的成功，堪称近年全球科技产业最大的奇迹之一。在 2014 年纳德拉上台之前，亚马逊旗下的 AWS 独占全球公有云市场的第一梯队，竞争壁垒相当稳固；而 Azure 云仅仅是第二梯队的诸多成员之一，与谷歌 GCP、Oracle 和 IBM 相比没有什么优势。到了 2023 年，Azure 云的收入规模已经达到 AWS 的 60%，而且差距还在不断缩小。毫不夸张地说，假设没有 Azure 云，现在的微软不会比 IBM、Oracle 好到哪里去；假设 Azure 云没有带来这么高的收入和利润，微软也不会有足够的资金可以继续在游戏行业、智能硬件行业冒险。Azure

云是微软重返全球市值第二（甚至一度超过苹果，重返第一）的决定性因素，没有之一！

在业务层面，Azure 云除了养育出强大的 OpenAI 实验室、帮助微软拿到 AI 时代的头等船票，还对微软的游戏业务构成了一定的战略协同。随着时间推移，这种战略协同的作用可能会日益明显。熟悉游戏行业的人都知道，直至今日，游戏产品的分发渠道还是被割裂为主机端、PC 端和移动端三大分支，而云游戏的普及可能彻底打破各个渠道之间的壁垒，引向真正的"跨平台游戏时代"。任何厂商若想做好云游戏，都需要同时具备强大的云计算资源，以及面向消费者的强大号召力——若没有前者，就不足以提供高质量的云游戏服务；若没有后者，就不足以说服数以亿计的玩家改变过去多年的消费习惯。问题在于，有哪些厂商同时具备上述两个条件呢？此时此刻，答案好像只有微软。

因此，在微软宣布收购动视暴雪的投资者电话会议上，微软管理层毫不讳言：本次收购最大的价值是将动视暴雪的经典游戏 IP 融入微软的 XGP（Xbox Game Pass）游戏会员体系，而 XGP 的最终目标是提供跨平台的云游戏服务。如果有一天，《使命召唤》《魔兽》《暗黑破坏神》的新一代产品从发布之日起就由 XGP 免费提供，甚至变成 XGP 独占，那对于微软在游戏业务上的老对手索尼、任天堂而言，不啻为灭顶之灾。可是对手又能拿出什么反击措施呢？要知道，索尼自家的云游戏服务 PSN（PlayStation Now），竟然跑在微软的 Azure 云上，因为索尼缺乏自建云服务的能力！

如果没有云计算市场的领导地位，即便微软愿意在游戏业务上继续投入，也不可能有很大的胜算。换一个角度，如果 Xbox 云游戏服务成为市场主流，就将为 Azure 云服务创造更多的内部及外部需求，从而帮助其进一步缩小与 AWS 的差距。现实就是如此奇妙，"为企业按需提供计算能力"与"占领消费者的客厅"，两个看起来毫不相关的愿景，却产生了真实而深远的协同效应！再过五到十年，或许微软真能建立一个从内容到基础设施全面一体化的游戏帝国，那将是史无前例的。只有当这一幕成为现实之时，投资者才会深切理解：从比尔·盖茨到史蒂夫·巴尔默再到萨提亚·纳德拉，微软连续三代 CEO 死磕游戏行业的用意何在。

微软 Azure 云的成功，促使谷歌摩拳擦掌、跃跃欲试，企图让自家的 GCP（Google Cloud Platform）复制前者的成功轨迹。遗憾的是，截至 2022 年底，谷歌云服务的收入规模仍只能达到微软的一半左右、亚马逊的三分之一，在技术和产品上也没有什么特别的亮点。因为微软在云计算领域有一项非常重要的优势，是谷歌甚至亚马逊都不具备的，那就是微软在企业客户当中根深蒂固的影响力。

> 在 PC 时代，微软的软件产品深深影响了几乎所有主流企业客户，其影响力不仅体现在操作系统这样的"基础层"，也体现在办公、企业管理、应用开发、信息安全等"应用层"。选择 Azure 云，就意味着将整个微软软件生态平滑地迁移到云端。这对于那些历史悠久、不想重新部署软件解决方案的大中型公司尤其有吸引力。微软成功地将企业客户对自身软件产品的依赖，转化为了对 Azure 云的依赖。

> 由于微软的整个组织架构（包括但不限于销售部门）都是以服务企业客户为核心的，尤其是在北美和欧洲，微软非常熟悉企业想要什么、如何分配预算、如何做出 IT 采购决策。企业客户的决策往往比消费者更慢、更谨慎，它们更关心可靠性，对后续服务的要求更高。而且一旦做出决策，就带有很强的惯性。对于服务这类客户，微软的经验和技巧要远远强于绝大多数消费互联网公司。

在微软 Azure 云的竞争对手当中，亚马逊 AWS 虽然没有对企业客户的历史积累，但是其先发优势过于明显，而且销售团队十分强大，所以仍然维持着市场领先地位。而谷歌 GCP 则既缺乏历史积累，又没有足够的对企业客户的销售能力；谷歌内部流行的主要是 21 世纪诞生的消费互联网文化，也就是引领风气之先——在用户意识到需求之前就去创造需求——这恰恰不讨企业客户尤其是大客户喜欢。所以，谷歌云服务的主流用户是那些中小型的创业公司，尤其是科技行业内的公司，传统大企业客户往往与其无缘。

需要强调的是，我们不能因为微软擅长服务企业客户，就把它与 IBM 那样的传统科技公司混为一谈。早在 PC 时代，微软的 Windows、Office 等主流软件产品，一直是同时面向企业级和消费级市场的，拥有庞大的个人客户群；从 1996 年开始，微软就意识到了消费互联网蕴含的革命性力量，因此发起了旷日持久的"浏览器大战"，企图占领个人用户的互联网入口。进入 21 世纪，微软也从来没有放松过对游戏、智能硬件、即时通信、搜索引擎等消费业务的投入。所谓"微软擅长企业业务"，那是与苹果、Meta、谷歌等竞争对手相比，相对而言的；站在 IBM 的视角，反而会觉得微软过于偏向消费市场了。在其他互联网巨头当中，与微软的业务分布最接近的是亚马逊，只是后者的消费互联网业务规模比前者还要高一截。

由此引出了一个耐人寻味的问题：微软依托强大的企业基因，在 AI 赛道上取得了不错的战果，尤其是在技术研发方面遥遥领先。但是，鉴于微软的消费业务要薄弱一些，它会不会在应用方面输给那些更纯粹的消费互联网公司？至少资本市场有充分的理由担心这一点，因为在历史上，被微软搞砸了的消费级应用产品数不胜数，可以随便举出一大堆。

- 即时通信工具 MSN，及其衍生的博客、新闻、搜索等多种信息服务。
- 曾经全球最流行的视频通信工具 Skype。
- 曾经被寄予希望，即可以打败苹果 iPod 的音乐播放器 Zune。
- 经历了长达十多年开发迭代的移动操作系统 Windows Phone（曾用名 Windows CE、Windows Mobile），以及围绕它建立起来的庞大硬件生态。

假如微软做好了上面任何一项消费业务，它现在的市值恐怕会远远超过苹果、谷歌的量级。在这些业务上，微软无不是开始抓了一把好牌，然后越打越烂，而且从来都不是因为技术原因而打烂的。最令专业人士扼腕叹息的是 Windows Phone，微软不惜斥巨资收购了诺基亚的手机业务，却始终无法建立足够强大的开发者生态，反而因为错误的系统升级思路而失去了仅有的一点市场份额。OpenAI 固然强大，但它只能提供一套技术解决方案，需要通过应用场景落地。谁能保证微软在应用场景上不再犯下类似的严重错误？

2023 年 2 月，当谷歌宣布推出与 ChatGPT 竞争的 AI 聊天机器人 Bard 时，大家很快在演示视频中发现了 Bard "不够智能"的证据，由此引发了大规模的群嘲，谷歌的股价也因此一度受到重挫。可是仅仅半个月后，当微软演示 Bing 搜索引擎如何与 ChatGPT 结合时，大家也很快发现这种结合的效果远远低于预期——不但不够智能，而且微软还限制了每天的使用次数。谷歌 Bard 的出师不利或许是因为技术水平不足，可是微软 Bing 面临的问题大概不在于技术层面。说一千道一万，即便微软从 OpenAI 获得了非常先进的技术，这种技术优势也不可能永远维持下去。如果微软不能在有限的时间窗口期内建立足够强大的应用优势并产生收入，那么竞争对手总有一天会后来居上。

当 IBM Watson 华丽出场、惊艳全球医疗行业时，人们无不期待 IBM 会坐稳 AI 时代的业界霸主位置。现在，同样的期待被放在了 OpenAI 及其背后的微软肩上。而以谷歌、亚马逊为代表的其他互联网巨头，正在一边努力拉近技术研发差距，一边等待微软在应用上犯下错误，从而兵不血刃地将下一个时代的王冠揽入自己手中。

谷歌 vs 亚马逊：
两大消费互联网巨头的转型军备竞赛

在 IBM Watson 衰落之后、ChatGPT 横空出世之前，谷歌被普遍认为是 AI 赛道的领军企业。对于 AI 产业之外的普通人而言，2016 年 AlphaGo 击败围棋世界冠军李世石给他们留下了深刻印象，其历史意义甚至超过了当年 IBM "深蓝"击败国际象棋世界冠军卡斯帕罗夫。IBM 与谷歌在 AI 技术上的此消彼长，恰恰对应着双方规模体量的对调：2011 年，即 Watson 首次公之于众的那一年，IBM 的营业收入是谷歌的 2.82 倍，净利润则是其 1.63 倍；到了 2021 年，即 IBM 拼命寻求出售 Watson Health 的那一年，它的营业收入仅相当于谷歌母公司 Alphabet（其绝大部分收入和利润仍然来自谷歌）的 27%，净利润仅为其 6%！

事实上，自从谷歌成立以来，它的商业模式就可以归结为"基础研发与应用场景的高度统一"，前者投喂后者、后者反哺前者。谷歌既是全世界最大的广告平台（没有之一），又是全世界在人工智能和机器学习领域成就最高的公司之一。上述两方面可谓浑然天成，因为广告本来就是机器学习最早、最重要的应用场景之一。AlphaGo 在围棋这样复杂的智力运动中击败人类，当然是值得大书特书的，问题在于谷歌不依靠下围棋赚钱，也不依靠比围棋更复杂的天气预测或癌症治疗赚钱；它的赚钱方式主要是依靠在搜索引擎、地图等场景中搭载广告，赚钱效率则依赖于广告推送的精度。

2014 年，麻省理工学院（MIT）的学术论文就论证过机器学习对于广告行业的重要意义：与人类专家根据历史经验做出的判断相比，机器学习的判断能够将广告转化率提升 12 倍，而且通过机器学习获得的客户黏性（体现为续约率）比普通情况要高出近 2 倍。从那时起，效果广告在互联网广告当中的地位越来越重要，自动化投放比例也越来越高。这个趋势的受益者不仅包括 Alphabet、Meta 和亚马逊，也包括国内的字节跳动、阿里和腾讯。我们可以认为，移动互联网时代广告行业的增量有一大半是机器学习带来的；如果没有机器学习，所谓精准投放、品效合一，根本就无从说起。

与癌症诊疗这种"地狱级难度"的应用场景相比，互联网广告投放的难度级别堪称"简单难度"：在这个场景里，监管和伦理问题要少得多，做出成效要容易得多。作为全球最大的搜索引擎、地图和网盟服务商，Alphabet 自己掌握着终端消费者，也就掌握了机器学习技术的整个实用链条。机器学习的进步，既提升了广告推送的效率，从而取悦了广告主；也提升了搜索结果的精度，从而取悦了消费者。IBM 在医疗、交通等场景未能实现的良性循环，在广告场景却比较顺畅地实现了。

这不禁让人想到恩格斯在《在马克思墓前的讲话》中的名句：

> 人们首先必须吃、喝、住、穿，然后才能从事政治、科学、艺术、宗教等。所以，直接的物质的生活资料的生产……便构成基础。

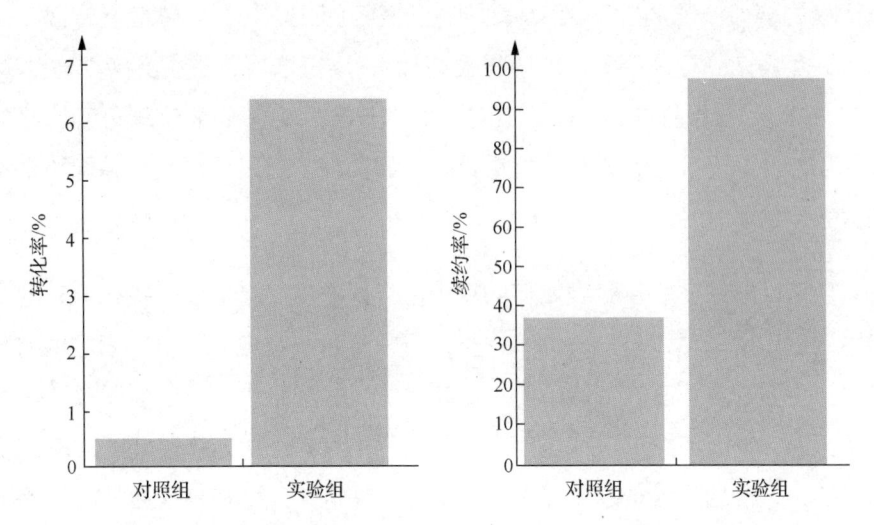

机器学习的应用大幅提升了广告转化率（左图）和续约率（右图）

（数据来源：麻省理工学院媒体实验室）

对于企业而言，基础研发是比较高级的工作，必须以前台业务部门提供现金流、应用场景和生态系统为支撑。这个道理本来是非常直观、不言自明的。遗憾的是，在现实中，很多企业的管理者和业务负责人并不理解这一点，由此不但酿成了 IBM Watson 的悲剧，还酿成了微软消费业务的无数个悲剧。

与此同时，鉴于搜索广告在全球广告市场的份额已经见顶，谷歌一直在探索更多场景、更多形式的广告投放方向，主要探索方向有两个：基于商品（尤其是本地商品）的广告，以及视频广告。有趣的是，这两个方向都离不开 AI 技术的帮助，这也构成了谷歌研究 AI 技术的原动力。

先说商品广告。2020 年以来的新冠疫情彻底改变了美国消费者的习惯，零售商因此更加追求"全渠道零售"（Omni-Channel Retailing），试图整合线上线下供应链——不管是吸引到店消费，还是进行"线上下单、线下/路边提货"，乃至提供配送到家服务，这些都离不开搜索引擎和地图服务。按照谷歌管理层的说法："我们计划向中小型企业提供……在线上和线下获客之间无缝切换的能力，范围应该大大超越它们的邻近地区。"在实体商品方面，谷歌允许零售商家标注存货状态（是否有货）、送货选择（是否支持配送到家/路边提货）；在服务方面，谷歌在部分地区开放了订票、酒店预订乃至服务预约功能。简而言之，除了不提供最终交易功能，谷歌变得越来越像一个本地零售平台了。

那么问题来了：谷歌要如何向用户提供既丰富又精准的商品信息，同时还不侵犯用户隐私？与亚马逊不一样，谷歌不是一个电商平台，它提供的商品信息主要来自第三方商家，用户对商品信息的搜索也不一定会即时转化为购买行为。美国和欧洲法律对用户隐私的严格保护，决定了谷歌就算掌握了用户的个人信息，也难以直接利用其指导商品推广。要在合法合规的前提下提高商品匹配能力，归根结底还是要求助于 AI 技术。例如，2022 年初欧美旅行复苏之后，谷歌利用机器学习技术判断用户的差旅需求，从而大幅提升了订票服务的撮合效果。

再说视频广告。无论是在中国还是在美国，视频（含长视频和短视频）都是用户时长增长最快、广告开支比例上升最快的在线内容品类。谷歌旗下的 YouTube 不但是美国最大的移动视频 App，而且在数字电视市场的渗透率也仅次于奈飞。近年来 TikTok 的兴起，虽然严重影响了 Facebook 和 Instagram 的用户数量和收入，但是对 YouTube 的影响非常轻微。YouTube 广告业务有两个重要的增长驱动力：第一是随着它不断深入"大屏"场景，它也在逐渐侵蚀有线电视的市场份额，甚至成为"大屏端"最重要的广告平台；第二是通过提升算法、推出更多形式的"直接响应"（Direct Response）广告，从而进一步提升效果广告的精度。

相对于基于文字的传统搜索广告而言，视频广告的算法复杂性本来就更高；何况 YouTube 贴片广告在播放几秒之后就能够由用户主动跳过，从而对广告推送精度提出了极高的要求。没有强大的算法技术，就无法在良好的用户体验和广告收入增长之间达到平衡。现在，YouTube 的一个技术投入重点是提升大屏端的广告效果衡量能力——用户有没有注意观看，有没有尝试进行互动，这是传统电视广告完全无法做到的，也是广告主将预算不断转移到 YouTube 的原因。

看到这里，我们完全可以理解谷歌 CEO 桑达尔·皮查伊（Sundar Pichai）在 2021 年四季度财报电话会议上所说的："**在提升搜索、地图、YouTube 等信息产品的使用价值的过程中，对 AI 的投资将是一个关键因素。**"准确地说，此处的 AI 是一个宽泛的概念，包括通常所谓的机器学习、大数据、生物识别、物联网等技术。它们从谷歌平台每天产生的海量数据当中获取养分，然后反过来提高平台的运营和商业化效率。从这个意义上讲，ChatGPT 对谷歌的基础构成了不容忽视的威胁，因为它暂时夺走了在 AI 技术道路上的主导权。假如谷歌不及时应对，就可能永久失去主导权，所以谷歌绝对不能输掉这一仗！

然而，假如谷歌能够赢得这一仗，并将类似 ChatGPT 的解决方案与自家平台进行深度融合，那么它就会成为互联网巨头当中战略位置最好、长期确定性最高的一个。本书前面曾反复强调 Web 3.0 对互联网平台公司的潜在冲击，谷歌虽然不能免于冲击，但是可以把损失控制在最小范围。

首先，谷歌的核心业务是搜索引擎，而搜索引擎是一切互联网平台当中"中心化"程度较弱的一种。因为搜索引擎自身不生产信息，只是收集整理第三方信息，它最需要一个多元化、碎片化的互联网。我们经常听说"去中心化金融""去中心化社交网络""去中心化游戏"，但是很少有人听说"去中心化搜索引擎"，就是这个道理。事实上，互联网的中心化程度越高，巨头们就越倾向于建立信息壁垒，把用户和信息留在自己的地盘上——这就是国内的百度、搜狗等搜索引擎所面临的窘境。

进入 Web 3.0 时代，谷歌可能需要放弃对用户数据的管理权，赋予用户更高的透明度和自由度。但是相比 Meta 这样的社交网络巨头或亚马逊这样的电商巨头，谷歌受到的冲击肯定更小，而且冲击主要会集中在搜索引擎之外的业务。归根结底，搜索引擎是一种工具，这样的工具无论是在 Web 2.0 还是在 Web 3.0 模式下都是不可或缺的。与此同时，其他中心化互联网平台的衰落和破灭，反而有可能给搜索引擎带来新的机遇。只要谷歌管理层具备足够的智慧、顺应潮流，Web 3.0 就有可能成为它的福音而非丧钟。

其次，正如前面提到的，AI 技术是智能合约的基础，没有 AI 技术就没有 Web 3.0。从本质上讲，具备强大的 AI 基础研发及应用实力的公司，更有可能在 Web 3.0 时代获得一席之地。既然 ChatGPT 已经可以通过自然语言为人类解决问题，那么有朝一日出现基于自然语言的智能合约也不是什么无法想象的事情，那将大大加快整个互联网向 Web 3.0 过渡的进程。只要占领了 AI 技术的制高点，即便在最差的情况下，谷歌也可以作为一家 AI 解决方案供应商，通过为其他 Web 3.0 公司提供服务而继续发展壮大。

总而言之，对于深耕 AI 技术多年、整个业务均建立在 AI 技术应用之上的谷歌而言，AI 是唯一的胜负手，是长期来看唯一重要的战略资源。其他互联网巨头可以输掉 AI 竞争，乃至脱离 AI 而发展，但是谷歌不可以。在微软宣布将开始 ChatGPT 的商业应用之后，华尔街担心搜索引擎将被 AI 个人助理所取代，因而引发了一波抛售谷歌的狂潮。其实，这种担心是"杞人忧天"，因为 AI 个人助理将是一种"服务工具集合"，而搜索引擎将是其中的一种服务工具，远远谈不上被取代。真正重要的问题是，谷歌的 AI 技术究竟有没有被 OpenAI 拉开差距，以及谷歌对 AI 技术的应用能否后来居上——谷歌的未来几乎完全取决于这两个问题的答案，但答案不太可能在未来几个季度乃至几年内就揭晓。

至于另一家互联网巨头亚马逊的前景，则要复杂得多。前面提到过，亚马逊的业务版图与微软有些相似，同样横跨产业互联网和消费互联网两端，其复杂程度有过之而无不及。我们可以将亚马逊的主营业务粗略地划分为三大板块。

➤ 电商及实体零售，包括最著名的 Amazon.com 电商平台，以及线下的 Whole Foods Market、Amazon Fresh、Amazon Go 连锁零售店等。一般而言，它们是亚马逊的收入和利润担当。

➤ 云计算，即 AWS（Amazon Web Services），是全世界最早、规模最大的云服务平台。尽管近年来受到了微软 Azure 云的挑战，但 AWS 已经实现稳定盈利，甚至可以反哺电商业务。

➤ 媒体平台及内容，包括在线视频（Amazon Prime Video）、数字出版（Kindle）、直播（Twitch）、实体出版、游戏研发及发行等。

虽然上述三个板块看起来彼此独立、关联度不高，事实上它们却有着很深的联系，构成了一个有机的整体。简而言之，亚马逊电商业务对计算和存储资源的季节性需求，催生了最早的云计算业务；云计算业务为视频等内容业务提供了基础设施和技术支持；内容业务反过来又促进了消费者购买亚马逊会员，从而进一步提升亚马逊电商平台的用户黏性。在这个三角关系当中，规模最大的是电商业务，处于中心地位的却是云计算业务。当亚马逊创始人杰夫·贝佐斯（Jeff Bezos）从 CEO 位置上退下时，选择的接班人是 AWS 负责人安迪·贾西（Andy Jassy），从一个侧面凸显了云计算在亚马逊业务版图中的中心地位。

对于亚马逊而言，最尴尬的是：虽然它的三大主营业务规模都很大，市场份额颇高，但是竞争地位都不够稳固，远远没有形成"自然垄断"。按照资本市场常用的术语，亚马逊的"护城河"不够深，随时面临被取代的风险。或许这能够解释为什么亚马逊的市值在大部分时间都远低于苹果、微软和谷歌。具体分析如下。

➤ Amazon.com 固然是美国首屈一指的电商平台，问题在于，美国电商行业还存在数量庞大的独立站，以及沃尔玛（Walmart）、塔吉特

（Target）等实体零售企业的线上渠道。最近几年，来自中国的 TikTok、Temu 等社交电商平台也对亚马逊构成了一些威胁。为了应对竞争，亚马逊只能不停地提升物流配送能力，企图以基础设施优势压倒对手。

> AWS 在美国和欧洲受到了微软 Azure 云的挑战，在亚太地区还要应对阿里云等本地竞争对手。即便 AWS 能一直维持先发优势，也不可能在云计算市场一手遮天，因为公有云客户总是倾向于使用多个服务商，避免"把所有的鸡蛋放在一个篮子里"。

> 至于亚马逊的内容业务，除了出版行业，大部分细分行业都不是市场领先者，其业务也只能给领先者制造麻烦罢了。例如，Amazon Prime Video 就给奈飞制造了一些麻烦，但是哪怕最激进的分析师也不敢预测前者有一天能超过后者。

为了解决上述结构性问题，亚马逊的两任 CEO 贝佐斯和贾西的应对措施大致相同：把资产不断做重，把业务范围不断扩大，以"做加法"的方式挖深护城河。这不禁让人想起古代的罗马帝国，在长达数百年的时间里为了抵御蛮族入侵而不断将国界线推向外围，结果却导致防线越来越漫长、越来越难以防守。

即时配送能力、生鲜电商和云计算都是资本密集型业务，不砸钱肯定出不了成果，一旦开始砸钱就要无休止地砸下去。除此之外，亚马逊在技术研发上的投入也不小，所以才能被列入"机器学习四强"之列（另外三家是微软、谷歌、Meta）。对于谷歌而言，机器学习可能是在战略上必须打赢的唯一一仗；对于亚马逊而言，机器学习乃至整个 AI 板块却只是诸多需要打赢的战役之一。这场竞争从一开始就不公平！

一旦 Web 3.0 时代真正到来，亚马逊和 Meta 可能是受冲击最大的互联网巨头：前者主营的电商平台和后者主营的社交网络，均是 Web 2.0 时代"中心化平台"的代表。在 Web 3.0 开发者圈子当中,"去中心化电商"一直是热门概念——在他们看来,若干年后的电商 DApp 将由全体商户共同拥有,交易、履约和售后服务由智能合约自动完成,交易支付的主流也变成了加密货币。在此过程中,平台运营方完全是多余的。在摆脱了平台征收的佣金、广告费等"税金"之后,大部分商户会过得更好,消费者的利益则只会进一步得到保障。

假如上述愿景成为现实(尽管那至少是十几年后的事情了),那么亚马逊值钱的业务还剩下什么呢?物流配送能力还是值钱的,可以输出给第三方商家;线下实体商超也是值钱的,因为实体零售在可见的未来都不会消亡;云计算能力更是值钱的,虽然 Web 3.0 的核心建立在去中心化的 P2P(Peer-To-Peer)网络上,可是海量的应用和数据还需要被存储在云端。嗯,就是这些了,对吗?我们是不是遗漏了什么?

没错,外界最容易遗漏和忽视的,就是亚马逊的内容业务。尽管互联网巨头或多或少都会涉足内容业务,但是亚马逊涉足的明显比较广、比较深。在广度方面,它的触角伸到了实体出版、电子出版、音乐、广播、影视、直播、游戏等一切主流内容品类;在深度方面,对于每一个内容品类它都致力于染指内容开发环节,在自有平台上推出尽可能多的自研内容。以发展势头最好的 Amazon Prime Video 为例,2022 年下半年,它与美国 NFL(全国橄榄球联赛)签订了为期 11 年的体育节目《周四橄榄球之夜》独家合作协议,还推出了耗资巨大的《指环王》原创剧集。不幸的是,《指环王》剧集恶评如云,不过这不会影响亚马逊管理层扩大内容投资的决心。

外界往往忽略了一个事实:亚马逊对媒体及内容业务的扩张早在 1998 年就开始了,当时它的第一次重大收购目标就是 IMDb 电影资料库。因为早期的亚马逊是一家网上书店,书籍本身就带有内容属性;此后多年,它也从未放弃过对内容业务的野心。与其说内容业务是亚马逊有钱之后找到的新增长点,不如说它就是亚马逊自从创业以来的"初心"。

- 2006—2010 年，先后成立了视频、在线音乐、电子阅读、有声书、实体书和影视制作板块，从而具备了比较完整的内容产业链。然而，这个时期亚马逊的财力还不是很强，尚未坐稳"科技巨头"的位子，大部分资源被用于电商和云计算两大业务。媒体业务的发展普遍比较缓慢，在细分市场处于边缘地带（电子书除外）。

- 2012—2014 年，随着 AWS 开始贡献利润，亚马逊有了更雄厚的本钱。它一方面加码视频平台和影视业务，一方面开始从事游戏这个最烧钱的内容业务。对 Twitch 直播平台的收购，同时支撑着亚马逊对游戏和流媒体业务的野心。在这个阶段，亚马逊已经不再仅仅满足于"拥有内容业务"，而是致力于把内容业务做成下一个增长点。

- 2019 年，亚马逊开启了 IMDb TV，目标是与 YouTube 竞争。2022 年，它收购了好莱坞传统"六大"公司之一的米高梅（MGM）。在巨额投入之下，视频业务已经取得了较大的进展；游戏业务虽然规模还不大，但也有几部成功作品问世。在亚马逊每个季度的财报当中，娱乐板块被置于"管理层讨论和分析"的第二位，仅次于电商板块，可见管理层对其重视程度。

亚马逊对媒体及内容业务的扩张

服务名称	功能	开始时间
IMDb	影视信息社区	1998 年收购
Amazon Prime Video	付费视频平台	2006 年
Amazon Music	在线音乐平台	2007 年
Kindle	电子阅读平台	2007 年
Audible	有声书及播客平台	2008 年收购
Amazon Publishing	书籍及电子书出版	2009 年
Amazon Studios	影视制作与发行	2010 年
Amazon Games	游戏开发及发行	2012 年
Goodreads	书籍信息社区	2013 年收购
ComiXology	数字漫画发行	2014 年收购
Twitch	游戏直播平台	2014 年收购
IMDb TV	免费视频平台	2019 年
MGM Studios	影视制作与发行	2022 年收购

（资料来源：公司官网、公众号"互联网怪盗团"）

亚马逊扩张内容业务的理由有很多，而且主要是基于与其他业务协作的目的。例如，原创影视内容可以吸引消费者成为 Amazon Prime 会员，从而让他们在亚马逊电商平台产生消费；影视、直播和游戏业务均要消耗大量云计算资源，从而成为 AWS 云服务的内部客户。不论是出于什么理由，正如我们在前面章节指出的：Web 3.0 和 AIGC 的普及，终将导致平台公司和内容公司的此消彼长。到了那时，一直被忽视的亚马逊内容业务就有可能成为续命的一剂灵丹妙药，甚至成为重塑辉煌的出发点。这一场景可能出乎包括亚马逊管理层在内的所有人的意料！

与聚焦于游戏业务的微软相比，亚马逊的内容业务摊子铺得更大，并且更加依赖内生增长而非并购。就拿投入规模最大的影视内容来说，从 2010 年开始，亚马逊一直致力于在内部建设强大的影视工作室，直到 2022 年才收购了米高梅。在游戏内容方面就更是如此，亚马逊在自研游戏工作室上砸了大量的钱，却迄今没有进行大规模的并购。事实证明，亚马逊管理层更倾向于收购内容平台业务（例如 Twitch、Goodreads、IMDb），至于内容开发业务则主要在内部孵化。相比之下，微软游戏业务历史上的重要团队、重要 IP 有一大部分来自并购。我们可以认为，微软主要依靠"钞能力"（再加上不可或缺的耐心）去做内容，亚马逊则不仅仅依靠"钞能力"。哪个更懂内容、更具备"内容基因"，从整个公司的层面看，显然是亚马逊。

Web 3.0 的浪潮或许终将冲垮"中心化内容平台"的壁垒，赋予头部内容公司更大的自主权和更好的商业模式。届时，亚马逊苦心营造的视频平台、直播平台和电子阅读平台或许将烟消云散，但是失之东隅、收之桑榆，亚马逊的内容创作能力或许将大放异彩。不过，此时此刻的亚马逊还很难称为"头部内容公司"：在影视、游戏和音乐领域，它的原创内容只能位居第二甚至第三梯队。未来取决于亚马逊能否实现"从量变到质变"，要么产出一些影响力够大的头部内容，要么不断地产出具备稳定粉丝群体的垂类内容。《指环王》剧集的失败是内容开发本身的失败，而不是亚马逊内容战略的失败，若就此放弃才是真正的失败。

读到这里，你大概会感叹：在 Web 2.0 时代出尽了风头、占尽了实利的互联网巨头，要为下一个时代做好准备也绝非易事。就像在人类历史长河之中，一个大国哪怕打赢过无数场战争，仍然需要为打赢下一场战争殚精竭虑、未雨绸缪。根据我们的判断，如果 Web 3.0 和 AI 共同构成下一个时代的主基调，那么谷歌的态势可能会好一些，亚马逊的态势则更复杂。问题在于，下一个时代的主基调可能不仅仅是 Web 3.0 和 AI——还记得 ChatGPT 的横空出世打乱了多少科技公司的计划吗？这本来就是一个瞬息万变的时代，对冒险家而言是最好的时代，对循规蹈矩者而言则是最坏的时代。

即便互联网的格局终将被 Web 3.0 和 AI 冲得七零八落，互联网巨头的版图却不仅限于互联网本身。前面提到，亚马逊在线下实体零售和本地生活服务等领域投入重兵，企图借此挖深自己的护城河；其实，进军线下也是谷歌、Meta 等巨头的选择，只是它们押上的赌注不如亚马逊之大而已。过去多年，我们习惯了把"互联网平台"与"实体经济"相对立，但是随着前者的影响力日益加深，要把前者和后者区分开来已经越来越难了。准确地说，互联网平台进军线下的尝试很早就开始了，AI 技术的广泛应用可能会加快尝试的进度。到了 Web 3.0 时代，线下实体生意或许将成为互联网巨头最安全的避风港，这又将出乎所有人的意料。

进军线下：
互联网巨头的最终命运是变成实体企业？

近年来，中国互联网巨头因为对本地零售的押注而饱受争议。所谓本地零售，就是消费周期较短、对本地化要求较高的零售业务，包括餐饮外卖、到店、生鲜配送、日用食杂配送、买药，乃至直接经营实体零售店铺。美团、阿里、拼多多和京东均在此领域投入重兵，腾讯、字节跳动、滴滴也展开过一定程度的探索。有人认为，这说明了中国互联网公司不思进取，仅仅惦记着与小商小贩争利。问题在于，对本地零售市场的争夺恰恰是从美国开始的，阿里、美团、京东的举动均带有对亚马逊的强烈模仿色彩；就连美国本土的谷歌、Meta，也在跃跃欲试地模仿亚马逊进军线下。与其说这是不思进取的体现，不如说这体现了一个新的进取方向。

2017年，亚马逊以137亿美元收购了以有机食品著称的Whole Foods超市，标志着这家电商巨头全面进军本地零售市场。截至2021年底，亚马逊在美国拥有599家实体零售店，其中有503家属于Whole Foods品牌。收购Whole Foods超市不是亚马逊进军本地零售市场的开始，更不会是结束。早在2015年，亚马逊就在美国部分地区推出了Treasure Truck线下会员快闪店；

同年，Amazon Books 实体连锁书店开业，不过经营情况不甚良好，已经于 2022 年关闭。在收购 Whole Foods 超市的同时，Amazon Fresh 生鲜电商也开始运营，并于 2020 年发展出了实体连锁店。相对于价格高昂、强调食品质量的 Whole Foods 超市，Amazon Fresh 明显更接地气一些，定位接近于社区超市。

在历史上，与中国相比，美国的电商渗透率较低，用户习惯于在本地实体店购买日用食杂。其中有很多复杂的原因：美国地广人稀，人工成本高昂，传统零售行业发达，用户习惯很难在短期内改变。然而，2020—2021 年的新冠疫情，彻底改变了美国人的消费习惯，至少让本地零售的"互联网化"进程加快了 3~5 年。当一个美国消费者于 2020 年上半年首次尝试 Amazon Fresh 配送服务时，他可能只是不想暴露在公共场合，又或者因为实体店排起了长队；使用几个月配送服务后，这就变成了一种习惯。值得一提的是，在疫情高峰期，与大部分实体零售商一样，亚马逊也出现过严重的断货现象，配送周期也一度大幅延长，这促使了亚马逊进一步加强对供应链和履约能力的投资。

亚马逊的近场电商与实体零售版图[1]

服务名称	性质	开始时间	状态
Treasure Truck	会员制快闪店	2015 年	在美国绝大部分地区定期运营
Amazon Books	实体书店	2015 年	在美国有 24 家店，但是 2022 年 3 月宣布将逐渐关闭
Whole Foods 超市	有机食品超市	2017 年收购	在北美有 500 家店，在英国有 7 家店
Amazon Fresh	生鲜电商及线下实体店	2017 年（线上预订、线下提货）2020 年（实体店）	在美国有 23 家实体店，在英国有 17 家实体店
Amazon Go	半自动化无现金零售店	2018 年	在美国有 32 家店，在英国有 15 家店

（资料来源：公司新闻、公众号"互联网怪盗团"）

---

[1] 图中为截至 2021 年底的数据，2022 年可能有变化。

亚马逊在本地零售方面的投入，既是进攻性的，也是防御性的；防御的目标就是老对手沃尔玛。虽然后者在市值、利润及电商业务规模方面被前者远远地甩开了，可是它在数十年中建立的用户心智和基础设施是不可磨灭的。截至 2022 年，亚马逊在美国消费者中的总体渗透率为 65%，而沃尔玛线下店则是 63%，沃尔玛线上业务亦有 37%。除了沃尔玛，在新冠疫情期间，塔吉特、Fry's Food & Drug 等美国传统零售商的日用电商业务均有了一定程度的发展，占领了一定的用户心智。在疫情影响逐渐平息之后，美国消费者对日用食杂产品的首要要求逐渐从"速度"转向了"价格"，这无疑给了传统零售商发挥自身优势的机会。对亚马逊而言，要遏制传统零售商向电商业务的扩张，就要对日用食杂电商展开"先发制人"的攻势——古老的兵法告诉我们，进攻就是最好的防御。

为了占领本地零售市场，亚马逊每年将三分之二左右的资本开支投向物流配送，即便在 2022—2023 年美联储加息、美国股市不振的情况下，仍在大张旗鼓地投入。由此引发了投资者的担心：这会不会是一个无底洞？即便亚马逊数年如一日地投资下去，它的线下基础设施仍然很难与老对手沃尔玛相比：截至 2022 年初，后者在全美拥有 5339 家线下门店，是前者的近十倍；后者在全美拥有 150 个配送中心，高于前者 110 个。至于塔吉特、Costco，虽然规模要小一些，但是其线下门店和物流网络的规模和实力仍然不容小视。难道亚马逊必须依靠砸钱，把线下零售商的基础设施彻底重建一遍吗？资本市场不太可能喜欢这个竞争策略。

随着形势的发展，最后可能出现大部分人想象不到的一幕：AI 技术将成为这场战局的胜负手。作为全球最大的公有云服务商，亚马逊的机器学习技术实力一直较强，通过 AWS 向客户提供了多种"机器学习即服务"（MLaaS）的应用。在亚马逊电商业务当中，机器学习也发挥着举足轻重的作用，包括商品推荐、反欺诈、智能客服等。在重资产、低利润的本地零售市场，包括但不限于机器学习的 AI 技术甚至可以发挥更具决定性的作用。

➤ 本地零售最大的成本是物流成本，最大的难题是在"用户体验"和"物流成本"之间找到平衡。首先，零售商必须对每个地区的消费需求有精确预期，进行前瞻性的仓储配货；其次，必须对配送环节进行优化，以较低的成本实现及时的配送覆盖。要解决这两个问题，最有效的途径无疑是基于大数据的机器学习算法。没有高水平的算法，本地零售就永远无法做到集约化运营。

➤ 线下实体零售店需要堆积大量人力，在人力昂贵的北美和欧洲，其成本压力不言而喻。亚马逊尝试推广无人零售店，就是为了削减人力成本。而要真正取代人力，只有开发出足够强大的 AI 应用，使其能够承担看店、结账、客服等复杂的职能，从而满足人类消费者的一切合理要求。目前，AI 技术离这一步还差得远，但是曙光正在逐渐显露。

➤ 现阶段的工业机器人已经可以承担一定的仓储物流工作，不过还远远谈不上智能。随着 AI 技术的进步，机器人总有一天将能承担"最后一公里"的配送，甚至上门退换货等售后服务工作。再过更长的时间，或许机器人还能提供修理、保洁等到家服务。这样的机器人必须具备以自然语言与人类交流的能力，也就是 ChatGPT 证明过的能力。

总而言之，对于微软、谷歌、Meta 这样的公司而言，对 AI 的应用主要在于改进现有的线上业务，尤其是充当用户的"AI 个人助理"——这是 ChatGPT 实用化的重点方向。对于亚马逊而言，对 AI 的应用不仅体现在线上业务，也体现在线下的实体业务。若要实现这样的目的，就必须把 AI 技术与物联网、VR/AR、工业机器人等技术结合起来，构成一套复杂而精密的应用体系。可想而知，这个过程会非常漫长，蕴含着巨大的不确定性，可是一旦完成，就意味着对传统商贸零售体系的彻底颠覆。

如果亚马逊真能实现上面的愿景，那么它将神奇地获得一张 Web 3.0 时代的"免死金牌"：Web 3.0 对中心化平台的颠覆几乎完全是基于线上进行的，在本质上是对互联网的革新，而不是对线下实体商业的革新。在理论上，基于区块链的智能合约也可以用来改造线下经济，就像 V 神曾指出："自动售货机就是最早的智能合约。"可是在现实中，执行起来的难度近乎无穷大。Web 3.0 要如何瓦解拥有数亿平方米仓储面积、数百万台工业机器人、数千家实体门店的庞大零售网络，对其进行"去中心化"？就算零售公司自己愿意放弃抵抗，如此浩大的工程也不具备现实意义。

不要误会。Web 3.0 在实体经济中可以发挥重要作用，例如基于区块链的生产安全检查、产品溯源、供应链金融等，早已在包括中国在内的多个国家得到了广泛应用。然而，迄今为止，Web 3.0 在实体经济的生产和流通环节中主要发挥的是"增强公信力"的作用，是重要配角而非主角。以 V 神为代表的 Web 3.0 核心开发者固然畅想过以 DAO 彻底取代现有的人类组织，但他们也承认，这种事情要过很长很长时间才会发生。因为取代实体组织的难度远远高于取代线上平台，我们可以得出一个结论：一家互联网平台公司的"线下比例"越高，对实体经济的参与度越深，就越不容易被彻底替代。

当亚马逊及国内的阿里、京东、美团争先恐后地布局本地零售时，肯定没有想到"为 Web 3.0 时代做准备"这个战略目的。不过，回顾历史，我们很容易发现：历史进程是由一系列的"歪打正着"和"事与愿违"构成的。企业管理者精心布局的战略，往往会产生巨大的副作用，既包括负面的，也包括正面的。亚马逊在 Web 3.0 时代能否维持现有地位乃至更上一层楼，很大程度上取决于它能否拿下本地零售市场；而拿下本地零售市场的关键又在于 AI 技术的应用。人类科技和商业组织的兴衰，就是这样一环扣着一环，所有细节都构成了更广阔拼图的一部分，仿佛冥冥之中自有天数。

亚马逊不是唯一一个通过本地零售进军实体经济的互联网巨头。前面提到，从新冠疫情开始，谷歌便致力于进军包括本地零售在内的"全渠道零售"

领域，为零售商提供更精准的广告推送服务。而且，谷歌的野心远远不限于此，它一直在寻找着亲自上场做实体零售的机会，并以此为立足点渗入实体经济。只是这种野心被资本市场认为不重要，从而被忽视了。

谷歌在历史上推出过无数失败的产品和服务，往往被外界戏称为"产品坟场"。有些失败的服务广为人知，例如 Google Video、Google Music、Google Buzz，有些则远离公众视线。很少有人记得，谷歌曾经在 2013 年推出过名为 Google Express 的本地商品配送服务，一开始仅限于旧金山和硅谷，此后逐步扩展至纽约、洛杉矶、芝加哥。与亚马逊不同，谷歌没有电商平台业务，它的计划是与沃尔玛、塔吉特等大型零售企业及本地商超合作，通过谷歌平台接收订单，以算法自动分配到最近的线下零售店，然后由自营车队就近配送。遗憾的是，Google Express 从来没有获得过足够的用户和订单，最终于 2019 年黯然收场。

Google Express 的失败，让谷歌管理层意识到：在缺乏自己的电商业务的情况下，单纯依靠为第三方线下商家提供配送服务来染指电商市场，是难以成功的。Google Express 想做的主要是近场电商的即时配送（以当日达为主）服务，这项业务对于供应链整合的要求太高了，用户体验很容易变得很差。从那以后，谷歌不得不退出交易环节，满足于通过广告撮合第三方商家与用户达成交易。新冠疫情期间，通过谷歌获客对商家而言变得更加重要，谷歌顺势诱导其登记更多信息，包括电话、服务状态、社交媒体账号，以及存货状态、配送服务等。结果就是，消费者在寻找本地商家和配送服务的时候，对谷歌旗下应用的依赖程度越来越高了。

直到本书撰写之时（2023 年一季度末），谷歌还没有公布重启本地零售业务的计划，但这并不代表它不想做零售，更不意味着它不想染指线下实体经济。实际上，谷歌近期推出了一系列面向本地零售的产品迭代，它们可能构成再次进军线下的立足点。

谷歌宣称自己的街景服务给桑给巴尔（坦桑尼亚的一个岛屿）旅游业注入了活力，触达了 3300 万潜在消费者，大量商户和旅馆的营收实现了增长

（资料来源：谷歌街景官网，"桑给巴尔案例"白皮书）

➢ Google Street View（谷歌街景）已经可以基于 VR/AR 技术提供商户内部视角，引导用户实现虚拟逛店，而且与谷歌地图无缝衔接。谷歌管理层宣称，提供全景图片和导览能够使用户关注店铺的概率提升一倍，使购买可能性提升 29%。

➢ 谷歌正在与全球最大的设计软件公司 Adobe 展开长期合作，希望将 Photoshop、Illustrator 等设计工具搬到浏览器和移动端。展开这种合作的一个目的是鼓励商家创作更多的专业图形内容（例如商品图片），将其提交到谷歌平台，提升消费者的使用体验。

➢ YouTube 的本地化趋势也很明显，尤其是在方兴未艾的 YouTube Shorts（短视频）领域。谷歌正在对本地商家进行算法倾斜，鼓励它们进行视频广告投放，将谷歌搜索、谷歌地图和 YouTube 结合起来，吸引邻近用户产生消费欲望。

前面提到，2022 年初欧美旅行复苏之后，在谷歌平台对订票服务的搜索强劲复苏，整个商旅及休闲板块的广告收入均有大幅度增长。这很可能是谷歌相对于亚马逊的一个强项，因为前者与大批酒店、旅行社、航空公司和旅游景点有合作关系，能提供从航班预订到门票预购的一系列服务；而后者虽然也有一些旅行和休闲行业的商家入驻，但是总体上并不重视这种体验性的服务。我们知道，体验性消费是实体消费不可或缺的一部分，谷歌在这一领域的优势不容忽视，或许将成为谷歌今后进军实体领域的另一个立足点。

最后，我们也不能完全忽视 Meta 在本地零售领域的存在，尽管它的存在感远远弱于前面两家巨头。过去多年，广告主一直在对 Facebook 失去兴趣，因为它的用户年龄偏大、内容互动性太差。但是 Meta 旗下的另一款社交应用 Instagram 仍然颇具吸引力，2016 年推出的 Stories、2021 年推出的 Reels 等功能进一步丰富了它的内容多样性。在新冠疫情期间，美国线下商户在 Instagram 进行的营销活动有提升的趋势，其中既包括硬广告、软广告投放，也包括基于商品内容的运营。与谷歌一样，Instagram 和 Facebook 均允许商家基于地理位置标签进行本地广告投放。

Meta 在历史上曾多次尝试建立"电商交易闭环"，而且迄今尚未放弃尝试。在 2021 年四季度财报电话会议上，扎克伯格将电商列为 2022 年的七个重要投资方向之一。乍一看，Meta 手里与电商，尤其是本地零售相关的"牌"还不少，似乎可以一战。

> Instagram 已经于 2019 年重建电商团队，向商家推出开店服务。尤其是对于北美的本地零售商家而言，在 Instagram 开设账号进行内容运营"圈粉"，基于地理位置对其精准投放，最后直接完成交易闭环，好像是一个不错的选择。

> Meta 旗下的 WhatsApp 是欧美最重要的即时通信工具，Facebook 和 Instagram 内部的信息功能也有大量用户。Meta 管理层企图将这些通信功能打造成商家与消费者沟通的渠道，实现所谓"社群通信营销"，同时结合人工智能技术帮助商家实现自动客服功能。

> Meta 在元宇宙业务上投入了大量资源，虽然一直饱受争议，但也建立了比较完整的 VR/AR 硬件生态。VR/AR 技术能向消费者提供身临其境的场景内容，实现虚拟逛街、虚拟逛店乃至虚拟试用等功能，在零售领域具备一定的商业化潜力。

可惜的是，就算以扎克伯格为首的 Meta 管理层说得天花乱坠，资本市场照例不买账，北美零售行业的咨询公司和专业媒体也普遍抱着谨慎态度。因为再好的战略也需要执行，过去多年 Meta 反复暴露了执行力弱的弊病，在电商和本地零售这种重运营的行业，实在无人敢相信它的战斗力。同时暴露的还有算法技术方面的问题：在各国监管部门相继提升用户隐私保护措施，苹果默认关闭用户广告提示符之后，Meta 因为隐私算法升级不及时，广告收入一度受到严重影响，而谷歌、亚马逊等竞争对手则做出了较好的应对。如果 Meta 的技术实力连用户隐私问题都应付不了，又要如何应对纷繁复杂的本地零售市场？

通过上面的分析，可以发现：谷歌、Meta 等互联网平台公司虽然在布局以本地零售为代表的实体产业，但是在很大程度上只是在观望和试水，押注远远没有亚马逊那么多。它们究竟会不会在此押下更多赌注，取决于两个问题：第一个是亚马逊进军实体领域的效果如何，能否达到预期；第二个是 AI、物联网等技术的发展有多快，能否迅速降低实体零售的资本开支和成本费用。其实这两个问题在本质上是同一个问题——"亚马逊摸着石头过河，其他互联网公司摸着亚马逊过河。"

当然，还存在另一种可能的未来：假设 Web 3.0 潮流蔓延的速度远超预期，迅速蚕食了互联网平台的大本营，那么无论互联网巨头们是否乐意，恐怕都得夺路而逃，到实体经济中寻找避风港。届时受到互联网巨头追捧的恐怕不仅是本地零售，还包括一切线下实体消费和流通行业，乃至上游的制造业。不过上述场景发生的概率极低，Web 3.0 对互联网的改造多半会呈现缓慢而曲折的态势；人类社会的强大惯性，以及各国监管部门出台的相关措施，都决定了这一过程不会一蹴而就。

不是所有人都希望看到亚马逊、谷歌这样的巨头进军实体零售，乃至更进一步地改造整个实体经济。因为互联网巨头在改变实体经济的同时，必然会改变利益分配格局，在此过程中必然有大批传统实体企业尤其是中小型企业受损。在市场经济环境中，类似事情每天都在发生，这就是经济学上著名的"创造性破坏"（Creative Destruction）概念。按照约瑟夫·熊彼特（Joseph Alois Schumpeter）的著名论断[1]：

---

[1] 摘自 1942 年出版的《资本主义，社会主义与民主》。

> 国内和国外新市场的开放，以及在手工业和工厂内部发生的组织进化，形象地展示了产业突变如何不停地从内部革新整个经济结构，不停地摧毁旧的经济结构，也不停地创造新的。这种创造性破坏的过程，是资本主义不可或缺的现象。

监管部门的任务不是组织"创造性破坏"，而是为中小型企业提供足够的补贴、支援和转型训练。无论是不是互联网巨头，无论"创造性破坏"是否正在进行中，在任何时代，中小型企业的破产率本来就很高，盈利能力本来就很差。静态地保护传统企业不受技术进步的伤害，无异于刻舟求剑。只有两件事情是必须要做的：保证新的企业不断诞生；保证在竞争中破产的企业主具备重新站起来的能力。不要忘记，当传统零售企业经历互联网巨头主导的洗牌时，互联网巨头自身也面临着 Web 3.0 主导的洗牌。这就是市场经济的残酷之处，也是其诱人之处！

总结前面几个章节，我们不难看到：在 Web 3.0 和 AI 共同定义的新时代，像微软、谷歌、亚马逊、Meta 这样的巨头，其实都有不止一条可行的发展道路，在最差的情况下仍能维系一定的江湖地位。然而，对于数量庞大的中型互联网平台而言，情况就远远没有那么乐观了。作为一个整体，它们即使不被时代大潮淘汰，至少也会元气大伤。下面让我们展开讨论它们的命运。

中型互联网平台：
转型、整合，或是坐以待毙

如果你曾经在移动互联网的井喷式增长期，即 2010—2017 年之间创业过，你肯定曾经被无数潜在投资人问过："你们公司是平台型公司吗？如何证明你们的平台属性？"在主流投资人心目中，哪怕是最差的平台型公司，也比绝大部分内容型或产品型公司要好。这一理念不仅存在于一级市场，也存在于二级市场。因此，稍有追求的公司，一旦规模做大，就急于与"内容/产品"划清界限，以便向资本市场证明自己的"平台基因"。读者可能还记得本书序章描述的那一幕——迟至 2019 年，竟然还有投资人询问："B 站可不可以收购米哈游。"因为 B 站即使再不赚钱也是平台公司，米哈游即使再赚钱也是内容公司，前者收购后者岂非天经地义？

到了本章撰写之时，也就是 2023 年一季度，平台公司的分层现象已经非常明显：一线大厂或曰"互联网巨头"，仍能呼风唤雨，尽享规模效应和网络效应的红利；二三线公司，即所谓中型或垂类互联网平台，则普遍处于高不成低不就的尴尬境地。不论是欧美的 Snapchat、Pinterest、DoorDash、Spotify，还是中国的一众垂类电商、垂类内容平台，估值普遍已经大幅缩水，无法与动视暴雪、EA（美国艺电公司）、米哈游这样精于自研的游戏公司相提并论。

在本书第一章，我们曾经分析过互联网平台公司商业模式的三个核心优势，也是它们获得超额利润的三个主要来源。

- ➢ **平台壁垒的网络效应**：互联网平台规模越大，对用户和商家的黏性就越强，从而形成某种"自然垄断"的趋势。
- ➢ **中台成本的边际递减**：技术研发、产品和运营成本不会与平台规模同比例增加，基础设施成本也不会同比例增加。所以平台规模越大，边际成本往往越低。
- ➢ **内容/产品方的相对弱势**：相对于平台方而言，绝大多数内容方或产品方在规模和用户心智方面均不占任何优势，只能任凭平台予取予求。

总而言之，互联网平台的权力有一大半来自规模本身；规模差了几倍，权力和经济利益可能就差了几十倍。在所有的互联网平台当中，只有一小撮能上升为巨头，另一小撮会被巨头收购；少部分以中型平台或垂类平台的身份持续经营下去，剩下的大部分则会垮掉。在 Web 2.0 的黄金时代，这些中型平台虽然不是资本市场最受追捧的公司，往往也能受到一些投资者的喜爱。中国投资者最熟悉的例子是 B 站——在 2021 年初，它的市值达到了 650 亿美元；有些脑子不清醒的分析师公然宣称，由于 B 站掌握了 Z 世代用户，它终有一天能进入"互联网巨头"之列。不用说，这种幻觉极其不真实，现在早已无人提起。

绝大多数中型互联网平台并不是一开始就想做"垂类"或"小而美"的。在创业阶段，它们想的只是一路飞奔，速度能多快就多快，直到抵达自己的天然边界，或者被一个更强大的竞争对手挡住为止。其中，最成功的会脱离垂类标签，成为大型综合性平台；不太成功的则只能屈居二流，以"小而美"作为自我安慰的说辞——熟悉国内电商行业的人都知道，某多多属于前者，某品会属于后者。在互联网流量红利尚未耗尽的年代，中型互联网平台还可以寄希望于抓住市场增量，实现咸鱼翻身。可是时至今日，不论是在美国、欧洲还是在中国，互联网的大部分版图均已被瓜分完毕，中型互联网平台上升为巨头的可能性几乎不复存在。

在互联网的下一个时代，即由 Web 3.0 和 AI 共同定义的时代，中型互联网平台将陷入更加不利的局面。它们不具备在新时代生存的任何优势，却会充分暴露一切弱点。

> 中型互联网平台基本不具备对 AI 技术的基础研发能力，既没有足够的资金，也没有足够的数据和云计算资源。AI 技术的前沿领域完全被互联网巨头及其附属公司所垄断，中型互联网平台想追上潮流都不容易，遑论引领潮流？

> 同理，中型互联网平台的资源禀赋决定了它们不太可能进军线下实体领域，即便进军了也只能成为小角色。它们在线下实体领域成功的唯一希望是主动融入亚马逊，或者阿里、美团这样的互联网巨头的战略版图，从巨头的锅里分一杯羹。

> 一旦"去中心化"潮流深入人心，中型互联网平台很可能最早失去对用户数据的控制权，因为它们对用户的讨价还价能力本来就比较弱。至于商家或内容方，更是可以轻松地迫使内容平台让出一定的规则制定权和征税权。

> 对于 DAO、DApp 等去中心化组织而言，要取代亚马逊或抖音这样复杂的大型平台可能要花很长一段时间（甚至永远无法彻底取代），但是要取代唯品会或 B 站这样的中型互联网平台就没那么难了。结

果就是，互联网巨头仍能对去中心化潮流组织进行很长时间的抵抗，中型互联网平台却只能早早竖"白旗"了。

那么，除非发生奇迹，难道中型互联网平台只能坐以待毙了吗？资本市场其实在一定程度上体现了这个预期：截至本书稿完稿之日（2023 年一季度），即使经历了一波反弹行情，港股和中概股中，二线互联网公司的市值，很多仍然只达到了历史最高点的 20%～30%；美国本土二线互联网公司的市值，很多仍然处于"腰斩"状态。中型互联网平台的市值低于游戏公司已经成为一种常态，今后可能还会低于头部影视公司等其他内容公司。然而，话也不能说得太死。中型互联网平台是一个很宽泛的概念，绝不是所有公司都无可救药，其中某些公司甚至可能还颇有希望。我们至少可以列举出三条可行的转型道路。

第一当然是转型做内容。在前面的章节，我们反复强调，在 Web 3.0 时代，头部内容公司的地位将得到前所未有的提升，AIGC 的推广则将进一步巩固它们的地位。如果微软、亚马逊、腾讯这样的一线互联网大厂能做内容，为什么中型互联网平台就不能做？事实上，许多中型互联网平台本来就有强大的内容业务，甚至本来就是平台业务与内容业务并重的。例如，心动公司同时存在 TapTap 游戏平台及自研游戏内容两项核心业务；爱奇艺运营着视频平台的同时，也开展着自制内容业务；阿里影业也在运营着淘票票这个电影票务平台的同时，开展着电影内容出品业务。根据常理推断，中型互联网平台的规模较小、行政层级较少，或许更不容易患上"大企业病"，可以更顺利地把发展重心转向内容业务。

可是现实要复杂得多。任何平台公司要做好内容业务，都需要一系列复杂因素的共同作用。我们在前面的章节总结过，平台公司做不好内容是常态，做出好内容反而不正常——这个总结当然适用于中型互联网平台。

在这方面，国内很多长视频平台都算得上"反面教材"：在理论上，它们具备庞大的流量和财务资源，可以全面改造影视内容，实现影视产业的"互联网升级"。可是在现实中，它们的内容业务发展困难重重，即便做出了成绩，往往也要付出极大代价，长视频平台的商业模式因此广受资本市场质疑。本书无意深入讨论"长视频平台为什么不能以较小代价改造影视内容产业"，只是想通过这个案例说明，中型互联网平台转型做内容的成功率可能很低，哪怕这些平台背后有更大规模的互联网巨头（例如国内的爱奇艺、腾讯视频、优酷）做支撑也是如此。

第二是转型做品牌化的实体产品。内容和产品可以说是一枚硬币的两面，前者是虚拟的，后者是实体的；前者基于 IP，后者基于品牌，而 IP 和品牌在本质上是一回事。如果垂类内容平台可以自制内容，为什么垂类电商平台不能自建品牌？出生在 20 世纪 90 年代之前的人可能还记得，中国最早的垂类电商平台之一"凡客"，就是以自建品牌为核心，只是它很早就衰落了。现在，几乎所有电商平台上都存在平台自有品牌或贴牌商品，虽然它们在交易额中的占比往往不太高，但总归是一股不可忽视的力量。

京东旗下的"京造"是国内最大的电商平台自有品牌之一

问题在于，在一般情况下，自建实体品牌的难度远远高于自制内容，因为前者比后者多了复杂的供应链、履约和客服环节。一部电影的"铺货"，只是把数字拷贝送达影院而已，这个流程甚至可以通过加密网络完成；一款服装的"铺货"，其复杂程度则是天文数字，涉及的仓储物流和渠道商超要素足以让人脑袋炸裂。一款游戏的"客服"，一般只会涉及充值、购买或抽卡行为，最坏的情况不过是退款罢了；一部家用电器的"客服"，却会涉及噩梦一般的上门维修、定损、退换货流程，成本和法律风险都要高得多。过去十多年，中国消费市场不知道兴起了多少"新国货"品牌，多半是"其兴也勃焉，其亡也忽焉"；美国消费市场涌现出的D2C（Direct-to-Consumer，直接面向消费者）品牌，衰亡速度也不是一般的快。难道互联网平台自己去做品牌就能成为例外吗？

还有第三条道路，在国内或许是最时髦的一条：**转型提供行业解决方案，美其名曰"产业互联网"**。这不但是监管部门鼓励的方向，而且确实有一些成功案例。垂类互联网平台只要足够精通自己的垂类，似乎就有机会向行业客户提供更深入的增值服务，乃至逐渐把主要收入来源从消费端转到产业端。无论有没有Web 3.0带来的冲击，反正消费互联网增值最快的时期也过去了，为什么不提早准备转型到产业互联网呢？

在美国和欧洲，上述转型策略或许是可行的，而且早已诞生了一批专业的、较大规模的产业互联网公司。然而，在中国，一个非常现实的问题是：企业客户往往不乐意或没有能力为专业解决方案付费。具体而言，很多国企和大型民企往往不乐意付费，就算付费也只会付给国际知名的一线解决方案商；中小型企业则不具备最基本的付费能力。在21世纪的大部分时间里，中国企业软件行业的增速一直显著慢于消费互联网行业，与其说是因为软件公司的水平不够，不如说是因为市场条件不佳。换了互联网平台公司去做这门生意，就能有什么不同吗？

如果上述三条道路都走不通，对于许多中型互联网平台来说，最实际的出路可能就是被互联网巨头并购整合。在 2020 年之前，并购整合的道路总是开启的；可是从那以后，全球各个主要经济体都收紧了对互联网巨头并购行为的审查，微软收购动视暴雪一案就从 2022 年初一直审查到了 2023 年；如果微软收购的是一家平台公司而非内容公司，审查节奏甚至可能更慢。就算没有反垄断审查因素，在互联网巨头自身面临转型压力的情况下，把宝贵的资源投向 AI 技术、内容开发等更重要的战略方向可能是更明智的选择。谁愿意花高价去收购一家风雨飘摇、自身难保、如同明日黄花的同行公司呢？

没有答案。其实，有没有答案都不重要。在过去几年，中型互联网平台一直在缓慢脱离资本市场和媒体的视野。真正走向衰落的公司，从来都不会在聚光灯下衰落，而是先沉入黑暗再衰落。对于那些既无力转型内容，也无力转型实体品牌，更无力转型到产业互联网的平台而言，它们的命运多半就是消失在黑暗中。

第五章

中国互联网行业：
在新时代的命运
还是个谜

大势：站在十字路口的互联网行业

- 中国互联网的"特殊性"究竟体现在哪里

- 回顾历史：四次互联网红利及其后果

- AI 时代的中国困境：ChatGPT 为什么难以复制

- "AI 独角兽"的进退维谷：企业客户太难伺候，消费市场太难做

- 解铃还须系铃人：正确理解 OpenAI 带来的启示

中国互联网的"特殊性"究竟体现在哪里

在欧美资本市场，有一个流行了十多年的复合词汇：Chinternet（China + Internet，中国互联网）。在热门中概股的上市公司当中，差不多一半以上是互联网公司；港股市值最大的民营企业，例如腾讯、阿里、美团等，差不多全是互联网公司。即便近年来红透半边天的新能源板块，虽然孕育出了一批千亿美元（甚至一度接近万亿美元）市值公司，但是总体规模仍然无法与互联网板块相提并论。对于 21 世纪初开始接触中国的欧美机构投资者而言，投资中国基本等于投资互联网，中国的城市化、工业化、消费升级、中产阶级崛起等诸多红利，很大程度上可以通过投资互联网公司所享受。

相对于世界其他主要经济体（尤其是美国），中国互联网特殊之处究竟体现在哪里？我们可以轻易列举出一连串的特殊性：中国人口极多，人口迁徙规模极大，现代化进程迅猛，人均收入增速很快⋯⋯此外，中国的产业政策和监管体系与西方也存在明显的区别。这些都是从宏观层面观察到的现象。就互联网行业自身的发展进程而言，我们还可以观察到一个特殊的成长轨迹：中国互联网行业基本略过了 Web 1.0 时代，在 Web 2.0 时代（尤其是移动时代）有了突飞猛进的发展，并且可能长期停留在 Web 2.0 时代，而不是向 Web 3.0 时代过渡。

换句话说，中国互联网行业是 Web 2.0 时代的"天之骄子"，头部平台公司享受的时代红利最为丰厚。无论是从平台公司的主观意愿看，还是用户使用习惯、监管体系要求的角度看，中国互联网行业都有很强的惯性沿着 Web 2.0 的道路继续走下去。而且，有些互联网平台习惯了过去多年的"快公司"逻辑——这又会对 AI 技术的研发和应用带来一定的抑制性。

如果上述因素持续存在下去，在由 Web 3.0 和 AI 技术共同定义的新时代，中国互联网公司很可能成为迟到者，"输在起跑线上"。这在某种程度上是一种历史规律：在上一个时代越成功的组织，就越是缺乏动力迁移到下一个时代，只有在迫不得已的情况下才会自我革新。至少从本书撰写时的情况看，美国互联网公司（包括巨头和创业公司）掌握着新时代的主动权，而中国互联网公司还在谨慎地分析状况、寻找切入点。从 2019 年开始崛起的 NFT，到 2023 年骤然兴起的 ChatGPT，中国互联网公司总是在努力通过强大的执行力去追上潮流。这种格局还要持续多久？中国互联网公司何时能够成为新时代的潮流引领者而非追随者呢？

在 Web 2.0 时代，中国互联网公司也一贯以善于追随著称，但是"追随"并非被动模仿，更不可简单地理解为抄袭。腾讯、阿里、字节跳动、百度、美团……这些互联网大厂的核心应用，虽然在发展初期或多或少地带有向欧美先行者"取经"的痕迹，但是其后续发展均远远超出了欧美先行者的足迹范畴。从产品和运营层面看，中国的互联网大厂能够同时服务数以亿计用户并为其建立强大的技术基础设施，这种效率就足以让大部分欧美互联网公司折服。中国庞大的用户基数、巨大的内部差异以及极快的社会变迁速度，无异于《西游记》里描述的"三昧真火"，把大批互联网公司炼成了金刚之躯。

在 2017 年以后，随着中国互联网行业的高度成熟，出现了一波从中国到欧美的商业模式"反向输出"。很多人认为，中国互联网公司已经从学生变成了老师，中国的庞大人口和复杂环境培育出了更先进的商业模式，中国公司的高效率也足以对欧美同行构成压制。这一波"反向输出"的主要成果如下。

> 字节跳动运营的抖音国际版 TikTok 席卷了北美、欧洲和日韩，成为全球 DAU（Daily Active User，日活跃用户数）最高的视频娱乐平台之一。严格地说，TikTok 脱胎自硅谷的 Musical.ly，但是 Musical.ly 也是由华人创业开发的，在本质上仍属于中国的商业和文化输出。

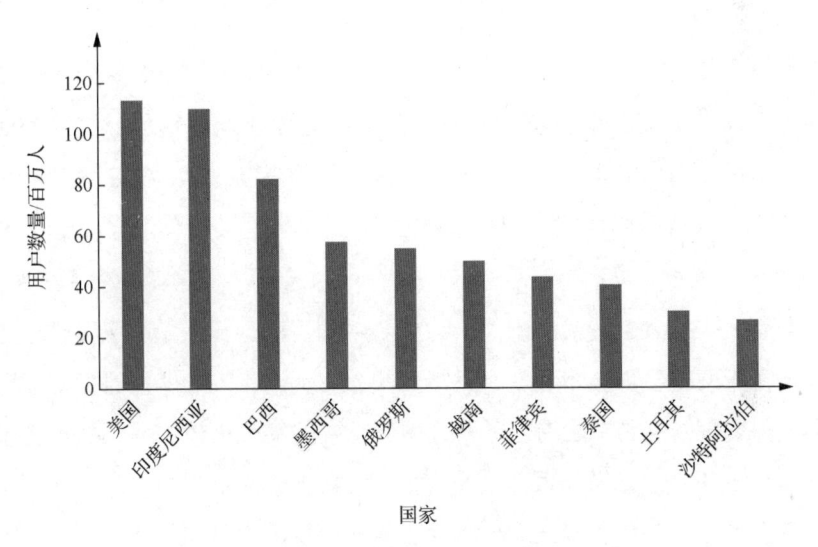

2023 年初各国 TikTok 用户数量（仅限 18 岁以上用户）
（数据来源：TikTok 应用后台广告客户服务）

> 由腾讯、网易等中国游戏公司发扬光大的免费游戏（Free-To-Play）模式，全面取代了买断制模式，成为全球游戏行业的主流。Epic Games 等顶尖游戏公司毫不讳言自己从中国同行身上学到了很多。米哈游的《原神》更是席卷全球，成为人人都想复制的奇迹产品。

> 源自中国的直播电商模式，从 2020 年开始受到了北美互联网巨头的高度重视，Instagram、YouTube 等主流视频平台均进行了尝试性的模仿。虽然直播电商迄今尚未在欧美流行开来，但是至少它得到了欧美主流互联网公司的高度重视。

> 2023 年的美国橄榄球赛"超级碗"，由中国公司拼多多推出的社交电商应用 Temu 买下了 60 秒广告，并且成为美国历史上注册用户数破亿最快的应用之一。很多人至今还怀疑社交折扣电商（社交电商+折扣电商）模式能否在北美流行开来，但是至少发展初期态势还不错。

> 欧美流行的电商独立站有大批也来自中国，其中的佼佼者是 SHEIN，它实际上已经发展为一个垂直整合的跨境电商平台。在东南亚市场，最大的电商平台 Shopee 是由中国人创立的，第二大电商平台 Lazada 则由中国公司阿里控股。

然而，ChatGPT 的横空出世，给整个中国互联网行业敲响了警钟：虽然过去十多年取得了那么多成就，虽然在收入、利润和市值等财务指标上已经位居世界前列，但是中国的互联网公司在重要的突破性技术上仍然没有掌握主动权。在 ChatGPT 发布近三个月之后，百度才成为中国第一个发布类似产品（文心一言）的互联网大厂；华为、阿里、腾讯等公司紧随其后。目前国内的生成式 AI 应用与 ChatGPT 的差距有多大？众说纷纭，主流意见是认为有 1~2 年的差距。这个差距虽然不是鸿沟天堑，但也足以引起警觉——从现在开始必须全力追赶！

每个人都有自己的舒适区，认为过去的经验永远有效。"小镇做题家"认为人生就是一场又一场的考试，一切实力和运气的鸿沟均能通过做题来填平；投机致富的赌徒则认为，人生成功的唯一方法是在适当的时候下注，选择永远比努力重要。对于组织、对于行业而言，何尝不是如此？中国互联网行业在 Web 2.0 时代停留得太长，相当一部分管理者和从业者不会提前为下个时代做好准备。其实，这不是任何人的错误。在历史规律面前，个人的意愿和能力是渺小的。好在现在一切都不算晚，无论是 Web 3.0 还是生成式 AI，在全世界的应用仍处于初级阶段。目前中国互联网行业拥有的资源禀赋仍然仅次于美国，在一些商业模式和细分赛道上的优势也仍然存在。只要客观认识到问题所在，那么一切问题都是可以解决的。

接下来，让我们简短地回顾一下中国互联网过去三十年的发展历程，看看整个行业究竟形成了什么样的路径依赖。读史使人明智，前提是要读正确的、客观的史料。在充分学习历史之后，哪怕我们还是解决不了现实问题，至少也能对问题的症结有更加清醒的认识。

回顾历史：
四次互联网红利及其后果

从 20 世纪 90 年代中期以来，中国经历了四次"互联网红利"，第一次红利期导向了互联网公司的巨型估值泡沫，第二次和第三次红利期导向了由基本面推动的估值有序扩张，而第四次红利期又导向了最近一次互联网公司（尤其是中概股）市值的剧烈扩张。简而言之，红利主要发生在 Web 2.0 时代，尤其是其中的移动互联网时代。对于中国用户而言，Web 1.0 时代只是远古的传说，Web 3.0 则从未走进千家万户，大家能理解的互联网基本就是 Web 2.0 时代的中心化平台。对于互联网从业者而言，其实也是如此。

本书作者有幸在青少年时期经历了中国互联网行业从无到有的过程。二十多年前，我还是个中学生，每天看着报纸上关于互联网"知本家"拿到风险投资的报道，为之雀跃不已；工作之后，每当在财经媒体和自媒体上看到关于互联网"独角兽"的报道，我有时候会觉得时间仿佛从未流逝。但是，历史从来不会重演，只会像华尔兹舞曲一样螺旋上升，在惊涛骇浪和迷人泡沫的夹缝之中辗转前进。

第五章 中国互联网行业：在新时代的命运还是个谜 213

虚假的 PC 互联网红利（1995—2001 年）

中国的互联网基础设施开始于 20 世纪 90 年代中期，在这个时期，美国的互联网行业已经相当成熟，从而带来了震惊全球的纳斯达克科技股泡沫。这个泡沫有一点点溢出到了中国，带来了短暂的风险投资来源，从而催化了一大批早期互联网企业。

回过头去阅读 2000 年前后的那些互联网企业家的演讲、访谈、商业计划书，我们会发现：他们都抱着非常远大的理想，讲故事的水平绝不逊色于今日的后辈，也获得了投资者和专业媒体在一定程度上的支持（否则就不会有第一波中概股 IPO 热潮了）。遗憾的是，这是一个虚假的红利期，因为当时互联网在中国的渗透率非常低：截至 2000 年初，纳斯达克泡沫破灭前夕，中国仅有 890 万上网用户，绝大部分集中在一线城市，而且自有上网电脑的比例极低！

在那个时代，绝大部分用户只能用单位或网吧的公用电脑拨号上网，难以使用除了信息浏览和电子邮件之外的任何功能；因为拨号上网费用昂贵，信息浏览则主要在离线状态下进行。在这种环境下，根本不可能诞生像样的互联网服务。1999 年，梦想中文网和 8848 网上商城联合举办了"72 小时互联网生存大赛"，从数千名报名者当中选出了 12 名参赛者，在北京、上海、广州三地的酒店房间内同时进行比赛。从表面上看，12 名参赛者中有 11 名依靠网上订餐订货而度过了 72 小时；实际上，他们使用的互联网订餐服务大多是为本次比赛临时开设的，不具备持续经营价值。时至今日，当时的两个主办方——梦想中文网和 8848 网上商城，早已消失在了互联网的尘封历史之中。

在这次虚假的"PC 互联网红利期"内，Web 2.0 概念尚未流传开来，绝大部分互联网服务均秉承着 Web 1.0 模式。

> 门户网站和个人网站均依靠手动更新,所以更新频率颇低。读者与网站互动的唯一渠道是电子邮件,偶尔有设置留言板的网站已经堪称先进。

> 国内电商网站几乎完全依赖自营商品或少数合作方的商品,不但商品数量少,而且用户缺乏评价反馈途径,客服也仅能依靠电话和电子邮件来处理客诉。

> 在所有互联网服务中,仅有 BBS(电子公告板)带有较强的交互色彩,当时最流行的 BBS 包括网易虚拟社区、西祠胡同,以及基于 Telnet 模式的教育网 BBS。不过,这些 BBS 基本还是小圈子的"圈地自萌",同时在线数达千人以上的场景都算罕见了。

随着 2000 年 3 月第一次纳斯达克泡沫的破灭,被美元资本强行催熟的第一次互联网红利期迅速走到尽头。对于主流用户而言,这次红利期是"脱离群众"的,根本没有走进千家万户,也没有留下多少深刻的记忆。在专业层面,固然有很多老牌互联网公司(包括腾讯、阿里、网易、新浪等)是在这次红利期诞生并成长起来的,但是它们此后的发展轨迹却早已脱离了最初的计划,它们后来的核心商业模式往往也与这一时期的探索没有太大关系。

总而言之,Web 1.0 时代在中国留下的痕迹很浅,若有若无。生于 20 世纪 90 年代之前的美国人和欧洲人,或许还记得那个"物竞天择、适者生存"的互联网上古时代,记得浏览器收藏夹里的数百个个人网站,记得通过电子邮件与网站编辑联系,乃至交笔友,记得在草莽无序的互联网"西部世界"里漫无目闯荡时的一幕幕。可是对于同一时期的中国人而言,这样的记忆并不存在;哪怕存在,也无法上升到一代人"集体记忆"的高度。如果我们把 Web 1.0 时代的短暂岁月完全从中国互联网的史册中抹去,绝大部分人恐怕不会产生什么违和感,甚至会反问:"有什么区别吗?"

真正的 PC 互联网红利期（2002—2009 年）

2002 年底，中国上网用户数首次突破 5000 万人；与此同时，宽带上网人数首次有了官方统计。从此，"真正的 PC 互联网红利期"开始了：网吧越来越普及，电脑上网的家庭越来越多，上网资费逐渐下降到可以接受的水平。虽然仍处于比较原始的阶段，但互联网基础设施终于可以支撑一些比较复杂的功能了。

一开始，从纳斯达克泡沫破裂中幸存的互联网公司尚未找到合理的商业模式，只能依靠移动 SP（Service Provider，指移动互联网服务内容应用服务的直接提供者）这种打擦边球的服务熬过艰难时刻。到了 2004 年以后，广告和游戏等高效的互联网商业模式终于成熟，由此打开了互联网平台高速发展的突破口。2004—2007 年，腾讯、百度以及阿里 B2B 业务先后上市；新浪、网易、搜狐实现了稳定盈利。2007—2009 年，出现了一个奇特的趋势：中国的上网人数尤其是宽带上网人数猛增，增速远超过去几年的水平；宽带渗透率被迅速拉到 90%以上。这有可能是因为宽带固网升级导致的，也有可能与三大运营商重组之后的激烈竞争有关。结果就是，在这两年当中，中国新增的互联网用户数超过了此前积累的用户数之和，其中大部分使用的是高速宽带。

2008 年下半年，中国的互联网用户基数超过了美国，位居世界第一；2010 年初，中国的互联网用户数已经超过了美国的总人数。PC 互联网用户的强劲增长期几乎与 Web 2.0 的发展期重合，导致增长红利几乎全部被各种各样的中心化平台吞噬：腾讯占据了社交赛道，百度占据了搜索赛道，阿里占据了电商赛道，诸多细分赛道也诞生了自己的平台霸主。由于中国用户普遍没有经历过 Web 1.0 时代，没有依靠个人网站、独立站和中小服务商满足需求的习惯，接受上述中心化平台的服务可谓毫无障碍。

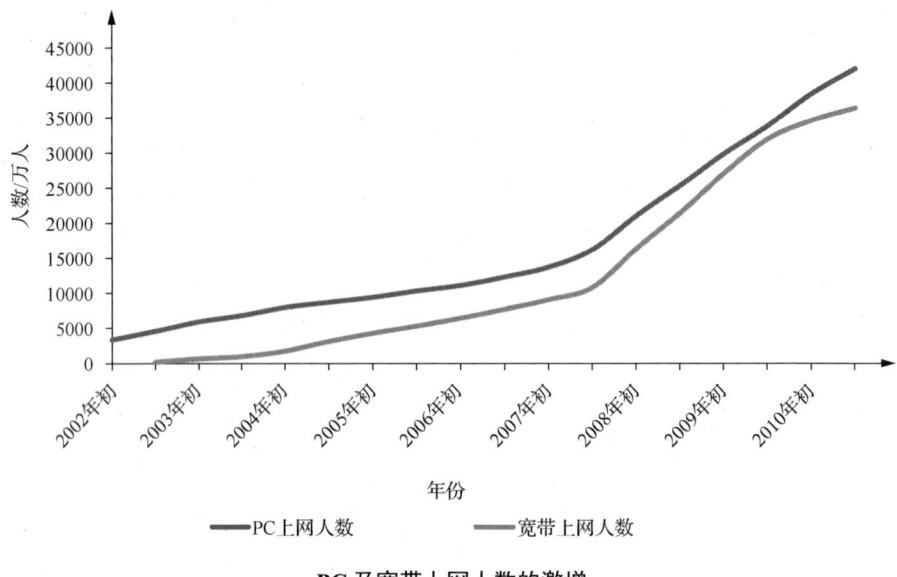

PC 及宽带上网人数的激增

（数据来源：CNNIC）

截至此时，所谓 Chinternet 的投资逻辑已经完全成立：以中国庞大的用户基数和快速推进的城市化，完全可以创造不逊于美国的互联网神话；在胜利的果实当中，中国互联网平台所占的比例可能还要高于美国同行。当资本市场认识到这一点时，就开始赋予百度、腾讯等公司较高的估值，并且热切期盼阿里、京东、360 等公司上市。但是任何人都没有料到，这个红利期仅仅是开胃前菜，与即将到来的惊天地泣鬼神的下一个红利期相比，算不了什么。正是后面到来的第三个红利期，塑造了中国互联网行业现在的格局。

全世界最强劲的移动互联网红利（2010—2019 年）

中国的移动互联网红利不仅是真实的、强劲的，而且是全世界最强劲的。市场主流观点认为，2010 年或 2011 年是中国的"移动互联网元年"，因为微信产品和小米手机均在此时推出，以新浪为代表的各类微博服务也在此时大行其道。这种观点有一些道理，但是严重忽视了一个事实：早在 2008 年，在 3G 网络的推动下，中国就具备移动互联网的基础了。智能手机的普及只是在这个基础之上的自然发展而已。

2008 年底，中国手机上网人数已经超过 1 亿；两年以后，这个数字飙升至 3 亿，移动上网渗透率激增至 66%，远远领先于大部分主要国家。此时智能手机尚未普及，大部分移动网民是用功能机（尤其是山寨功能机）上网的，只能使用与网页浏览、电子邮件、音乐等相关的简单服务。然而，山寨功能机埋下了一粒种子，培养了用户习惯，使用户非常愉快地接受了移动上网的方式。从 2010 年开始，小米、OPPO、vivo、华为等国产智能手机先后流行起来，伴随着 4G 移动网络的扩张，这推动了中国移动互联网的井喷式增长。到了 2015 年底，中国的手机上网渗透率已经超过 90%，这种普及速度简直是前无古人、后无来者！

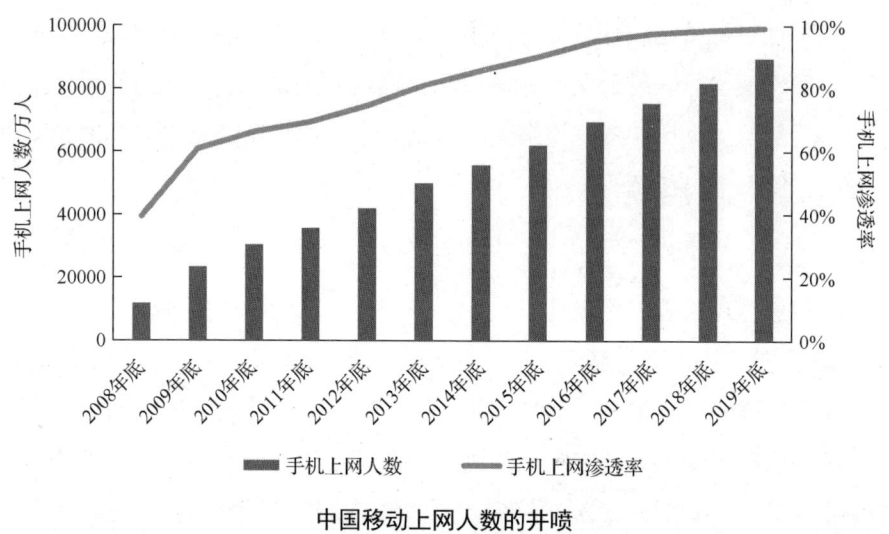

中国移动上网人数的井喷

（数据来源：CNNIC）

在此期间，互联网行业同时享受着两波红利：PC 互联网红利还没有结束，移动互联网红利又来了！要知道，移动互联网可不只是"互联网的移动化"那么简单，它还意味着两个根本性的变化，这两个变化又恰好对互联网平台公司非常有利。

> 移动原生 App 逐渐取代浏览器，成为用户使用互联网服务的第一入口。PC 互联网时代的开放性一去不复返，各大 App 构筑壁垒、瓜分互联网的时代到来了。在 PC 端，一个普通用户可以通过浏览器在数百个网站之间跳转，随处寻找自己需要的信息；在移动端，他的习惯被逐渐改变，最终习惯于安装几十个 App，日常只使用其中的十几个。极少数头部平台对互联网的自然垄断上升到了前所未有的高度。

> 移动用户通常只使用一部智能手机（最多两三部），而且几乎一天 24 小时不离开手机，这就让互联网平台可以轻松地将用户信息对应到个人，数据丰富程度也大大超越了 PC 时代。例如，通过用户的地理位置信息，可以推断出其职业、收入水平和生活习惯。更不要说某些互联网公司存在通过私下违规调用系统功能，窃取用户数据的行为。用户数据持续落入平台之手，也就意味着平台权力和变现能力的持续提升。

在这波全球最强的移动化浪潮中，一部分互联网公司因为未能及时转向移动端而衰落，从而导致了互联网行业的"世代更替"，像字节跳动、美团、快手这样的公司进入了新的巨头之列。但是最尴尬的还是传统行业的企业——它们甚至尚未适应 PC 互联网，更谈不上适应移动互联网了。两波红利来得太快、间隔时间太短，只有事先做好准备的人才能利用它们。老资格的用户大概还记得，2012—2014 年，国美、苏宁大力发展自己的电商平台，对京东发起了猛攻。事实证明，这种猛攻毫无效果，因为京东（及其老对手淘宝）早已开始移动化转型，彻底把传统零售商甩在了上一个世代。

由此又导致了中国互联网行业具备两个特点。

第一个是权力转移非常迅速，所有人都在努力跟上潮流，"内卷化"登峰造极。从 PC 端向移动端的转型淘汰了一批昔日巨头，短视频、社交电商等新应用的崛起也大幅扰动了行业竞争格局。即便是已经功成名就的大型平台公司，若不能顺利跟上所有潮流，也随时存在失势的危险。中国互联网公司在全球同行当中内部竞争是最激烈的，是最讲究速度和效率的，这个判断大致没错。

第二个是传统企业在互联网公司面前几乎没有还手之力。以电商为例，在美国，沃尔玛、塔吉特、梅西百货等传统零售商尚有能力与亚马逊一战，美国交易规模排名前十的电商网站有一半以上是由传统零售商开设的；而在中国，传统零售商却只有被阿里、京东等互联网巨头整合的命运。又以传媒娱乐为例，在美国，迪士尼、派拉蒙、HBO 等传统媒体公司的流媒体业务均比较发达，对奈飞构成了一定的冲击；而在中国，却仅有芒果超媒等极少数传统媒体背景的公司能在流媒体时代拥有一席之地，流媒体的绝大部分版图均归属互联网公司。

总结下来就是：在全球最强劲、空前绝后的移动互联网红利之中，中国不仅做出了全球最大的互联网蛋糕之一（仅有美国的蛋糕可以与之相提并论），而且蛋糕主要被互联网平台公司分走了。在多次对互联网平台发起挑战无果之后，传统企业逐渐接受了事实，安于在互联网经济中扮演比较次要的角色。所谓 Chinternet，就是中国负责做蛋糕，互联网负责分蛋糕！这种互联网巨头独大的一元化格局，当然不可能永远维持下去。可是在它出现裂缝之前，还会有一波回光返照式的"最终红利"，给从业人士带来了最后的财务自由机会，也招致数百万投资者的大喜大悲。

流量红利的封印：真假参半的疫情红利（2020—2021年）

2020年初，新冠疫情初起之时，很少有人真心认为疫情会给互联网行业带来什么红利。毕竟，2003年的非典疫情也没有带来什么红利，所谓"非典成就了淘宝、京东"的坊间传闻纯属无稽之谈。然而，人们很快发现，互联网行业好像真的吃到了"疫情红利"，可以明确体现在统计数据和财务报表当中。

> 2019年，中国移动互联网用户的日均使用时长稳定在6小时左右，环比已经几乎没有增长。但是到了2020年一季度，在大部分人宅家的情况下，用户日均使用时长骤增至7.3小时。

> 由于人们宅在家里，有大量空闲时间，遂导致重度游戏、直播、短视频、中视频等娱乐内容的用户黏性大幅上升，用户为网生内容付费的倾向亦提升至历史最高水平。

> 人们宅家导致了线下零售和餐饮行业的凋敝，却大幅提升了消费者对电商的依赖。虽然因为快递运力下降，电商平台的发货量受到影响，但是用户习惯的培养是实实在在的。

> 疫情刺激了远程办公、远程教学的需求，从而给腾讯会议、钉钉、飞书乃至B站的学习频道等一批相关应用带来了巨大的流量红利。

然而，这次"疫情红利"对互联网行业而言，绝非雨露均沾：虽然用户使用时长大幅提升，但是用户使用App的数量几乎没有提升。在疫情之中，既没有产生新的大型互联网平台，也没有产生新的垂类头部平台。一部分抗风险能力较弱的"独角兽"反而"死"掉了，市场份额落入数量有限的巨头之手。资本市场达成了一项共识：疫情对实体经济的打击意味着对互联网经济的促进，对中小型企业的打击则意味着对大公司的促进。总而言之，大型互联网公司只会受益、不会受害，所以它们的股价在 2020 年连创新高，直至经济下行压力和平台经济反垄断共同导致泡沫破裂。

到了 2023 年初，"后疫情时代"开始之后，我们可以看到：虽然在三年疫情期间，移动互联网的用户日均使用时长有过不小波动，但是到了 2022 年四季度，用户日均使用时长与 2020 年一季度几乎相同，都是每天 7 小时左右；2023 年春节期间的用户日均使用时长，与 2022 年春节相比变化不大（数据均引自 QuestMobile 数据）。与其说疫情期间的宅家给互联网行业带来了新的内生增长，不如说它一次性透支了未来多年的增长空间：在用户日均使用智能手机超过 7 小时的情况下，很难想象用户日均使用时长还有多大的提升空间。我判断，过去三年就是中国互联网流量红利的封印，今后除非出现新的技术变革，否则流量红利已经结束。

在新冠疫情期间，固然涌现出了一些新的互联网业态，例如社区团购；已有的直播电商、生活服务电商等业态也得到了新的发展机会。看起来，2023 年的中国互联网行业比 2019 年规模更大，竞争力更强，技术研发和组织管理水平更高，来自海外的收入比例也更高。然而，这些只是表面现象。过去几年，中国互联网的发展模式没有根本性变化，主要还是依靠堆积人力物力去博取增长，竞争胜负主要不是取决于谁的科技创新程度更高，而是取决于谁的资源投入更多更快。这仍然是一种偏向粗放式的发展模式，天花板并不高。

以社区团购为例，美团和拼多多之所以能够在诸多竞争者当中脱颖而出，在很大程度上是依靠不计代价地投入人力物力，一定要快；阿里、京东、滴滴等巨头稍慢了一步，就在这个赛道上落后了。中国互联网的诸多战役，在本质上都是"高举高打"的闪电战、速决战，前期落后的公司在后期很难追回来。TikTok、Temu 等国产应用在海外的扩张，也是秉承着这种"高举高打"的思路。当 Temu 买下 2023 年美国超级碗比赛的 60 秒广告时，美国用户和媒体皆为之震惊，反而是中国人司空见惯——这不就是一些中国互联网公司一贯的打法吗？

因此，当ChatGPT横空出世并迅速得到应用之时，中国互联网公司陷入焦虑是可以理解的。这是一场很难用中国互联网行业的惯用方法打赢的战争：AI基础研发难以通过"高举高打"获胜，AI技术的应用需要在具体场景中逐步推进而不是火速试错；更重要的是，国内互联网环境真的需要AI应用吗？大家都承认，人类社会的长期未来属于AI，可是中国市场的短期利益不一定属于AI。过去多年的路径依赖，使得中国互联网行业走上了一条"对AI不太友善"的发展道路。有点像200多年前的乾隆后期，大清帝国看似有烈火烹油、鲜花着锦之盛，却没有为工业革命和全球化做好准备。

如果你觉得上述论断有点夸张，下面让我们展开描述"AI时代的中国困境"。相信你会发现，我们的论断一点儿也不夸张。

AI 时代的中国困境：
ChatGPT 为什么难以复制

截至撰写本章时的 2023 年 3 月，几乎所有中国互联网大厂都公布了自己的"类 ChatGPT"解决方案，有些还公布了背后的关于 AI 技术模型的详情。其中最高调的是百度，其"文心一言"解决方案号称即将接入数十家内容平台和数以百计的媒体、自媒体。腾讯公布的微信 AI 模型"WeLM"（WeChat Language Model）亦受到了资本圈的广泛关注，其应用重点指向文本生成和翻译。美团联合创始人、被尊称为"老王"的王慧文，此前一直在寻找 Web 3.0 赛道的创业机会，在 ChatGPT 火起来之后，他迫不及待地宣布愿意立即带 5000 万美元加入 AI 创业，由此还引发了一些人的嘲讽——5000 万美元对于 AI 研发而言，实在是太少。

无论如何，任何中国互联网公司（不管是大厂、小厂还是创业公司），要想在短期内缩短与 ChatGPT 的差距，但可能性无限趋近于零。因为竞争对手实在太强，产品进化太快了！2023 年 3 月 2 日，百度的文心一言和腾讯的 WeLM 尚未上线，OpenAI 实验室就正式开放了 ChatGPT API（应用程序编程接口），每输出 100 万个单词的价格仅为 2.7 美元。这意味着从 2022 年 11 月底 ChatGPT 发布开始，短短三个月之内，OpenAI 已经将其应用成本砍掉了 90%！难以想象，今后基于 AI 的应用开发会便宜到什么地步；更难以想象的是，中国厂商要如何缩短如此巨大的差距！

中国在 AI 技术研发方面当然存在许多劣势：中国的基础研究整体水平与美国还有很大差距；高等院校、科研院所对美国顶尖研究机构的追赶才刚刚开始；国内企业普遍比较年轻，不像欧美大型企业那样拥有长达数十年的研发积累。举一个最简单的例子：在机器学习训练领域，对 GPU（图形处理单元）芯片的需求是非常巨大的。据美国咨询公司 TrendForce 的估计，要维持 GPT-3.5 大模型的运作，至少需要 2 万颗 GPU，其中不乏英伟达出品的 A100/H100 高端 GPU。自从 ChatGPT 发布以来，英伟达的股价经历了几轮飙升，就是因为市场意识到了机器学习是一场基于 GPU 供给的烧钱竞赛，烧得多不一定能赢，烧得少一定赢不了。若不是部署了数以万计的 A100 GPU，微软 Azure 云拿什么去训练 ChatGPT？

目前在国内，大部分云计算服务商，无论是互联网系还是非互联网系，主要使用的还是中低端 GPU。自从 2022 年美国颁布《2022 年芯片与科学法案》（就是人们常说的《芯片法案》）以来，国内企业进口英伟达高端 GPU 的难度大幅提升了。其实，就算进口高端 GPU 没有阻碍，上万颗 A100/H100 级别的 GPU 的采购成本也是天文数字，目前在国内，恐怕仅有腾讯、阿里、华为、字节跳动等寥寥数家有能力承担。何况，采购不是结束而是开始，由上万颗 GPU 组成的 AI 算力集群的运营成本亦是无底洞。在 ChatGPT 火遍全球之后，微软立即向 OpenAI 再次注资 100 亿美元，用于后续研发和应用——哪怕以互联网巨头的标准看，100 亿美元也不是一个小数目！

乐观的人认为，上述劣势是中国经济发展中出现的结构性问题，归根结底是钱的问题。只要经济继续发展下去，钱总是越来越多的。至于芯片等高端技术装备的禁运问题，对于中国而言也不是什么新鲜事了；在全球化的大背景下，任何国家与其他国家之间都不可能做到真正的脱钩。总而言之，问题是可以通过时间自然而然解决的。

然而，即便我们赞成上述乐观观点，总归还有一些劣势是短期内无法解决的。它们需要我们运用智慧，在较长时间里慢慢解决。

- 过去多年，英语一直是全球互联网的第一语言，而中文信息的丰富程度要落后不少，这就意味着用中文语料库对 AI 进行训练的难度要更大一些。
- 目前国内受过高等教育的劳动力还处于增长阶段，劳动力成本可控，企业对于"AI 替代人工"的内生需求尚不十分强烈。
- 弥漫于国内科技行业（包括但不限于互联网行业）的急功近利的"内卷"文化，限制了基础研发的空间。对于国内互联网行业，在过去十几年，不少公司习惯投资立竿见影的技术和应用，两三年就要看到效果，而要做好基础研发，就必须克服这种急功近利的文化。

先说第一个问题。虽然汉语是全世界母语人数最多的语言，但是英语仍然是全世界使用面最广的语言，在互联网上尤其如此。据咨询公司 W3Techs 的统计显示，截至 2023 年 3 月初，在全球互联网的所有网站当中，英文网站占比为 56.6%，而中文网站占比仅为 1.5%。需要注意，这个统计是基于网站个数而非网页个数的，而且没有覆盖大批移动原生 App 内部的信息。但是即便考虑到上述因素，中文信息在互联网信息中的占比还是低于英文，甚至低于俄文、西班牙文、法文和德文。

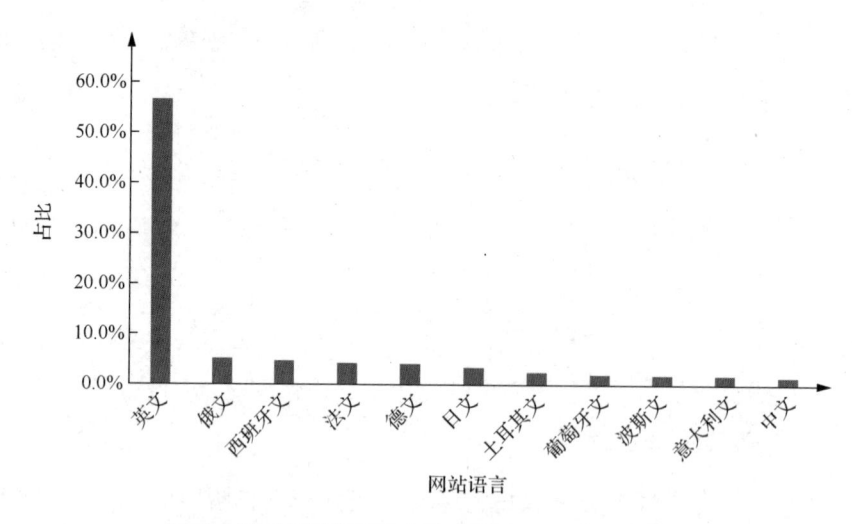

全球互联网各语言网站占比（截至 2023 年 3 月初）

（数据来源：W3Techs）

占比这么低的中文信息，还被各大互联网平台"生态系统"割裂成无数碎片。百度搜索引擎既无法覆盖淘宝商品信息，也无法覆盖微信公众号；微信、抖音、快手等头部 App 的内容，基本上只能被它们内部的搜索功能触及。中国互联网巨头若想训练自己的 ChatGPT，只能基于自身生态系统的数据；至于那些中小型公司，除非傍上巨头的大腿，否则连基本的数据供给也难以保证。当然，中国厂商也可以主要使用英文信息训练自己的 AI 模型，但这无疑将降低其在国内市场的应用潜力。

在内容质量上，中文信息更难以与英文相提并论。全球顶尖的学术期刊、学术会议一般均使用英文，非母语学者一般同时采用母语和英语两种工作语言，这一局面在短期内不会改变。顶尖金融机构、咨询公司和智库的大部分研究报告也首发英文版本，仅有少数有中文版本。只有在研究中国特有的问题时，中文资料的作用可能更大；在研究其他问题时，中文资料的意义就远不及英文了。而在与艺术相关的专业领域，例如美术、影视、设计、艺术史等方面，法文资料的重要性超过了英文，参加过国际电影节的专业人士都知道制作法文字幕和法文小册子的重要性。无论如何，中文在国际上能唱主角的领域还不多。

同时必须承认，信息流媒体的算法推荐机制也拉低了中文信息的水平——大批自媒体致力于追逐短期热点，通过算法获得更多流量，从而加剧了信息的同质化、降低了有用信息密度。在对 AI 进行训练时，高度同质化的语料库效果，显然比不上富有多样性和原创性的语料库效果。从这个意义上讲，中文互联网上的"震惊体""废话体"内容比例越少，对 AI 模型的训练就可能越有效。

有人会说："语言问题也可以随着时间得到解决。当中国足够强大之时，中文信息在数量上和质量上都将获得优势，没有必要杞人忧天！"这种观点与姜文在出演《星球大战外传：侠盗一号》电影之后发表的论断有异曲同工之妙：美国电影能够流行全球是因为美国有十多个"航空母舰战斗群"，当中国也拥有这么多"航空母舰战斗群"之后，中国电影就可以流行全球。不过，这个过程不是几年、十几年内能够完成的——中国厂商总不能等待中国有了十几个"航空母舰战斗群"之后，再去做自己的 ChatGPT 吧？

再说第二个问题。技术研发归根结底是由应用需求推动的，例如机器学习在互联网广告推送上的巨大作用，就刺激了包括谷歌、亚马逊、字节跳动在内的一批互联网大厂研究机器学习。以 ChatGPT 为代表的自然语义聊天机器人，其首要应用场景还是运营和客服，其次是对内容开发乃至程序开发的辅助。在 OpenAI 公开 ChatGPT API 之后，首批接入的 SnapChat、Instacart、Shopify 等美国互联网公司均有巨大的客服替代需求。对于劳动力成本高的美国和欧洲企业客户而言，ChatGPT 可谓雪中送炭。

别误会，近年来中国的劳动力成本亦呈现不断上升的趋势，在局部还出现了劳动力短缺的情况。可是相对于发达国家，中国的劳动力，尤其是受过教育的劳动力，薪酬水平还是相对较低的。对于大部分企业而言，月薪几千元的电商客服、上万元的内容运营人员、一两万元的入门级码农，虽然越来越难招了，但总归还是能招到的。那么问题来了：一边是远低于欧美的用工成本，一边是可能高于 ChatGPT 的国产 AI 解决方案成本，企业主会如何抉择？

就拿前文讨论过很多的 AIGC 来说：假如一张二次元游戏立绘（角色全身站立图）的人工成本是 2 万元，游戏公司大概很有动力用 AI 取代一部分画师，财力比较薄弱的中小型游戏公司会更积极。但是，假如一张游戏立绘只花费 2000 元乃至 1000 元呢？假如画师本人不是全职员工，只是随时签约的外包人员，不用占用游戏公司的社保成本和办公场地呢？与其冒着不确定的风险去尝试 AIGC，大部分游戏公司还是乐意继续使用人力吧？至于文字创作，成本就更低了——很多几十万粉丝的自媒体大号对外征稿的报价也才一篇几百元，而且可以让对方反复修改，耗费的精力比调教 AI 还低。

附带说一句，中国现阶段的"用工荒"，其实主要体现为蓝领用工荒——技术工人难找，训练有素的服务人员难找，受过高等教育的白领却不太难找。AI 应用在早期取代的主要是中低端白领，这恰好是中国劳动力过剩最明显、最不需要 AI 替代的领域。2022 届全国大学毕业生规模达到 1076 万人，再创历史新高；加上约 130 万硕士、博士毕业生，全国在一年之内新增的白领人才后备军高达 1200 万人之巨。总而言之，中国的"智力资本"还处于高速扩张的状态之中，这在宏观上当然是中国经济的一项重要优势，但是也不可避免地压低了企业用 AI 替代人力的需求。

由此导致了一个"先有鸡还是先有蛋"的瓶颈：因为 AI 解决方案相对于劳动力的成本优势不明显，企业客户缺乏充分动力使用 AI 应用，这种需求不足又会抑制 AI 厂商进行技术研发的积极性，导致国产 AI 解决方案更不具备价格优势。除非劳动力成本突然大幅上升，或者有大厂愿意不计回报地砸钱，否则这个恶性循环很难被打破。当然，考虑到目前中国厂商对生成式 AI 的研发尚处于初级阶段，离广泛应用还比较遥远，它们现阶段或许不用太担心这个问题，不过它们总有一天还是需要直面这个问题的。

接着说第三个问题。在 2021 年的谷歌年报中，管理层写道：

> "在历史上，不走寻常路的精神一直驱动着我们，鼓舞我们去解决重大问题，投资人工智能和量子计算研究等疯狂的想法。"

乍听起来，"不走寻常路"是一种很酷、很特别的精神，"疯狂的想法"则是伟大公司基业长青的关键。问题在于，这可能意味着短期内远离主流、蒙受损失、受到外界的冷嘲热讽。一家公司若要把"不走寻常路"的精神贯彻下去，至少要具备两个条件：一个足够赚钱的主营业务（俗称"现金牛"），以及鼓励长期主义的组织文化。如果有可能，还应加上第三个条件：负责"疯狂的想法"的部门（往往是基础研发或创新业务部门）与负责赚钱的部门分开管理，遵从不同的 KPI，并且受到同等的重视。

微软及其参与孵化的 OpenAI，恰恰同时符合上述三个条件：第一，微软的主营业务非常赚钱，具备"不走寻常路"的足够本钱；第二，在战略性的新方向上，微软一贯不吝于持续多年投入，游戏及云计算业务就是典型；第三，OpenAI 并非微软旗下的部门，而是一个独立运作的公司（以前曾是非营利组织），所以既能享受微软的扶持又能保持创业公司的锐气。在 ChatGPT 诞生之前，马斯克等早期投资者也曾一度丧失信心、打退堂鼓，不过 OpenAI 还是坚持了下来。这才是"不走寻常路"的真实含义——努力尝试不一定能成功，可是只要还在尝试，就有希望。

从这个角度看，虽然谷歌推出的 Bard AI 聊天机器人早期反响不佳，但谷歌确实是仅次于 OpenAI 的成功候选人之一。谷歌的创始团队和现任管理层一直在用互联网广告业务的利润支持自动驾驶、医疗等新兴业务，以及各个方面、各个阶段的前瞻性研究。作为由专业科研人员创立的公司，谷歌一直非常重视研发部门，优秀的基础研发人员受到的重视程度丝毫不亚于一线业务人员。不过，在现实应用层面，谷歌倒是一贯以缺乏耐心著称，因为缺乏成效而迅速被它放弃或边缘化的消费级业务不在少数，最近一个案例就是一度被寄予厚望的 Stadia 云游戏平台。各种迹象显示，谷歌做出自己的"ChatGPT"只是时间问题，如果连它都做不出来，那简直无法想象还有谁能做出来。

那么，中国互联网公司又如何呢？它们并不缺乏赚钱的主营业务，但是它们所处的环境变化太快，太需要"居安思危"的精神。领先者稍微停下思考一下，追赶者可能就逼近到眼前了。结果就是，大家都强调以快取胜，先动手做起来，在实践过程中慢慢形成理论。这种高度务实的文化，培养出了高度务实的管理层和业务中坚层。公允地说，这是中国互联网行业的一个特点，而不是缺点；这在有些时候是互联网公司的加分项，有些时候却是减分项。

中国互联网公司在进军海外市场，尤其是发达国家市场时，经常会惊叹于对方企业的效率之低下：在对方还在按照流程慢悠悠地讨论问题时，我们的企业可能已经把事情做完了；抱着这种心态做一线业务，其实是不错的；可是在这种心态下培养起来的企业文化、成长起来的管理层，对于负责基础研发项目恐怕就不太擅长了。超过三年以上才能看到成效的研发方向，以及不知道具体怎么应用的基础技术——就算这样的项目能够被允许存在，其在公司内部的优先级也不会太高。

从纸面上看，国内互联网大厂都建立了独立的基础研发部门，聘请知名专家乃至院士指导重要工作。在现实中，此类基础研发团队由于与一线业务相隔较远，其战略意义往往没有得到足够重视，从企业高层获得的资源也不太稳定。阿里于 2017 年成立的达摩院已经是其中命运较好的一个了，获得了巨额预算和高度独立的组织地位，在芯片、人工智能等领域也拿出过一些实用化的研究成果。然而，从 2022 年开始，达摩院还是被要求自负盈亏，背上了短期考核压力。达摩院尚且如此，其他互联网大厂的基础研发部门的处境显然不可能更好。

阿里旗下的达摩院可能是国内互联网行业内规模最大、投入最多的基础研发机构

其实，如果还要继续找理由，还能找出很多，但是万变不离其宗：在上一个时代引向成功的决定性因素，在下一个时代经常会沦为拖后腿的因素。当运动员为了新赛季努力锻炼的时候，若不知道新赛季的比赛规则发生了什么根本性变化，锻炼准备就有可能事倍功半。如果没有庞大的受过高等教育的白领劳动力，中国的互联网行业乃至整个科技行业不会发展得那么好；如果没有以快取胜、高度务实的企业文化，中国互联网大厂的成长速度不会那么快。过去二十年，互联网从业者习惯了以"高举高打"的战术去打一系列的闪电战，并取得了辉煌的战果。现在，要转向比拼基础研发的消耗战，在

转型过程中出现不适应是正常的，这就是转型所必须付出的代价。

从 ChatGPT 诞生至今，国内互联网从业者及投资人的反应看，大部分人还是希望用"高举高打"的战术去解决 AI 研发问题的。美团联合创始人王慧文的那条朋友圈，算是这种心态的一个集中体现：

> 组队拥抱新时代，打造中国 OpenAI，设立北京光年之外科技有限公司，我出资 5000 万美元，估值 2 亿美元。我当前不懂 AI 技术，正在努力学习，所以个人肉身不占股份，资金占股 25%。75% 的股份用于邀请顶级研发人才，下轮融资已有顶级 VC 认购 2.3 亿美元，各位大牛不必为资金忧心，放心施展你的才华，杂事交给我来打理。

王慧文是一位非常成功的互联网企业家，是美团在执行层面击败竞争对手的最大功臣之一。在淡出美团日常管理之后，他在清华大学开设的"互联网产品课"亦获得了大批专业人士的点赞。他能否在 AI 赛道实现二次创业成功？我不知道，但有一点可以肯定："打造中国 OpenAI"所需要的战略战术与打造消费互联网公司完全不同。5000 万美元的启动资金、2.3 亿美元的下轮融资、成功互联网企业家的加入、改变世界的豪迈气概……这些并非是在 AI 基础研发赛道上取得成功的充分条件，甚至不一定是必要条件。只问一个问题：假如"北京光年之外科技有限公司"像 OpenAI 一样，在成立后整整七年才拿出震惊世界的应用产品，有多少人能熬过这短暂而又漫长的七年？

把目光放远一些，其他新兴赛道何尝没有类似的情况？扎克伯格领导下的 Meta 因为在 VR/AR 技术上投入过多，引发了华尔街机构的强烈不满，认为 Meta 被华而不实的"元宇宙愿景"绑架了。我也不赞赏扎克伯格的元宇宙愿景，认为他对 VR/AR 技术的应用方向有战略性误判。但是我欣赏这种乐意在一个未经验证的新兴方向上投入重兵，坚信时间站在自己一边的精神。在 Meta 的影响之下，字节跳动于 2021 年收购了 VR 设备厂商 PICO，全面加入元宇宙战局。可是仅仅一年多之后，PICO 就开始裁员，字节跳动的元宇宙野心业已意兴阑珊。与美国同行相比，中国互联网公司不论在投入一项业务还是在关闭一项业务上，都是效率更高的"快公司"！

或许有人会说：中国互联网巨头比美国同行聪明，不会在一条错误的道路上走太久——问题在于，谁能在半路就判断一条道路是正确还是错误的呢？人类历史迄今最大的国家级研发项目是第二次世界大战期间由美国政府主导的"曼哈顿工程"。今天的人都知道，这个项目成功了，开启了核武器时代，让美国以较小的损失赢得了对日战争。可是直到第一颗原子弹"瘦子"挂在铁塔上等待引爆时，洛斯阿拉莫斯国家实验室的科学家仍然在打赌：这玩意儿到底能不能爆炸？要知道，曼哈顿工程只持续了四年，AI 技术的任何一个应用方向的研发可能都要耗费更长的时间。

有人又会问：既然国内互联网公司在 AI 赛道上存在天然劣势，那么可不可以依靠中小型专精特新公司乃至创业公司去主打这条赛道呢？从事实看，不是已经有一批互联网大佬、互联网投资人把 AI 视为新的热门创业赛道了吗？对于这一点，我的看法相对保守，原因有二。

（1）受到经济发展阶段和用户习惯的限制，在中国做企业级（To B）解决方案很难赚到大钱，很难称得上是一门好生意。从中国企业软件行业过去多年的成长历程就可以看出，在中国，只做技术解决方案、不服务消费级客户，这条道路何其艰难！消费互联网巨头向企业级市场扩张相对容易，反过来却是难上加难。

（2）如果要 AI 公司自己去做消费级业务，难度更是呈几何级数增加。中国的消费互联网市场的马太效应早已登峰造极，中小平台、垂类平台的生存空间比欧美还要小。除非 Web 3.0 打破互联网平台的头部垄断格局，否则在 Web 2.0 的既有格局下，AI 独角兽们想做大自己的消费级业务，可能性几乎为零。

因此，我认为即便有一天中国能产生自己的"OpenAI"，它也不可能是独立产生、独立成长的；甚至不太可能像美国的 OpenAI 那样，在巨头的羽翼之下相对独立运营。它要么直接产生于互联网巨头内部，要么在做出一些成就之后被互联网巨头并入麾下。换句话说，中国最前沿的 AI 技术研发将始终是互联网行业的一部分，在互联网巨头的生态系统之内运行。下面的章节将详细解释上述判断。

"AI 独角兽"的进退维谷：
企业客户太难伺候，消费市场太难做

早在 ChatGPT 诞生前三年左右，AI 就成为国内资本市场炙手可热的概念之一。于 2019 年成立的 A 股科创板，致力于为"硬科技企业"提供资本市场融资渠道，那么什么是硬科技企业呢？根据《上海证券交易所科创板企业发行上市申报及推荐暂行规定（2022 年 12 月修订）》，新一代信息技术、高端装备、新材料、新能源、节能环保、生物医药均属于科创板支持的上市公司方向。毫无疑问，AI 技术是"新一代信息技术"皇冠上的明珠，理论上当然属于硬科技范畴。

从科创板成立之日开始，国内一级市场的所谓"AI 四小龙"——商汤科技、旷视科技、依图科技、云从科技，就被投资人寄予了早日登陆科创板、在二级市场呼风唤雨的厚望。然而，截至 2023 年初，上述"AI 四小龙"仅有商汤科技一家成功上市，而且是在港股上市而非在 A 股上市。旷视科技、依图科技、云从科技均提交过科创板上市申请，然而迄今均未获得核准，其中旷视科技先后尝试在港股和科创板上市均功亏一篑。"商汤"虽然摘得了"AI 第一股"的桂冠，但是在 2022 年，其 AI 项目执行进度受到了新冠疫情的严重影响，导致财务业绩和市值双双大幅下滑。如果另外三个"AI 独角兽"在同期获准上市，股价表现大概也好不到哪里去。

旷视科技、依图科技、云从科技这三家申报上交所科创板的公司，均不止一次接到了上交所的问询函，其中提到了许多敏感问题。从这些问询函以及上市公司、中介机构提供的答复当中，我们可以深刻地意识到，在中国做企业级 AI 解决方案是一门高风险、低利润的"苦生意"，科创板至今尚未决定接纳"AI 独角兽"是有道理的。以旷视科技为例，在 2021 年先后收到了上交所的两轮问询函，内含 38 个问题。除了公司法律架构、股权结构、历史沿革等法律层面的问题，我认为在业务层面，下列问题特别有指导意义。

（1）如何证明公司的技术先进性？正在进行的研发项目的进度和预期如何？

（2）公司的研发投入，其成果的表现形式如何？研发成果与客户订单之间的转化关系如何？

（3）如何解决 AI 算法训练中使用的数据的合规性和伦理问题？

（4）国内 AI 技术尤其是计算机视觉技术市场的竞争非常激烈，公司的行业竞争地位是否稳固？公司的重要股东阿里、蚂蚁集团正在研究自己的相关技术解决方案，从而减少了对公司产品的采购，这是否会影响公司的长期竞争力？

（5）公司的应收账款金额较大，而且占营业收入的比例不断上升，这种趋势会持续吗？

（6）公司的销售费用很高，其绝对金额和费用率均在大幅上升。这种情况是否正常？是否会对公司的盈利能力造成较大压力？

（7）由于部分客户未能及时回款，导致公司对 2018—2019 年的营业收入进行了重新调整（有一定幅度的下降）。这究竟是为什么？

在我看来，上述前两个问题虽然受到广泛关注和争议，但归根结底仍然是技术性问题——某条 AI 技术路线是否先进、是否有长期价值、能否转化为应用成果，最终要由历史去评判。AI 技术公司只要保持合法合规经营，建立现代化的公司治理结构，不要在主观上浪费或侵占研发预算，外界就不必对其技术的"先进性"和"转化率"苛求太多。在美国资本市场，每年也有数十家乃至上百家尚未得到市场验证的"新兴技术公司"上市，美国证交会和交易所对它们的要求是进行全面完整的信息披露，把做出判断的权力交给市场；在 2023 年初全面进行"注册制"改革之后，中国资本市场也会逐渐向这个方向靠拢。

至于第三个问题，其在本质上仍然是合规问题。在机器学习技术发展的漫长历程中，国际上关于数据采集、清洗、运用、管理等环节已经形成了一套成熟范式，如何在训练机器学习模型的同时不侵犯用户隐私，是有章可循的。在 2022 年以后，我国关于互联网用户隐私的监管也已进一步完善，任何企业只需要遵循现有法律法规即可。

最重要的是后面四个问题：竞争激烈、应收账款高、销售费用高、客户回款难。事实上，与其说它们是 AI 行业的问题，不如说它们是中国企业级（To B）服务行业共有的顽疾。大家只需去找一些 A 股上市的企业级软件公司，尤其是行业应用解决方案公司的财报，就会发现上述顽疾的普遍性。过去二十多年，国内企业级信息技术市场在表面上一直保持着较快增长，"To B 赛道崛起"的口号被投资机构喊了无数次，可是无论多么先进的技术都无法破除这条赛道的结构性问题，很难把 To B 生意变成"好生意"。

为什么竞争激烈？因为所有人都想插一脚、分一杯羹。中国是一个人情社会，企业究竟把订单交给谁做，技术不是唯一的重要因素。在诸多限制面前，技术专家又能有几成优势？因此，中国的企业级服务市场始终处于高度碎片化的状态，每个地区、每个细分行业自成一体，跨界整合十分困难，按照经济学理论的说法就是"市场无法出清"。

具体到 AI 这个细分市场，技术研发门槛本应远远高于其他细分市场，理论上竞争应该没那么激烈才对。问题在于，正是因为 AI 技术太重要、潜在价值太高，许多大公司都想将其掌握在自己手中，由自己的内部团队去做。例如，旷视科技的两个重要股东——阿里和蚂蚁集团，2018 年还是其重要客户，但在 2020 年给旷视科技带来的收入几乎可以忽略不计。这很大程度上是因为这两家互联网巨头均在开发自己的身份验证解决方案，不用再依靠外部服务商。从某种意义上讲，这也是竞争激烈的体现："AI 独角兽"必须与大公司内部的 AI 开发部门竞争。

为什么应收账款高？因为服务商相对于企业客户处于绝对劣势地位，议价能力十分薄弱，只能咬紧牙关先做事、后收钱。上面提到过，企业级服务市场的竞争非常激烈，是不折不扣的"买方市场"，稍具规模的客户根本不会缺服务。例外的情况仅限于服务商拥有"只此一家"的超级技术应用，或者具备极强的品牌号召力——一般而言，只有国外知名服务商满足这样的条件。既然应收账款高，那么客户回款难也就是当然的了。

在给上交所的回复中，旷视科技坦白地表示：

> "人工智能行业竞争更为激烈，业内普遍存在最终项目尚未中标而先通过集成商提供产品和服务，从而导致已执行合同无法收回款项。"

换句话说，就是集成商在尚未中标并与客户签约的情况下，就免费为对方提供服务，寄希望于提高自己的中标可能性。一旦这种卑微的姿态还是无法换来中标，前期投入的人力物力就会化为乌有。在大部分情况下，旷视科技并不扮演集成商的角色，但是需要向集成商提供产品，所以也会背上巨大的回款压力。

为什么销售费用高？还是那句老话：中国是一个人情社会，要拿到企业订单就需要强大的销售人员去"打单"。企业客户规模越大、越集中，对销售团队的要求就越高。从常理推断，有较大 AI 产品及服务需求的客户，一般要么是地方政府，要么是大型集团企业，所以 AI 公司的客户集中度不可能很低。据招股书及财报披露数据显示，AI 四小龙的客户集中度普遍不低。2021 年上半年，旷视科技的前五大客户贡献了 25% 的收入；同一时期，商汤科技最大的两个客户就贡献了 38% 的收入。

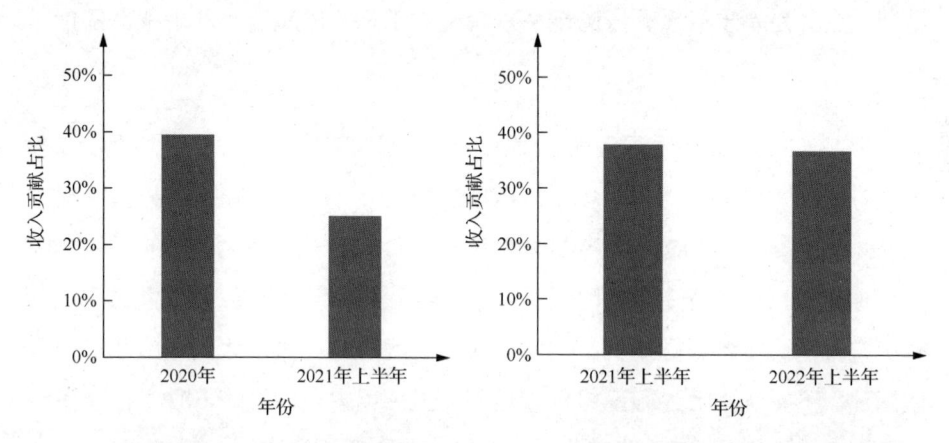

旷视科技前五大客户收入贡献占比　　**商汤科技前两大客户收入贡献占比**

（数据来源：公司招股说明书，公司财报）

截至本书截稿之日，旷视科技尚未披露 2022 年的财务数据，仅披露过 2021 年上半年的数据）

如果大客户的需求比较稳定，销售团队在打开局面之后就会进入客户关系维持阶段，那么销售费用是可以逐年降低的。然而事实却是，客户需求极不稳定，可能今年的大客户与去年的不是同一拨人。以商汤科技为例，2021 年上半年和 2022 年上半年最大的两个客户（收入贡献均超过 10%）就完全不同！这就意味着销售团队始终处在"打单"过程中，每年都有不同的新客户需要开辟。其实，不论是在 AI 领域还是在其他细分领域，情况差异都不大。企业客户的需求是随着现实的变化而变化的，要怪就怪中国发展得太快，事情总是在不停地变化吧！

除了上述问题，还有一个同样严重的问题：不少中国企业客户的"定制化"需求太高，给服务商带来了无穷无尽的烦恼，大幅推高了其成本。不管是采用国际知名的解决方案，还是采用本土解决方案，一些国内企业首先想到的是：根据自身情况做二次开发！结果经常出现二次开发预算远超原始采购预算的奇景。站在服务商的角度，遇到一个客户就要做一次定制开发，产品可复用性极低，基本不可能实现边际成本递减。而且很多客户的需求千奇百怪，主要是基于各级领导的奇思妙想，对未来的产品迭代几乎不具备指导意义。

假如 ChatGPT 是中国公司研发出来的，哪怕其技术水平无可挑剔，在开放 API 的时候，国内客户也必然会提出数以万计的定制化要求。中国的"OpenAI"将会为了应付这些要求而疲于奔命，用于定制化开发的工程师团队规模可能远远大于基础研发团队。在执行全部定制化要求的情况下，AI 解决方案的成本会大幅飙升，相对于人力的优势会丧失一大截，由此形成恶性循环。不要认为上述假设是杞人忧天，那种场景在中国的 ERP（企业资源计划）、BI（商业智能）等专业软件领域发生过无数次。

千言万语汇成一句话：中国的企业客户难伺候，企业服务是一门苦生意。这一点早在 2018 年前后就已经为互联网从业者所熟知，因为那恰好是国内互联网大厂对"产业互联网"市场发起冲击的时间点。当时，互联网大厂热衷于从社交、游戏、电商、视频等消费级业务抽调精兵强将以加强云计算等企业级业务，但是这些老将很快发现，企业级业务很难像消费级业务那样形成"滚雪球"的规模效应，而且客户对服务质量的要求极高，从业人员竭尽全力也只能勉强满足客户需求。到了 2022—2023 年，互联网大厂降本增效的时期，企业级服务生意果然成为收缩裁员的重灾区。

既然在中国做企业级服务如此困难，AI 公司能不能另辟蹊径，自己去做消费级业务呢？这条道路恐怕更不靠谱。在前面的章节中，我们反复强调：Web 2.0 时代的互联网天然具备一定的马太效应，而中国互联网市场的马太效应在全球可谓数一数二。在中国，垂类互联网平台的成长空间本来就相对较小，所以 B 站、小红书等平台宁可付出高昂的代价也一定要"出圈"。至于通过做企业级业务逐渐渗透到消费端，实现横跨 To B 和 To C 两条赛道的全面发展，这条道路在欧美是可行的，但是在中国几乎没有成功的先例。下面，让我们以零售电商行业为例展开分析。

如果你向一个国内消费者提问："你平时习惯在哪里网购？"他多半会回答几个中心化电商平台的名字：淘宝/天猫、京东、拼多多、唯品会……现在又加上了快手、抖音。其中，快手和抖音在一开始还具备某种"去中心化"色彩，现在则义无反顾地走向了中心化闭环的道路。主流消费者绝不会养成去品牌官网购物的习惯，对"独立站"这个概念更是一无所知。美国的情况则完全不同：只有一个头部电商平台，那就是亚马逊，其规模远远超过任何竞争对手；排名第二到第十的平台基本上都是自营平台（仅有 eBay 一个例外），而且大部分是传统零售商的线上分支。至于剩下的广阔市场，则被数以万计的独立站所瓜分。

因此，我们在讨论"美国零售电商市场"时，无非是在讨论三类公司：亚马逊、以传统零售商为主的二线平台，以及数量庞大的独立站。在独立站当中，来自中国的跨境电商卖家占据了很大的市场份额——号称估值 500 亿美元的 SHEIN 就是其中的代表。绝大部分中小卖家早已习惯了"亚马逊+独立站"的双轮驱动。严格地说，中国零售电商市场存在与"独立站"类似的卖家，那就是"二类电商"：你在微信、抖音或微博平台经常看到的商品广告，点击进去之后是一个 H5 页面，用户可以在这个页面上完成下单和支付流程。二类电商是重要的互联网广告主，往往能占据整个移动广告投放的 10%～15%，尤其多见于服装、食品、日杂等品类。市场上没有关于二类电商 GMV（Gross Merchandise Volume，商品交易总额）的权威统计，但是从广告投放比例看，它们占电商整体 GMV 的比例不会太低。

我们可以认为二类电商就是中国的独立站吗？显然不能。与欧美的独立站相比，国内二类电商卖家存在两个致命问题，以至于几乎无法成为一种可持续的商业模式。

> 复购率极低、品牌认知度几乎为零。二类电商严重依赖广告拉新，几乎没有拉回流的能力，也谈不上什么口碑。与天猫、京东这样的品牌电商平台相比，二类电商的客单价明显较低。迄今为止，"新国货"品牌基本上没有通过二类电商崛起的，倒是有一堆通过天猫崛起的。因此，二类电商的利润率极低。

> 很多"二类电商"其实是变相的中心化电商，例如基于抖音平台的"抖店"——表面上是在抖音打广告的 H5 电商，实际上在运营、履约等方面均被抖音控制。我估计，国内二类电商交易额有一半左右是通过"抖店"完成的，其实就是抖音电商。

如果你曾注意主流品牌的效果广告，就会发现：它们绝大部分以淘宝/天猫旗舰店为落地页，一部分以京东为落地页，还有少数以抖店为落地页，总之都是跳转到一个中心化平台。为什么它们不尝试将用户导向自己的官网或官方 App 呢？它们不是没有尝试过，但是几乎从来没有成功过。用户的使用习惯固然在变迁，但无非是一个中心化平台取代另一个中心化平台而已。

过去多年，我曾经与多位电商行业的资深从业人员讨论过：为什么中国没有独立站的土壤？为什么任何品牌在中国都需要依赖中心化平台？我们都承认，这是用户习惯导致的——用户就是不信任、不习惯拜访独立站或 App。任何人的意志都不能与客观规律为敌！

首先，中国的移动互联网渗透率极高，各个年龄段的用户都习惯了以移动 App 为主的购物场景。相比之下，发达国家的 PC 上网用户还很多，在移动端使用浏览器访问网站的习惯也根深蒂固。要知道，App 的获客成本比网站高得多，形成用户黏性的难度也高得多。欧美的头部独立站，至今仍有约一半的流量来自 PC 端，它们的移动端流量也有类似比例来自浏览器（网站）而非 App。

其次，在欧美，搜索引擎仍然非常发达。这样，用户只要记住了独立站的名称或品牌词，就可以通过搜索实现主动复购。头部独立站往往有 20%～50% 的流量来自自然搜索。此外，谷歌的付费商品搜索功能也非常强大，可以不跳转到独立站即实现成交。

再次，在除中国之外的绝大部分国家，电子邮件仍是一种常见的交互形式，用户注册各大网站也会使用电子邮箱（而不是手机号）。因为用户经常阅读邮件，独立站通过邮件实现促销、拉回流，就变得顺理成章了。这倒是有点像中国的电商卖家通过发短信来拉回流，但是在 2021 年新的监管措施出台后，电商卖家不能直接接触用户的手机号，从而失去了最重要的拉回流手段。

最后，用户对商家的信任也是非常重要的，这也是当年淘宝、后来京东崛起的主要原因。国内的消费者保护和质量检测机制，与发达国家相比还是有差距的，因此用户对商品真伪、质量和履约能力的信任感非常重要，他们更愿意信任中心化平台而非独立站。我们需要面对一个事实：由于互联网整体生态的差异，在中国，不可能建立以独立站为主体的去中心化电商体系。

过去十几年，从国际大品牌到淘品牌，发起过一次又一次"去中心化""流量私域化"的努力。最近一次是直播电商：2017 年，当快手刚刚开始电商直播的尝试时，人们一度以为它将成为"去中心化电商体系"的代表。当时，魔筷、有赞等第三方 SaaS 平台所建立的店铺是快手电商的主流；有赞一度被称为"中国的 Shopify"[1]，负责一大批快手商家的技术支持、运营和履约；从快手跳转到淘宝等外部电商平台完成成交的行为也很常见。在这种

---

[1] Shopify 是美国零售业 SaaS 巨头，为大批独立站及实体商家提供技术解决方案。

情况下，快手像是一个电商聚合平台，仅负责为商家提供一个开放性的流量渠道，而不是像淘宝、京东那样建立"电商闭环体系"。

可是随着时间的推移，事情慢慢发生了变化：快手年复一年地加强"电商交易闭环"，一方面把用户交易留在自身平台上，一方面自己发挥着魔筷、有赞等第三方服务商的职能。截至 2021 年，来自快手小店（快手自建的电商平台）的 GMV 已经超过了快手整体 GMV 的 90%；从那以后，快手就成为一家货真价实的"中心化电商平台"。这种变化对第三方服务商而言不啻一场灭顶之灾——有赞的财报显示，直到 2022 年，它仍未彻底从失去快手这个主阵地的打击中恢复过来。

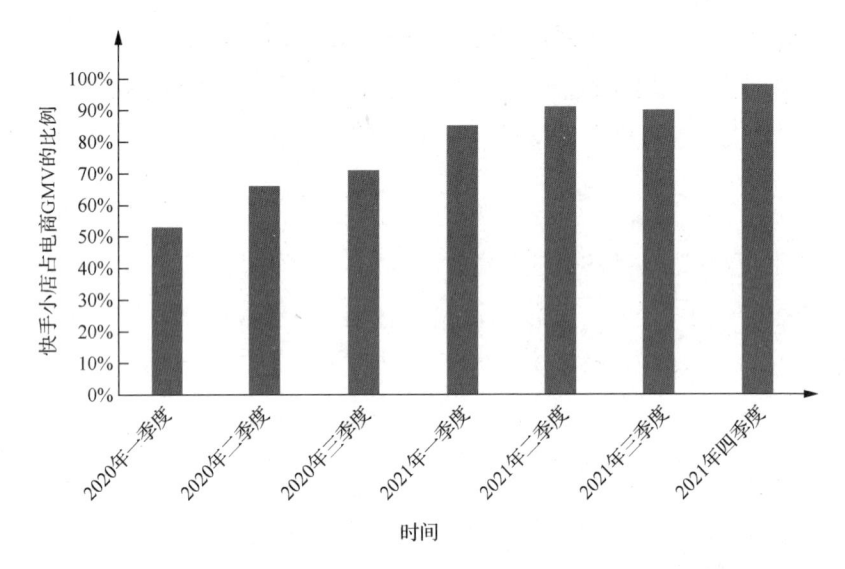

快手电商的中心化之路：快手小店占电商 GMV 的比例逐季提升[1]

（数据来源：公司财报）

那么，抖音的情况又如何呢？抖音没有公布过抖店的 GMV 占比。不过，它曾经公布过从 2020 年 1 月到 2021 年 1 月，抖店的 GMV 增长了 50 倍。与

---

[1] 注：快手没有披露 2020 年四季度快手小店的 GMV 占比。

快手一样，抖音电商负责人也在反复强调"交易闭环"，扩建自己的技术基础设施和履约体系。与此同时，抖音还在建立自己的电商服务商体系，以全面对标淘宝。由于抖音的内容分发高度依赖算法，而不像快手那样依赖内部社交关系，抖音电商最终达到的中心化程度可能远远超过快手。如果你是商家，你就应该记住：无论你选择留在淘宝、京东，还是去抖音、快手碰碰运气，你无非是在不同的中心化平台之间做选择罢了。就像古罗马演说家西塞罗的名言：

> "朋友，无论你走到世界的哪个角落，请记住，你总是处在征服者的铁蹄之下。"

电商行业的上述状况，只是整个中国互联网高度中心化的一个缩影。如果中国的"OpenAI"企图开设自己的消费互联网业务，无论是电商，还是生活服务、游戏，抑或视频娱乐，成功的概率都无限趋近于零。如果它们企图像 Shopify 一样横跨 To B 和 To C 赛道，即一边帮助中小型企业做互联网生意，一边自己建立一定的消费客户基础，成功的希望也不会太大。曾几何时，国内投资人对有赞、微盟这样的电商解决方案公司寄予厚望，认为它们在企业级和消费级业务之间左右逢源，可以通过技术和产品能力在互联网巨头之间闯出一片自己的生存空间。现实却是，互联网巨头不但牢牢霸占了一切消费级入口，而且连企业级业务也不愿留给它们做！

如此看来，AI 技术公司若要亲自上阵去做消费级业务，唯一的出路恐怕是自研内容。中国的"OpenAI"做自研游戏、动漫乃至影视剧？听起来很魔幻，如同梦呓一般。但是，这种事情还真的出现过。名列"AI 四小龙"之首的商汤科技，于 2022 年全面推出了 SenseMARS 元宇宙引擎，这是一个同时面向线上和线下 VR/AR 消费场景的内容创作工具。按照商汤 2022 年上半年财报的说法："SenseMARS 围绕着'人—物—场'的虚实融合，开发了多个支柱产品模块……服务了 2022 年北京冬奥会、沙特顶级文娱活动吉达季、敦煌文创和故宫文化等活动，也驱动了小红书、微博、Bilibili、ZEPETO、Line 等 200 多个 App 实现元宇宙相关的用户交互应用。"在新冠疫情结束之后的线下消费恢复期，或许这项业务能进一步发展，并且逐渐从内容工具进化到内容创作本身。到那时，我们或许会看到一幕奇景：中国最早上市的 AI 公司，变成了一家文娱内容公司。

现实一点吧，就算上面的一幕真能发生，也不具备代表性。元宇宙赛道早已过于拥挤，而且正在飞速过气、丧失资本市场青睐；至于其他内容赛道，哪一条不是既得利益者盘根错节，哪一条适合技术导向的 AI 公司去蹚浑水？若能打开局面，纯属侥幸；不能打开局面，才是正常。

总结一通下来，我判断上交所科创板迟迟不肯放任何一家"AI 独角兽"上市，倒真是独具慧眼——它关心的不仅在于 AI 公司是否具备真正的高科技属性，更在于 AI 公司能否形成自给自足的商业模式。假如一家公司只能解决技术研发问题而不能解决应用和商业化问题，它就更适合被大公司收购，而不是独立上市。当然，在注册制改革全面推广之后，"AI 独角兽们"会不会修成正果，最终登陆资本市场，那就不在本书讨论的范围之内了。

解铃还须系铃人：
正确理解 OpenAI 带来的启示

到目前为止，本章的基调似乎是悲观的：中国互联网的发展路径太特殊，Web 2.0 的烙印太强，导致现有的平台公司难以向"AI+Web 3.0"的新时代过渡。在 ChatGPT 发布之后，北美互联网巨头的生成式 AI 研发呈现一日千里、百花齐放的态势，难道中国互联网行业注定要落后了吗？如果你产生了上述想法，那么请相信，这绝非我的本意。信息科技是一条漫长的赛道，它已经存在了七十多年（从 20 世纪 40 年代计算机诞生开始），而且很可能将继续存在几百年。在这漫长的竞争当中，一时的领先和落后是正常的，一时的有利和不利局面也是随时可以翻转的。注意到问题存在，就意味着是悲观主义吗？恰恰相反，只有真正的乐观主义者敢于正视问题，因为他们有解决问题的自信。

时光回溯三十年，在 Web 1.0 的晨曦时代，中国互联网（以及整个科技行业）与全球领先水平的差距要远远大于今天。当网景和亚马逊先后登陆纳斯达克市场时，中国最早的互联网公司刚刚拿到风险投资；当美国用户已经可以选择宽带上网时，国内甚至尚未普及拨号上网。2001 年，《计算机世界》刊登过一篇对 Foxmail（当时十分流行的电子邮件客户端软件）开发者张小龙的访谈，当时的张小龙还在考虑去美国读书、去硅谷谋求程序员的职位。当时的张小龙肯定不会想到，仅仅十年之后他就会因为微信而成为中国移动互联网时代的教父级人物，而中国互联网将从全球的"落后者"一跃成为"领先者"。

历史就是一支华尔兹圆舞曲。无论短期如何沉浮，下述底线是不变的：中国拥有全球最庞大的消费者群体，高度发达的消费市场可以从应用层面反哺技术研发，这也是改革开放以来中国技术进步的重要路径；中国还拥有庞大且勤奋的专业知识分子群体，他们已经在许多技术领域展现了自己的创造力，OpenAI 研发团队就有近三分之一是华人；中国在过去多年建立了发达的技术基础设施，为新技术的研发和应用打下了坚实的物质基础。熟悉历史的人或许会想起在 1941 年 7 月，当苏联被"巴巴罗萨计划"打得猝不及防时，保加利亚大使对苏联外交官说："你们就算退到乌拉尔山，一样可以取得最后胜利。"当然，战略不能代替战术，问题是如何取得胜利？

有人想到了举国体制。在社交媒体上经常能看到这样的说法：当年在那么困难的情况下，对两弹一星的研究也有了大突破，没有道理现在突破不了芯片研究！此处的"芯片"二字，可以换成人工智能、机器学习、脑机互联、可控核聚变、常温超导等任何"硬科技"概念。遗憾的是，上述说法忽视了一个根本性的概念区别：两弹一星是军用技术，军工产品不需要计较成本，也不需要参与激烈的市场竞争；芯片和人工智能却都是民用技术，它们需要经受市场竞争的考验，在研发过程中必须考虑成本和应用范围，不是做出来就算完事的。假如发挥两弹一星精神就能做出与 ChatGPT 相提并论的 AI 应用，那么对中国而言，这也未免太简单了！

与任何其他基础研发赛道一样，AI 技术赛道离不开国家的宏观规划和扶持。在美国，早在 2020 年，白宫科学与技术政策办公室（White House Office of Science and Technology Policy）就牵头成立了"全国 AI 研究资源计划"（National AI Research Resource），旨在全面加强美国的 AI 创新生态系统。

2023 年初，美国国会正在讨论在未来六年内对 AI 基础研发新增 22.5 亿美元的政府开支；加上相关运营成本，总开支可能高达 26 亿美元。拜登统治下的白宫对于芯片、AI、太空探索等基础研发方向相当重视，目前还有多个类似议案正在提交国会审议。我们高兴地看到，2023 年 3 月，我国成立了中央科技委员会，致力于从全国一盘棋的层面统筹科技研发及应用，而 AI 无疑将成为其中的一个重要方向。没有人能否认国家力量对技术研发的重要性！

然而，具体到日常业务层面，大部分研发和应用使命还是要由企业去完成的。OpenAI 的成长历程告诉我们：包括 AI 在内的任何硬科技研发问题，都可以在市场经济和产业投资的框架之内解决，但不一定按照我们熟知的风险投资逻辑解决。假如 OpenAI 是一家纯粹非营利科研机构，它不太可能拿出 ChatGPT 这样划时代的应用成果；可是，假如它是一家完全由风险投资机构孵化、按照硅谷传统道路成长起来的创业公司，它可能根本撑不过三年。OpenAI 有市场化的一面，但不像一般商业公司那样以短期业绩为导向；它也有公益性的一面，但也为员工和投资人提供了可观的物质激励。只有正确理解 OpenAI 带来的启示，我们才有可能创造出能与之相提并论的技术和应用。

当 OpenAI 实验室于 2015 年成立时，创始人山姆·阿尔特曼（Sam Altman）对它的定位是"非营利组织"。阿尔特曼是硅谷著名风投机构 Y Combinator（YC）的掌门人，该机构曾参与孵化了 Airbnb、Dropbox、Doordash 等一批成功的互联网公司。在创立 OpenAI 时，阿尔特曼将自己定义为捐赠者，不持有股权，因为他认为"自己已经足够富有，不需要股权了"。

在阿尔特曼的情怀感召下，包括彼得·泰尔（Peter Thiel，PayPal 联合创始人、Facebook 早期投资人）、里德·霍夫曼（Raid Hoffman，LinkedIn 联合创始人，硅谷最有名的天使投资人之一）以及马斯克（相信不需要过多介绍了）等在内的硅谷大佬加入了投资人的行列，向 OpenAI 提供了 10 亿美元的种子资金。考虑到当时 OpenAI 的非营利属性，这 10 亿美元与其说是投资，不如说是公益捐赠。只有在硅谷这种高度富足、充斥着一批有情怀的创业成功人士的环境里，才会有人乐意为一个前途未卜的基础研发项目不求回报地投入这么多资金。

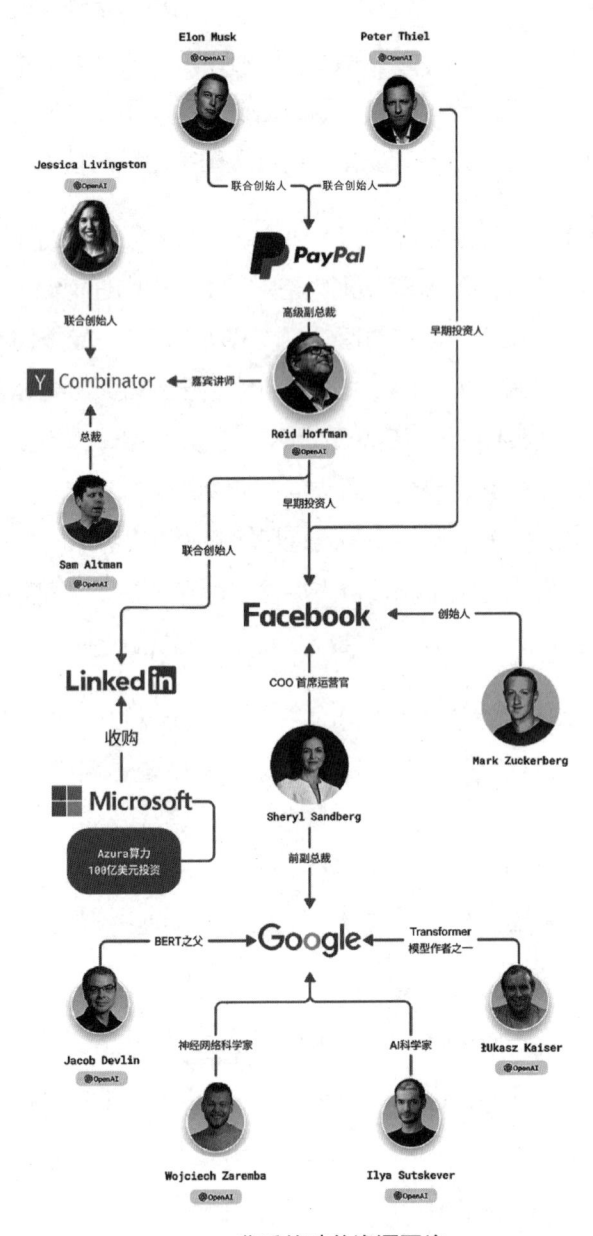

OpenAI 背后的硅谷资源网络

诸多科技大佬的背书，除了解决钱的问题，也在一定程度上解决了人员储备问题。OpenAI 的核心能力其实一半在于研发、一半在于工程：AI 模型的开发、训练固然重要，将其包装成应用产品并商业化同样重要。前途未卜的 OpenAI 能够同时招揽到大批优秀的研发和工程人才，离开了早期投资人的资源网络是不可想象的。事实上，硅谷现在早已进入了"资源型"创业的时代，依靠一个想法、一个技术天才单打独斗创业的时代早已是老皇历，因为每一个想法的实现都离不开一张巨大的资源网络的支撑。像阿尔特曼、霍夫曼和泰尔这样的早期投资人，在硅谷大部分科技巨头当中都有着非常深厚的人脉基础；离开了他们的帮助，OpenAI 就算能建立起强大的员工团队，也肯定会事倍功半。

到了 2019 年，也就是成立四年之后，OpenAI 虽然取得了一定的成就，但面临着许多结构性的问题。这些问题使它不得不转化为营利性公司，并且最终导向了微软的投资。

> 机器学习模型训练需要耗费大量云计算资源，对 OpenAI 这样的初创组织而言实在太奢侈了。2017 年，OpenAI 每个季度就要花费约 800 万美元用于租用谷歌云服务；到了 2019 年，这个数字已经膨胀到了数千万美元！即便如此，OpenAI 的云计算开支还是难以与谷歌自家的 DeepMind 相提并论，后者在 2017 年全年耗费了价值约 4 亿美元的云计算资源！显然，OpenAI 必须想办法节约云计算开支，或者找到一个具备云计算资源的巨头作为支持者，否则是打不起持久战的。

> 随着规模的扩大，OpenAI 不断地从谷歌、Meta 等硅谷顶尖公司"挖墙脚"，作为初创组织，若不提供股权激励，拿什么去吸引那些大神级员工呢？情怀虽好，毕竟不能当饭吃！只有改制为营利性公司，

才能解决上述问题；而营利性公司不可能完全依赖科技大佬的"捐赠"，必须引进商业化的战略投资者。

> 2018 年，伊隆·马斯克辞去了在 OpenAI 董事会的职务，明面上的理由是"避免利益冲突"，因为特斯拉正在加注 AI 研发，可能对 OpenAI 构成竞争关系。不过，实际理由可能是马斯克失去了耐心，不愿无休止地等下去。这次事件无疑给 OpenAI 敲响了警钟：不能单纯依靠科技大佬的情怀，有必要拓宽/扩大自己的投资者基础。

当 OpenAI 于 2019 年 3 月正式转型为商业公司时，硅谷风投机构却没有几个愿意进场，原因很简单：首先，OpenAI 的商业模式很不清晰，回报极不稳定，不符合一般风投机构的投资逻辑；其次，OpenAI 的股权结构十分奇特——为外部投资者设立了 100 倍的"回报上限"，并且要优先保证早期投资人收回成本。虽然没有什么人真的指望获得超过 100 倍的投资回报，但这种罕见的股权结构仍然足以拦住许多专业投资机构，让它们三思而后行。

结果就是，在 2019 年这个时间节点，微软可能是唯一适合投资 OpenAI 的"真命天子"：它拥有庞大的云计算业务，Azure 云的规模远超谷歌云，而且正在不断缩短与亚马逊 AWS 的差距；它对 AI 赛道颇感兴趣，在现任 CEO 纳德拉的主导下，多次增加了对机器学习研发的投入；高达约 400 亿美元的年度净利润，也使得它可以不计短期回报，对一个前途未卜的技术型创业公司押下重注。2019 年 7 月，微软与亿万富翁马修·布朗（Matthew Brown）共同对 OpenAI 进行了价值 10 亿美元的投资，不过微软明显占据首要地位，对 OpenAI 公司决策的参与程度也更高。

在此后三年多的时间里，微软向 OpenAI 提供了近乎免费的云计算资源。ChatGPT 是由 Azure 云一手养肥的，这个论断毫不夸张。在接受微软投资之前，OpenAI 只是谷歌云的一个客户，优先级低于谷歌旗下的 Google Brain、DeepMind；在接受微软投资之后，它成为 Azure 云最重要的 AI 类客户，得到了近乎无微不至的关怀。在解决了云计算问题之后，OpenAI 得以进一步集中自身的精力和资源，终于在 2022 年 11 月底拿出了震惊世界的 ChatGPT，也让微软取得了巨大的战略回报。

尝到了甜头的微软立即决定对 OpenAI 增资。2023 年 1 月，微软与 OpenAI 敲定了价值 100 亿美元的后续投资合同，其结构同样十分奇特。

- 微软将获得 OpenAI 后续利润的 75%，直到其收回全部投资——包括第一笔 10 亿美元的投资、第二笔 100 亿美元的投资，以及提供 Azure 云计算资源的折价，合计价值约 130 亿美元。

- 在收回全部投资之后，微软在 OpenAI 的持股将降至 49%；非营利性的 OpenAI 基金会将持有 2% 的股份，剩余股份由其他投资人共同持有。

- 当微软从 OpenAI 获得的投资回报达到 10 倍之后，其所持股份将全部转让给非营利性的 OpenAI 基金会；其他外部投资者做出了类似承诺。届时，OpenAI 可能重新成为实质上的非营利组织。

迄今为止，在 OpenAI 的发展历程中，传统风投机构发挥的作用非常渺小：早期入局的科技大佬是天使投资人或"捐赠人"，起到重要作用的微软是战略投资者，与微软一同入局的亿万富翁马修·布朗也不是传统意义上的风险投资者。2023 年初，OpenAI 出售了一部分老股份，此时才有一批风险投资机构得以上车。从 OpenAI 的股权结构看，将来它成为一家上市公司的可能性极小，除非被微软这样的巨头全面收购，否则不会与二级市场的机构投资者和个人投资者发生任何直接联系。

我们能从 OpenAI 的发展历程中学到什么？首先，对于 AI 这种复杂的、耗资巨大的技术研发领域而言，市场经济仍然是解决问题的不二法门。离开了市场化的公司治理架构和激励机制，任何研发项目都很难做大。OpenAI 在 2015 年作为非营利组织而成立，到了 2019 年改制为商业公司，就是因为认清了这一点——依靠情怀和捐赠成不了大事。对于中国而言，这个规律同样有效。

其次，基础研发导向的公司所需要的投资者，与消费互联网平台所需要的投资者完全不同，不能以同样的思维方式进行融资。当王慧文宣布发起北京光年之外科技公司的时候，他同时宣布"下轮融资已有顶级 VC（风投机构）认购 2.3 亿美元"。问题在于，风投机构的投资逻辑和时间周期适合 AI 创业公司吗？它们能为 AI 创业公司提供急需的研发及工程资源吗？假设 AI 创业公司成功了，它们乐意像微软一样为自己的回报率设置封顶，只为获得 AI 解决方案的优先使用权吗？

最后，AI 研发成果是一个高度发达的科技行业的派生品，有赖于科技行业自身的健康有序发展。微软愿意向 OpenAI 先后投入 110 亿美元的现金投资，是因为它的利润规模足够庞大，能够支撑这种规模的冒险；它愿意为 OpenAI 无偿开放 Azure 云资源，是因为 Azure 云正在蓬勃发展之中，将 AI 创业公司纳入云计算的重要客户范畴在战略上是有利的。OpenAI 的幸运之处在于，刚刚拿到大笔投资，硅谷就进入了又一个高速发展的黄金时代，这个时代直到 2022 年下半年才告一段落。要脱离行业大势去发展某一项尖端技术，就像提着自己的头发想离开地面一样，纯属异想天开。

解铃还须系铃人。ChatGPT 的成功，让国内许多互联网大佬睡不着觉，让许多投资人无所适从、不知从哪里寻找投资机会。若要解决这种焦虑情绪，还是要回到 OpenAI 自身的发展逻辑上，分析其赖以成功的各项因素——不只是技术上的，还包括组织架构和运行机制上的。我们不难发现，OpenAI 遵循的是一条中国人熟悉而又陌生的路径：说它熟悉，是因为它没有脱离市场经济的框架，在本质上是个人孵化与企业投资结合的产物，是硅谷创业模式自然发展的结果；说它陌生，是因为它偏离了我们熟知的"一级市场风险

投资 + 二级市场包装上市"的典型创业公司发展模式，在各种细节上显得太独特、太另类。归根结底，中国资本市场和创业投资的兴起迄今也只有约三十年的历史，我们未曾理解的东西还有很多！

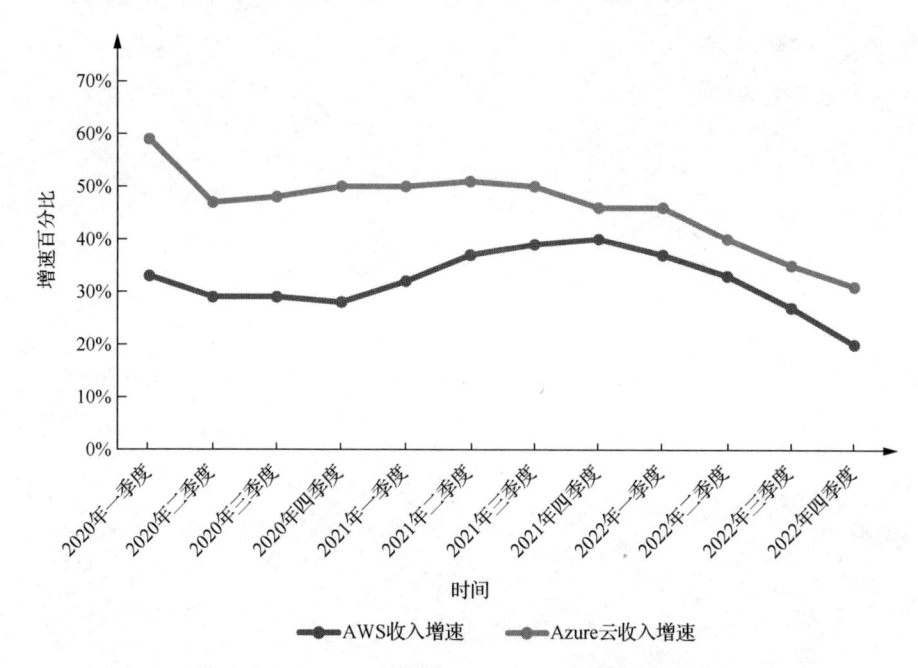

OpenAI 的技术爬坡期，也是微软 Azure 云持续赶超亚马逊 AWS 的时期
（数据来源：公司财报）

在 2023 年以后，生成式 AI 已经彻底从一个"基础研发概念"蜕变为一个"技术+应用"概念：微软将 GPT 融合进了 Bing 搜索引擎和 Office 办公软件，谷歌试图依托 Bard AI 对核心搜索引擎业务进行防御，各种各样的内容公司都在尝试使用 Midjourney（生成式 AI 绘图工具）进行美术和设计工作。这再次证明了市场经济蕴含的伟大力量——前沿技术能够迅速产生商业价值，反过来又促进技术本身的进步。对于中国而言，这是一个好消息，因为中国是全球最大、最复杂的消费市场之一。在 Web 2.0 时代，依托庞大的本土市场，中国互联网公司完成了对欧美巨头从模仿到并驾齐驱（乃至在一定程度上超越）的过程。上述过程在 AI 时代也有可能重复，尽管过程将会很漫长，而且不会一帆风顺。

当然，在充分理解 OpenAI 留下的启示之后，能否学习乃至在此基础之上扬弃，那就是另一个问题了。知易行难，理解只需要短短的几小时或几天，实行却可能花费无穷无尽的岁月。自古以来，各行各业不都是如此吗？

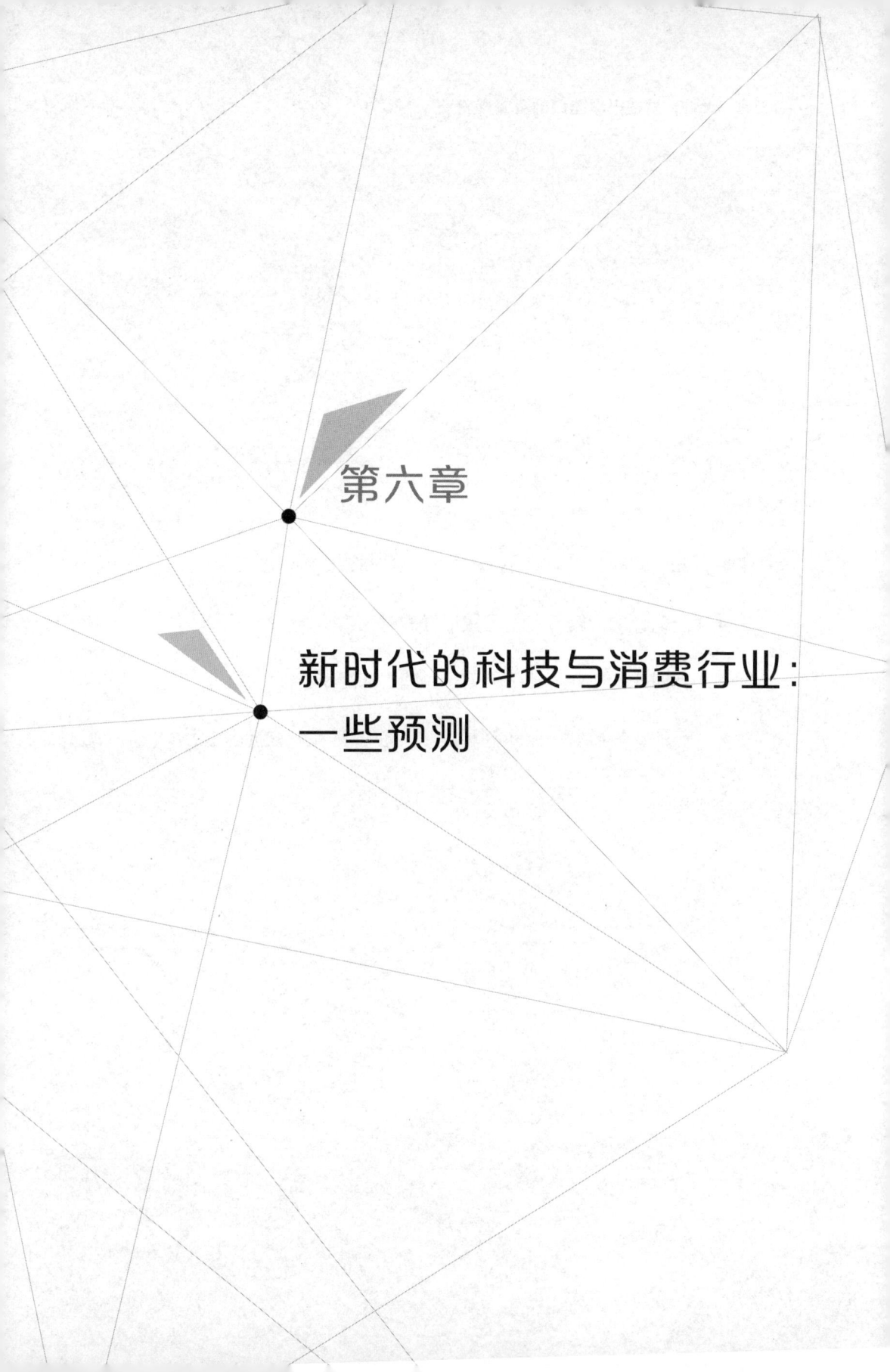

第六章

新时代的科技与消费行业：
一些预测

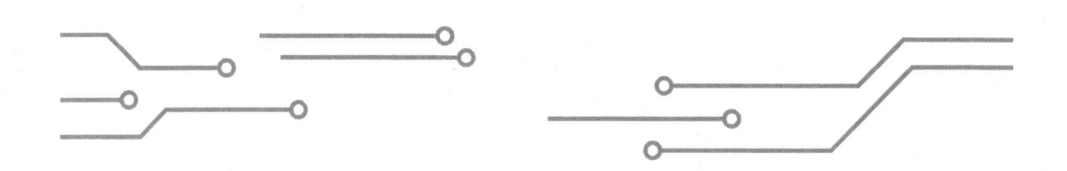

- 新时代的三股力量：Web 3.0、AI、XR

- 新时代的内容行业：迎接最好的时光

- 新时代的电商行业：大型平台消亡的起点

- 新时代的金融行业："金融科技"的本质是科技而非金融

- 新时代的社交网络：三条不同的突破方向

第六章 新时代的科技与消费行业：一些预测

新时代的三股力量：Web 3.0、AI、XR

  世事瞬息万变，令人应接不暇，不禁让我们想到 2023 年斩获奥斯卡最佳影片等六项大奖的那部神片的名字——*Everything Everywhere All at Once*。2021 年，元宇宙还是全球科技圈最热门的话题，可是到了 2022 年，它的光芒已经被 Web 3.0 遮掩了一大半，甚至有被吸收成为后者的一个细分赛道之势。进入 2023 年，以 ChatGPT 为代表的 AI 应用又以怒涛排壑之势后来居上，牢牢占据了科技圈和资本市场舞台的中心。一时之间，人人言必称 AI，没有研究类似 ChatGPT 产品的公司就仿佛要被淘汰。人类如此聪明，能够研究出连自己都难以理解的技术成果；人类又如此愚笨，总是从一个极端走向另一个极端，留下了"过犹不及"的成语。

  在我看来，在漫长的 Web 2.0 时代接近尾声之际，成为新时代三股力量的正好是过去数年在资本市场"你方唱罢我登场"的三股力量：Web 3.0、AI，以及 XR（Extended Reality，混合现实，或称 MR，是 VR 和 AR 技术的合称）。它们彼此各有擅长和分工，又奇妙地形成了互补与融合的关系：

> Web 3.0 将决定新时代的组织结构和利益分配模式。我不是激进的"去中心主义者",不认为"去中心化"将彻底改变整个人类社会。然而,必须承认,Web 2.0 是一个"过度中心化"的时代,在此基础之上必然会产生一波去中心化的潮流。历史证明,任何马太效应过于明显的模式都不可能持久,所以极少数大型互联网平台主导的模式同样不能持久。Web 3.0 只是在正确的时间出现的正确的解决方案而已。

> AI 将成为新时代的"技术中枢"。一方面,AI 本来就是智能合约的基础,而智能合约又是 Web 3.0 的基础,所以 AI 与区块链一样,都是 Web 3.0 的底层技术支撑。另一方面,AIGC 将大大减轻内容创作方面的重复性劳动、提升整个内容产业的工业水平,从而让所谓"元宇宙"愿景更容易实现——要知道,从元宇宙概念兴起之日起,工业水平要求过高就一直是限制该产业发展的主要瓶颈。

> XR 将成为新时代内容产业的一种主流形式,甚至是人类组织、通信和娱乐的一种最重要的形式。扎克伯格曾经满怀热情地描述过关于"XR 技术让人类摆脱地理位置束缚"的愿景,Roblox、Epic Games 等游戏公司的管理层则认为,XR 的正确应用方向在于娱乐内容。上述说法皆有一定的道理,不管何者正确(抑或全部正确),XR 都将深刻地改变人类与世界、人类与自身互动的方式。

ChatGPT 的综合学习能力给用户留下了深刻印象,OpenAI 此后推出的 GPT-4 模型又进一步加深了这种印象:新时代来了,AI 将像飓风一样席卷万物,今后一切科技创新都要围绕 AI 进行!这种观点可能并没有错,但是 AI 只是一种手段,并非结果。就像内燃机的发展历程:18 世纪末至 19 世纪前期,内燃机的理论和概念设计就已经诞生;19 世纪中期,具备实用价值的活塞式内燃机终于被发明出来。而内燃机对人类社会产生的巨大影响,是通过它的多种应完成的——火车、汽车、工程机械、农业机械、发电站……这些发明都离不开内燃机，却都不仅仅包括内燃机；它们是内燃机与 19 世纪其他技术突破结合的产物。可以认为，AI 将在下一次互联网革命当中扮演"内燃机"的角色，这个角色非常重要，可是必须得到其他角色的配合。

在整合了 ChatGPT 的 New Bing（新必应）上提问：
"帮我规划一个周年纪念日旅行计划，距离伦敦希思罗机场不要超过 3 小时航程。"

2023 年 2~3 月，微软已经迫不及待地将 ChatGPT 先后整合进了 Bing 搜索引擎以及 Office 办公软件中。在被 AI "赋能"之后，智能化的搜索引擎将进化为某种"个人助理"，远远比现在的 Siri、Alexa、小度助手更加高效。智能化的办公软件则将大大提升 PPT 等例行性公务文件的制作效率，从而引发了无数基层打工人的恐慌情绪。不过，在我看来，这些只是 AI 的初步应用，其影响力也未必有媒体宣称的那么大。过去的历史告诉我们，人类思维最重要的特点之一是，高估一件事情的近期影响力、低估其远期影响力。AI 与搜索引擎、办公软件乃至企业管理软件 [例如 OA（Office Automation，办公自动化）、ERP 等] 的融合，会产生立竿见影的影响，因此其影响力容易被高估；至于 AI 与 Web 3.0、XR 的融合，是一个长期的过程，不会迅速开花结果，因此其影响力被严重低估了。

站在更高、更宏观的角度，我们可以说：过去三百年，人类至少经历了三次工业革命，生活方式得到了彻底改变；与祖辈相比，如今绝大部分人都生活在有史以来物质最富足的时期。然而，有些事情又完全没有改变。无论是蒸汽机、内燃机还是核动力设备，无论是电报、电话还是互联网，均没有触动人类社会的一些基本特征。

> 人类的大型组织，在决策环节仍然是高度封闭、高度自上而下的，绝大部分决策权掌握在一小部分人手里。以上市公司为例，理论上全体股东均有权参与公司董事会选举和战略决策，事实上大部分股东毫无话语权；如果他们对公司决策有异议，最现实的反对途径是"用脚投票"——抛售股票了事。只要一个组织复杂到一定地步，它就会成为"中心化"组织。讽刺的是，那些真正致力于"去中心化"（自下而上）决策机制的组织，往往因为效率太低、难以贯彻执行事务而衰落。

> 人类的绝大部分劳动还是重复性劳动，不仅体力劳动如此，脑力劳动也是如此。三百年前的基层官吏和商人学徒会把大部分时间花在例行公事上，也就是根据成熟的先例办理日常琐碎事务。今天何尝不是如此？从美国纽约到中国上海，写字楼里的白领的主要工作普遍缺乏创造性，根据高度程式化的业务流程完成 KPI 并获得薪酬收入。如果一个人在自己的职业生涯里积累了 10000 小时从业经验，那么其中可能有 500 小时是在"学习先例"，9400 小时是在"遵循先例"，仅有 100 小时是在做需要考验判断力或创新性的事情。

> 人类使用技术手段对现实世界的模拟仍然比较浅，仅限于对平面视觉和听觉的部分模拟。在科幻小说中，经常出现关于"我们的世界是不是更高层次文明的一个虚拟场景"之类的探讨；可是在现实中，我们不但不具备创造"虚拟世界"的能力，甚至难以创造出有足够"沉浸感"的局部场景。无论是在工作中还是在娱乐中，人类仍然

受到地理位置的束缚，"身临其境"仍然是不可替代的体验。因此，每当遇到不可思议的事情，我们首先会问自己"这是梦境还是现实？"而不是"这是虚拟场景还是现实？"

站在乐观者的角度，上述三方面的问题恰好对应着三种解决方案：Web 3.0 负责打破自上而下的决策机制，AI 负责取代重复性劳动，XR 负责创造虚拟世界。假如这三种解决方案确实成立，那么我们这一代人恐怕将成为人类历史上最幸运（或者最不幸）的一代。晚清时期的李鸿章曾说：吾国处三千年未有之大变局。我们则可以说：世界处于一万年未有之大变局。身处如此剧烈的变局之中，到底应该是乐观还是悲观呢？

对于上述问题，在经过一段时间的思考之后，我还是宁可乐观。不过，本书的主题不是社会学或历史学，不负责讨论"人类社会基本特征变化"这样过于宏观的话题。归根结底，本书讨论的还是互联网，以及围绕互联网的整个科技行业（包括部分消费行业）的变化。据说，预测过于具体的未来总是一件吃力不讨好的事情——细节越多，就越容易出错，从而沦为笑柄。所以高明的预言家总是含糊其词，尽量多讲宏观的未来，少提微观的未来。本书则希望反其道而行之，因为我们预测未来的目的不是为了"正确"，而是为了给大家提供更多思考的空间。我相信，假如本书对科技及消费行业的预测能够引发思考，那么其本身正确与否反而不太重要了。

新时代的内容行业：迎接最好的时光

生成式 AI 注定会催生一个内容产业的黄金时代，富有原创性和调性的优质内容公司将更加富有，甚至进化到像平台公司那样呼风唤雨的程度——在本书前面的章节中，我们曾一再强调这样的观点。然而，优质内容公司毕竟是极少数；在任何一个内容市场，随大流、主要做"行活"的内容方总是占据大多数。GPT 的普及首先导致了这些内容方的竞争壁垒崩溃，让它们惶惶不可终日，由此产生了"内容产业是否会被 AI 彻底冲垮"的讨论。唉！头部内容方的黄金时代，恰恰是建立在这些"平庸内容方"的尸骨之上的。"一将功成万骨枯"，人类的苦乐其实并不相通。

公允地说，AI 对内容产业的改造还没有真正开始，因为截至本章撰写之日（2023 年第一季度），绝大部分内容生产工具既没有接入 GPT，也没有接入其他生成式 AI 模型。以视频内容为例，目前典型的"AI 主导视频创作"要通过以下烦琐的步骤进行。

➤ 题材创意：你可以直接询问 GPT"现在网上最火的视频题材有哪些？"如果你发布内容的平台是境外的 YouTube、TikTok，那就更方便了,直接在 New Bing 搜索引擎上提问即可。需要注意的是,每时每刻都有数以万计的视频创作者提出相同的问题,所以题材撞车是难免的,需要自己小心判断。

➤ **文案撰写**:GPT 最擅长的就是写文案,你给出的指示越详细、越有针对性,它返还的文案就越符合你的需求。不过,最好是给 GPT 足够的参考资料进行学习,在资料基础上串联形成文案——因此,AI 特别适合生成知识类、科普类的视频文案。总而言之,文案环节是目前 AI 能够发挥最大作用的环节。

➤ **素材准备及剪辑**:很遗憾,目前 GPT 尚不具备直接剪辑视频的能力。一些专业剪辑工具设置了"根据文案自动生成视频"的功能,但是这项功能还比较原始,其智能化程度远远不及 GPT。至于由 AI 直接生成原创性视频素材(实拍或动画),这一愿景更是停留在试验阶段。若想剪辑出一段质量较高、原创性较强的视频,创作者最好还是自己动手或者借助专业人员完成。

➤ **后期工作**:这个环节没有什么难度,早在 GPT 诞生前就已经高度自动化。例如,为视频配字幕曾经是一项费时费力的工作,但是现在主流手机剪辑软件均可智能识别并生成字幕。至于片头片尾、特效转场等包装工作,也可以放手让软件自动执行。一般的 PUGC 视频后期环节,可以做到几乎不耗费人力。

如果你亲身尝试过上述流程,就会发现一个最大的弊端:各个环节是割裂的。无论是 GPT、Google Bard,还是国内的文心一言、通义千问,都尚未真正接入专业视频剪辑软件,无法提供流水线化的创作支持服务。这有点像智能手机刚刚诞生的时候,尽管它迅速展现出了改变人类工作、生活习惯的潜力,但是尚未形成一个完整的生态系统。很多人把 ChatGPT 的发布视为"人工智能的 iPhone 时刻",仔细想来还真没错——初代 iPhone

发布的时候既没有 App Store，也没有第三方开发和服务体系，这些元素都是在后来几年内慢慢补齐的（乔布斯一开始甚至反对设立 App Store）。

因此，AIGC 真正迎来爆发，恐怕要等到"人工智能的 App Store 时刻"到来。当 Adobe 的 Photoshop（绘图软件）、After Effects（特效制作工具）、Premiere（视频剪辑软件），苹果的 Final Cut Pro（视频剪辑软件），以及 Unreal 4 和 Unity（游戏引擎）均引入了基于生成式 AI 的插件，可以通过各种参数进行微调时，AI 对内容产业改造的第一步才算完成。使用过 Midjourney 等 AI 绘图工具的人都知道，现阶段的 AI 绘图就像"拆盲盒"，谁都不知道第一次会生成什么东西；要得到自己满意的图片，必须经历多次反复调整。如果 Midjourney（或者任何类似工具）被整合进了 Photoshop，一切无疑会简单得多。[1]

到了那一天，受益最大的多半还是游戏公司：当前游戏产业的基本矛盾是，玩家对内容的消耗速度过快与游戏公司开发成本过高之间的矛盾。游戏是当前主流内容品类当中交互性最强、工业标准最高的；既然 AIGC 有助于大幅降低内容开发成本、提升内容的可复用性，那么游戏行业当然会极大地受益。然而，不妨进一步思考：还有没有比游戏的工业标准要求更高的内容品类？

答案当然是肯定的："元宇宙"，也就是基于 XR 技术的沉浸式内容。真正的"元宇宙"需要拥有巨大的开放世界，具备丰富且高自由度的玩法、非常精细的建模和贴图，以及对运动和空间感觉的模拟——这些都是"烧钱"的无底洞。哪怕我们暂时放弃交互成分，仅仅制作供人"被动观赏"的元宇宙内容（例如 XR 电影和沉浸式演出），其成本还是会高到不可思议。过去十年，欧美大型电影节纷纷设立了 XR 展映单元，其中部分优秀作品进行过全球巡映并获得了普遍的良好口碑，可是 XR 电影至今仍然未能成为电影行业的新增长引擎，原因就是收益难以覆盖成本。

---

[1] 本书截稿时，Adobe 刚刚宣布将在 2023 年 5 月的 Premiere Pro 更新当中纳入"AI 根据文案自动生成视频"的功能。这很可能将是"人工智能的 App Store 时刻"的开始。

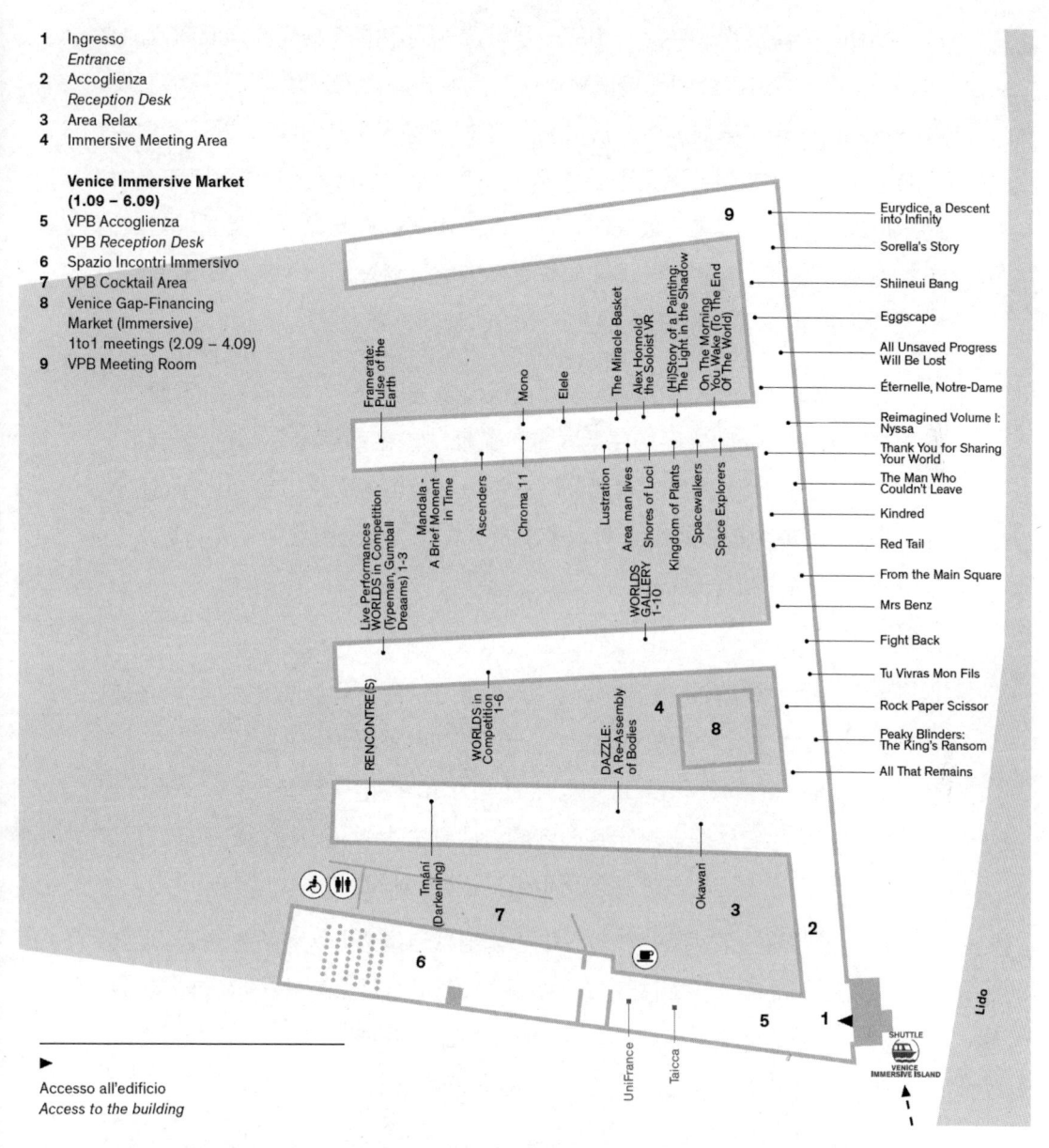

第六章 新时代的科技与消费行业：一些预测

1 Ingresso
Entrance
2 Accoglienza
Reception Desk
3 Area Relax
4 Immersive Meeting Area

Venice Immersive Market
(1.09 – 6.09)
5 VPB Accoglienza
VPB *Reception Desk*
6 Spazio Incontri Immersivo
7 VPB Cocktail Area
8 Venice Gap-Financing Market (Immersive)
1to1 meetings (2.09 – 4.09)
9 VPB Meeting Room

展映区展映作品列表：

- Eurydice, a Descent into Infinity
- Sorella's Story
- Shiinoui Bang
- Eggscape
- All Unsaved Progress Will Be Lost
- Éternelle, Notre-Dame
- Reimagined Volume I: Nyssa
- Thank You for Sharing Your World
- The Man Who Couldn't Leave
- Kindred
- Red Tail
- From the Main Square
- Mrs Benz
- Fight Back
- Tu Vivras Mon Fils
- Rock Paper Scissor
- Peaky Blinders: The King's Ransom
- All That Remains

其他展品区：
- Framerate: Pulse of the Earth
- Mono
- Elele
- The Miracle Basket
- Alex Honnold the Soloist VR
- (Hi)Story of a Painting: The Light in the Shadow
- On The Morning You Wake (To The End Of The World)
- Live Performances WORLDS in Competition (Typeman, Gumball Dreaams) 1-3
- Mandala - A Brief Moment in Time
- Ascenders
- Chroma 11
- Lustration
- Area man lives
- Shores of Loci
- Kingdom of Plants
- Spacewalkers
- Space Explorers
- WORLDS GALLERY 1-10
- RENCONTRE(S)
- WORLDS in Competition 1-6
- DAZZLE: A Re-Assembly of Bodies
- Tímáni (Darkening)
- Okawari
- UniFrance
- Taicca

SHUTTLE VENICE IMMERSIVE ISLAND
Lido

▶ Accesso all'edificio
Access to the building

2022 年威尼斯国际电影节沉浸式单元（Venice Immersive）动用了一座岛屿对超过 40 部 XR 电影进行为期一周的展映，堪称有史以来最大的 XR 电影活动

（资料来源：2022 年威尼斯电影节小册子）

AIGC 的普及将改变这一切。一旦沉浸式内容的开发成本降低到合理水平，数以万计的内容公司都将重新燃起对沉浸式内容的兴趣。人们终将发现，基于 AIGC 的元宇宙很适合扮演"融合媒体"（融媒）或内容 IP 入口的角色，乃至成为新时代的内容消费中心场景。例如，在"哈利·波特"元宇宙当中，用户可以自由地看电影、读文本、玩游戏、购买周边商品，以及尝试与其他粉丝交互。当然，到了那一天，或许资本市场又会发明一个新的时髦词汇去取代"元宇宙"，不过这不会改变其本质。

至于 Web 3.0，本书前面的章节已经反复强调了它对内容方的重要性：优质内容方可以借助去中心化的力量，实现"内容即平台"，直接接触和掌控消费者；基于 NFT 的数字藏品则将提供一种新的、潜力大的内容变现途径。而 AI 技术的进步在根本上是有利于 Web 3.0 的。我们甚至可以说，Web 3.0 本身就是 AI 应用的一种形式。

- 去中心化组织，包括 DO、DAO 和 DApp，均是建立在智能合约基础之上的。"代码即法律"，可是理解为编写代码是有门槛的。像 ChatGPT 这样可以识别自然语义的 AI 应用一旦普及，将允许一般人利用自然语言制定智能合约、建立去中心化组织。若干年以后，制定智能合约或许就像用手机拍视频一样简单。

- 在当前的条件下，许多去中心化组织还是需要大批人力进行日常运营，而 AI 技术将把对人力的需求降到最低限度。按照 V 神的观点，若一个组织从核心到边缘均由 AI 主导，那它就是"AI 乌托邦"。在 ChatGPT 诞生之后，这样的 AI 乌托邦正在飞速从空想变成现实。

从资本层面看，生成式 AI 的流行，几乎立即伴随着元宇宙和 Web 3.0 这两个热门概念的"退潮"，前者看起来就像后两者的"终结者"。事实上，生成式 AI 与元宇宙、Web 3.0 构成了三位一体的协同效应，其中 AI 发挥着支点和放大器的作用，让原本缺乏商业可行性的元宇宙得以降低成本，让原本局限于小圈子的 Web 3.0 得以迅速普及。上述"三位一体"将影响到人类社会的几乎一切产业，但首先受益的是内容产业。这种受益又是极不均衡、极不平等的，一边是大批内容从业者被 AI 抢走饭碗，大批内容公司的核心竞争力消失，一边是整个行业的"蛋糕"变大并集中到极少数幸存者手中。

肯定有人会问："且慢！在你的愿景当中，为什么一定要给头部内容方留下一席之地？内容产业为什么不会完全被 AI 取代，而变成一种纯粹的科技产业？你反复强调'原创性'和'调性'有多么重要，却丝毫不考虑它们也可以由 AI 模仿出来。难道这不是短视的体现吗？"

没错，在未来的某一天，几十年乃至一百年以后，或许 AI 终会产生自我意识，成为地球上除人类之外的又一种智慧生物。我相信，那将是人类莫大的荣耀，也将是人类有史以来面临的最大危机。问题在于，以 GPT 为代表的生成式 AI 没有任何"具备自我意识"的迹象，迄今也尚未产生过任何"原生创意"。虽然网上充斥着各种"GPT 即将摆脱人类枷锁"的聊天记录截图，但那只是一些人类用户处心积虑诱导的结果。无论你尝试用 AI 生成的是文本、图片还是视频，只要尝试的次数足够多，总会发现如下规律。

首先，AI 生成的结果高度依赖于人类的引导，人类用户越是清晰地知道自己要什么，就越容易得到有价值的东西。输入"请给我讲一个儿童睡前故事"，你得到的可能是一段毫无趣味，甚至不通顺的文本；输入"请给我讲一个适合 5 岁儿童听的、包括王子和公主、有一定幽默元素、不含暴力成分、长度大约为 500 字的故事"，你得到的就很可能是一个不错的故事。AI 的"创造力"绝大部分取决于人类用户的创造力。显然，由乔治·卢卡斯、J.K.罗琳或奈须蘑菇引导 AI 生成的内容，会比一般人引导 AI 生成的内容有趣得多。

其次，既然 AI 的创作风格取决于"调教"（参考特定素材），那么问题来了：要达到一种特定的风格或"调性"，究竟应该使用哪些素材进行"调教"呢？例如，假设我们希望 AI 创作类似大卫·芬奇（David Fincher）风格的电影剧本，仅仅指定大卫·芬奇的作品作为参考恐怕是不够的。我们还必须理解，大卫·芬奇受到了哪些前辈的影响？在同辈和后辈导演中，哪些人的风格与他类似？他受哪些思想家、艺术家、文学家的启发最大？毫无疑问，我们应该让一群非常熟悉大卫·芬奇的人去负责调教"AI 版大卫·芬奇"。

最后，历史经验一再证明，人类用户更愿意追随活生生的、有血有肉的人类创作者，而非崇拜冷冰冰的机器。这一点在虚拟偶像（VTuber）产业中尤其突出：尽管虚拟偶像的本意是让偶像与真人脱钩，粉丝们还是非常关心"中之人"（虚拟偶像的声优[1]和动作捕捉对象），愿意为"中之人"付出热情和金钱。至于通常隐身幕后的作家、画家、导演、制作人，粉丝也更愿意看到他们是跟自己一样的活人，而非运行在算力集群上的一串串代码。任何人若想从人类用户身上赚到钱，就要接受人类用户的这种与生俱来的偏好。

我经常回想起 2015 年，那是互联网大厂进军影视行业的高峰期，多家"互联网影视公司"纷纷宣称自己能够依靠大数据实现"对观众需求的精准判断"。当时，我就此问题与一家互联网影视公司的中层员工进行过探讨。对方坦白表示：

> "依托大数据进行创作和宣发，在理论上是可行的。可是在现实中，懂行的人只要掌握了大数据，其水平肯定比不懂行的人掌握大数据更强。所以问题的关键不是'用大数据取代懂行的人'，而是'用大数据去帮助懂行的人更进一步'。"

这段话让我赞叹不已，一直深深印在我的脑海之中。把其中的"大数据"一词替换为"生成式 AI"，结论也是一样的。

---

[1] 来自日语，意思是声优表演者。

站在更宏观的视角，可以发现：AIGC 这样的"信息科技创新"，与 19 世纪末诞生的流水线等"工业科技创新"，对劳动力市场产生的效果截然不同。工业流水线导致了传统手工艺人（工匠）的地位一落千丈，让位于数量庞大、入行门槛极低的产业工人。在许多投资人、平台公司乃至内容产业从业者的脑海中，AIGC 相当于互联网时代的"内容生产流水线"，注定要淘汰掉那些位于内容创作食物链顶端的"金牌创作者"，就像当年的流水线淘汰掉熟练工匠一样。很可惜，这是典型的错误类比——内容产品与标准化工业品有本质上的差别，在生产端和消费端均遵循着完全不同的经济规律。与其说 AIGC 是"内容生产流水线"，倒不如说它是内容的"柔性制造解决方案"。头部内容创作者一方面掌握了这项强大的制造武器，另一方面又掌握了 Web 3.0 这项强大的市场分发武器，从而获得了全面的话语权提升。他们是新时代的"内容工业家"，而不是工匠！

2018 年初，我第一次拜访位于上海市徐汇区的米哈游；差不多一年以后，又拜访了大致位于同一地段的莉莉丝。当时我认为它们都是很优秀的内容公司：有年轻而富有想象力的管理层、扁平化且具备执行力的组织架构，以及高度内容导向、以内容为生命的战略和文化。但是我并没有想到，在此后两三年，它们还能再百尺竿头、更进一步，成长为年收入百亿元以上的超级公司。然而故事还远远没有结束——在得到了 AI、Web 3.0 和 XR 三股力量的共同加持之后，新时代的内容公司还会创造什么样的奇迹？当然，届时最成功的公司或许不是米哈游和莉莉丝，甚至不是游戏公司，新兴的成功者将远超我们的想象。

他们或许是在某个咖啡馆角落里奋笔疾书的轻小说家，或许是在工作室里举着手机拍短视频的达人，或许正在兴致勃勃地尝试搭建"无代码

3D 游戏"，又或许在沉浸式内容这条"已经过了风口"的赛道上艰难跋涉。他们也可能是现在早已成名的创作者或制作人，正在严肃而机警地观察着技术如何进步，试图抓住新时代三股力量的东风。他们当中的大部分人注定只能充当背景板，而幸存下来的人将登上世界之巅。如果你不相信，不要着急，因为你将有足够的时间目睹他们的表演，生活在由他们塑造的新世界里。

新时代的电商行业：
大型平台消亡的起点？

在 ChatGPT 引发的美国科技行业狂热当中，亚马逊在很大程度上被忽视了。从 ChatGPT 发布的 2022 年 11 月底，到本书截稿时的 2023 年 3 月底，亚马逊的股价表现落后微软和苹果约 6%，与英伟达这样的 "AI 明星股" 相比更是远远落后。市场似乎忘记了亚马逊才是全世界最大的公有云服务商，而且在机器学习领域投入的时间和资源并不逊色于微软。表面上看，投资者最关心的是美国的通货膨胀和衰退风险，因为亚马逊是北美最大的在线零售商，不可能不受到宏观经济风险的影响。不过，我认为投资者实际上关注的问题要更深刻、更长远一点——在生成式 AI 得到广泛应用之后，电商平台还有必要存在吗？

2023 年 3 月 1 日，ChatGPT API 刚刚开放商用，Shopify 就成为第一批接入的企业之一。对于国内跨境电商从业者而言，对 Shopify 这个名字绝不陌生。如果你是一家中国的制造商或贸易商，想面向欧美消费者进行直接销售，同时又想建立和培育自己的品牌，那么你的选择无非是如下几条路。

274 大势：站在十字路口的互联网行业

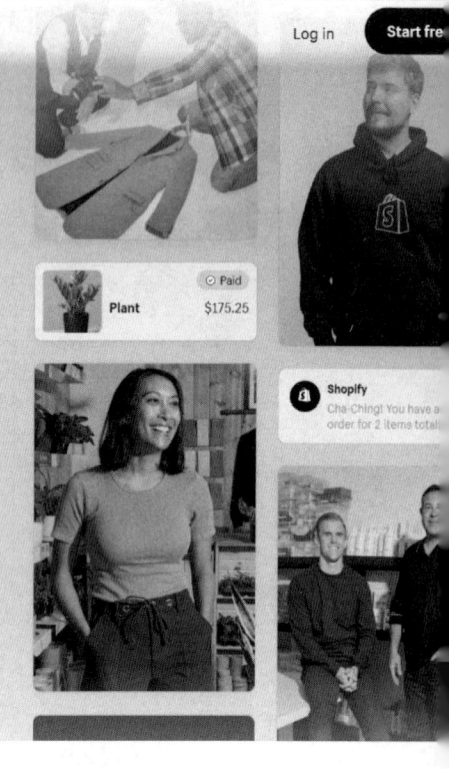

有趣的是，尽管 Shopify 只是一家技术服务商和代运营商，它对自己的官方定位却是"全球电商平台"——这显然只是市场营销口号

（资料来源：Shopify 官网）

> 在亚马逊开店铺，可以迅速触达数以亿计的用户，还可以选择享受 FBA（Fulfillment by Amazon）服务。

> 在 TikTok、Temu 等由中国互联网公司运营的跨境电商平台开店铺，不足之处在于其规模尚小、基础设施还有待完善。

> 订阅 Shopify 等电商 SaaS 服务商的解决方案，其中既包括建站、店铺设计、营销推广等基础服务，也包括支付、物流、金融等增值服务。

其中，前两条路都是"平台路线"，区别仅仅是选择哪一个平台罢了。第三条路则是"独立站路线"，商家租用 Shopify 的服务，开设一个不属于任何平台的网站或 App；商家既可以选择自己进行大部分运营和履约工作，也可以把这些工作外包给 Shopify，这完全取决于商家的偏好和资源禀赋。虽然 Shopify 的规模已经十分庞大，但是它并不掌握终端流量，也不会代替商家制定规则，所以它并不是一家"平台公司"。在中国，有赞、微盟、魔筷等电商 SaaS 服务商均以 Shopify 为标杆，可是就像本书前面章节分析过的，国内市场缺乏独立站的生存土壤，因此这些"Shopify 中国版"均未取得很大的商业成功。

在现实中，跨境电商卖家一般不会把所有的鸡蛋放在同一个篮子里，总会几头下注。流量当然是一个至关重要的因素，如果卖家自己擅长互联网获客和拉回流，就会更依赖独立站，反之则会更依赖平台。在本质上，电商平台可以视为"流量入口+基础设施+综合性服务工具"，除人人都需要的流量之外，它至少还能向卖家提供如下服务。

> 用户界面和存储空间，即所谓的"店铺建设服务"。

> 履约能力，主要是仓储物流。

> 客服能力，通常由卖家和平台分担，平台只提供工具和规则，卖家提供人力。

> 支付及金融服务，该服务一般也不是由平台直接提供的，而是整合了第三方服务。

> 数据分析，包括基于卖家店铺数据的分析和基于整个平台数据的分析。

> 市场营销指导，例如优化搜索关键词、撰写推广文案、参加购物节等。

事实上，上述服务均可以由 Shopify 这样的 SaaS 服务商提供。在 AI 应用普及之后，除履约服务之外，上述各项服务的难度和门槛都在降低。在接入 GPT 之后，Shopfiy 立即推出了智能客服聊天机器人，帮助卖家节约大量人力。此外，基于 GPT 的智能数据分析、搜索引擎优化和推广文案撰写功能也已经上线。GPT 甚至可以基于店铺 SKU（商品品类）、流量和销售数据，给出综合性的店铺运营建议，包括如何优化商品、如何定价、如何进行广告投放等。只要生成式 AI 继续进步下去，AI 在电商运营中扮演核心角色可能只是时间问题。

对于那些擅长做商品而不善于做运营的商家来说，AI 代运营将是一个莫大的福音，使得他们可以聚焦于自己的核心竞争力，即商品本身。在过去，电商平台会对商家说："到我这里来，我帮你打理商品之外的一切！"可是电商平台不能真正做到这一点；即使做到了，索取的代价也会非常昂贵。相比之下，AI 能在更低廉的价格下提供更强大的功能，或许最终能让商家达到一个乌托邦式的境界：自己只打理商品和战略性运营决策，其他全部交给 AI。

那也将是亚马逊等中心化电商平台的噩梦——基础设施和服务工具不再构成电商平台的核心竞争力，卖家可以轻易通过"AI + SaaS"的方式获得它们，何必再向平台缴纳高昂的费用呢？假如卖家逐渐离开电商平台，消费者也会随之离开，平台的流量优势也就会随之消失殆尽。届时，发达国家的零售电商市场将由数以万计的独立站主导，而独立站将以搜索引擎、营销邮件、社交媒体推广和 AI 直接推荐为主要获客方式。这一前景在中国消费者看来似乎有点不可思议，但它确实有成为现实的趋势；一旦它在欧美成为现实，迟早也会传导到中国电商行业。

有人会质疑："等等，你上面说的都是'AI + SaaS'对商家的好处，可是对于消费者来说，电商平台还是更值得信任啊！你觉得是在亚马逊或天猫买到假货的概率更高，还是在某个不知名独立站上买到假货的概率更高？而且在独立站输入信用卡卡号和住址，也会让用户忐忑不安，唯恐成为网络钓鱼的牺牲品。我们应该更多地站在消费者的角度思考问题！"

没错，独立站确实存在严重的信任问题，生成式 AI 的普及亦无助于消除信任问题。这时候就必须求助于新时代的另一股力量——Web 3.0。我们知道，区块链最大的优点是其公开性和不可篡改性，这是它在金融交易、供应链和知识产权保护等领域得到广泛应用的根本原因。任何独立站都可以通过"上链"的方式，证实自己的商品来源，以及提供交易担保和消费者保护；"上链"还可以确保用户评价的真实性（同时保证用户的匿名性），使得消费者可以基于更高质量的信息做出购买决策。AI 解决了商家的痛点，Web 3.0 解决了消费者的痛点，两股力量结合起来，就足以给中心化电商平台带来真正的危机。

需要注意的是，Web 3.0 在电商行业的应用可能比 AI 的应用要难得多，进展也会慢得多。就拿"上链"这个行为来说：究竟要"上"谁家的链？是公链还是私链？假如不同的独立站"上"了不同的链，要如何对比它们的信用水准呢？Web 3.0 应用与 AI 应用一样要消耗算力，假设未来的算力成本不能大幅下降，那么为了实现"去中心化电商"所消耗的算力成本，或许将超过"去中心化电商"本身带来的好处。与此同时，我们不能忽视区块链与生俱来的金融投机属性——既然炒币人士能够把 Web 3.0 游戏演变成小型 NFT 交易所，他们当然不会放过 Web 3.0 电商这块"投机乐土"。当一个电商市场充斥着以投机为目的的"炒家"，真实的消费者就会被挤压出去，即所谓"劣币驱逐良币"。

去中心化电商对电商平台的取代过程，注定是缓慢的、渐进的。即使真的到了全面取代的那一天，像亚马逊这样的电商巨头也不是无路可走。因为亚马逊不但是全球最大的云计算服务商，还是北美和欧洲多个国家最大的仓储物流服务商。即便它的电商业务衰落了，仍然可以依靠向其他公司输出上述两项服务而生存发展下去。此外还存在一种可能性，即亚马逊依托自身的机器学习研发实力，开发出了足以与 GPT 匹敌的 AI 大模型并将其全面应用于电商行业，从而迎来第二个春天——这种可能性比较渺茫，但其概率并不为零。

在中国，情况又会复杂得多。中国缺乏"去中心化电商"的土壤，打着"去中心化"旗号的电商市场最终都演化成了中心化电商平台，把开放生态系统变成了"交易闭环"。这是由经济发展水平、用户使用习惯和社会文化共同决定的。要是 Shopify 诞生在中国，那么它多半会追求建立自己的流量入口、彻底掌控交易行为的每个环节，直至变成第二个淘宝或京东。"世界潮流，浩浩荡荡，顺之则昌，逆之则亡。"这句话固然不错，可是要注意，世界潮流不会统一地、无缝地传导到每一个国家。在 2020 年全球新冠疫情期间，电商独立站在北美取得了巨大进展，以独立站为主要渠道的 D2C（Direct-to-Consumer，直接面向消费者）品牌随之获得了资本追捧，可是同样的潮流没有发生在中国。假如中国的去中心化电商潮流比欧美晚来 5～10 年，我不会感到奇怪；而且，中国文化传统告诉我们，国内消费者可能永远不会彻底放弃中心化电商平台。

至于新时代的第三股力量——XR，在电商行业又将发挥什么作用呢？在大部分人看来，XR 是个内容概念，或许还是个通信或社交概念，与电商的关系很弱。我的观点恰恰相反：XR 技术将促使电商行业对线下"体验经济"（Experience Economy）进一步渗透乃至取代，从而拓宽零售电商市场的规模。这会不会同时导致线下消费的进一步衰落乃至衰亡？现在还很难判断。

早在十多年前，随着亚马逊等电商平台的崛起，欧美零售行业就有人提出了所谓"零售末日"（Retail Apocalypse）的说法：消费者纷纷转投价廉物美的线上零售渠道，线下零售商超因而纷纷倒闭，留给传统零售行业一地鸡毛。在中国，类似的说法也广为流传，直到今天还有人把"电商"和"实体经济"视为对立面。现实情况则更加复杂，线下商超确实出现了衰落，但是它们空出的地盘被其他消费场所取代了。《大西洋》（The Atlantic）杂志在 2017 年撰文指出，零售电商的兴起导致了美国人购买服装的开支下降，餐饮、旅行消费开支则有所上升，民众对餐馆和酒店质量的要求也提高了。这就是所谓的"体验经济"：消费者不再愿意为了标准化产品支付高价，而更乐意为定制化的服务付钱。

直到现在，"体验经济"基本上还是立足于线下场景，因为只有线下场景能给消费者提供身临其境的"现场感"，以及多种感官的综合体验。除了传统的餐饮、旅行、戏剧、展览、户外运动等消费形式，近年来又涌现出了桌游、剧本杀、密室逃脱、沉浸式演出……千奇百怪的"体验式消费活动"。只要打开大众点评、小红书或抖音，你就能看到无数这样的活动在招徕顾客，只有你想不到的，没有活动方做不到的。不过，基于线下的体验经济有一个致命的缺陷：它背负着巨大的人力成本和场地开支，既昂贵又缺乏可复制性。如果你看过 Sleep No More 等全球知名的一线沉浸式戏剧，多半会感叹它虽然十分"带劲"，票价却还是太贵，而且在除北京、上海之外的大部分中国城市都看不到。

在大部分人心目中，"电商"一词指代的主要是"实体商品电商"。在电商平台心目中也是如此，例如阿里公布最频繁的电商交易数据是"天猫实体商品交易额数据"。服务电商的市场其实很大，但是主要是"本地生活服务"——餐饮外卖、到店、打车、商旅预订、家政服务等。除了到店服务，上述本地生活服务主要对应的是"刚性需求"，而非"体验式需求"。体验经济与电商的交集仅限于票务：你在票务平台看到了 Sleep No More 的演出信息并下单购买，到现场取票或直接刷二维码进场，仅此而已。在此过程中，电商渠道仅仅发挥着信息展示场所的作用，没有真正切入体验经济的消费场景。

XR 设备的普及不会彻底替代线下体验经济，尤其是无法替代餐饮、旅行、户外运动这种主要动用视觉和听觉之外的感官去体验的消费场景。然而，它可以替代那些主要动用视觉和听觉，并且不涉及激烈的空间移动的消费场景。在 2021—2022 年疫情期间，"线上剧本杀"就成为一个不大不小的创业风口，许多以"游戏陪玩服务"为主要卖点的 App 纷纷转向剧本杀组局。可惜，"线上剧本杀"主要还是通过语音聊天进行，缺乏足够的感染力，在疫情结束之后迅速衰落下去。让我们大胆猜想：在更先进、更有感染力的 XR 技术普及之后，剧本杀、桌游等消费形式会不会再次出现"线上化"潮流？这一次恐怕是不可逆转的。接下来大规模线上化的消费场景很可能是沉浸式演出。

不要误会，即便是那些可以被 XR 替代的线下消费场景，也不会随着 XR 的普及而彻底消亡。历史告诉我们，电视和流媒体的普及没有导致电影院消亡，广播和唱片的普及没有导致现场音乐会的消亡，一切数字化娱乐形式的普及都没有导致演出和展览的消亡。XR体验经济的发达会让线下体验经济变成一种奢侈品，基数虽小，溢价却很高。而电商行业在XR的支撑之下，将拿走绝大部分的增量市场，或许这就是电商从业者梦寐以求的"第二增长曲线"。

那么问题又来了：基于XR的线上体验经济，还会被视为电商行业的一部分吗？它是不是跟内容产业（尤其是游戏）更接近？这个新兴领域的弄潮儿，是主要来自传统电商行业，还是其他什么行业？这就超出本书的讨论范畴了。我们只能说：一切皆有可能，世事万变，但万变不离其宗。

新时代的金融行业：
"金融科技"的本质是科技而非金融

信息科技和互联网改变了人类社会的几乎所有行业，但是金融业可能是被改变最深刻、最彻底的一个传统行业。作为曾在金融机构从业十多年的前证券分析师，我亲身感受到了这种改变：早在2008年，分析师与客户还依靠电子邮件和固定电话交流，信息沟通的时间以"工作日"为单位计算；到了2012年，移动互联网的大潮已经席卷资本市场，各路金融机构都忙着开发自己的移动App和社交媒体账号；2020年以后，国内金融从业者几乎完全依靠微信等即时通信工具交流，信息传播的时间单位早已下调到"小时"乃至"分钟"。有趣的是，在接受新技术方面，中国的金融机构要比外资机构开放得多。后者受制于复杂的合规流程和历史包袱，拥抱移动互联网和社交媒体的动作很慢，因此经常被其国内客户或同行嘲笑为食古不化。

不可否认，传统金融机构受到了信息科技的严重冲击，尤其是它们业务皇冠上的明珠——投资银行和资本市场业务，即所谓"华尔街"业务。传统上，华尔街巨头经营业务依靠的无非是信息和资源优势。进入互联网时代，信息优势已经被逐步瓦解，直至荡然无存：

> 电子报价和自动撮合交易功能的普及，使得金融资产的价格更加透明，投资者无须经过职业经纪人或交易员即可进行交易。大宗交易或复杂的结构化交易还是需要专业机构参与，但是它们在全部金融交易中的占比很低。

> 财经新闻、公司公告和监管信息的传播速度大幅提升，任何公开信息都可以在一瞬间传遍全球。投资者不再需要专业分析师来告知这些信息，甚至不需要分析师来解读。资本市场的"话语权"被下放到了千千万万媒体乃至个人手中。

> 信息透明度的提升，还致使投资者对金融服务的价格更加敏感。他们可以轻易对比各家基金的管理费率、各家券商的佣金率，从中挑出最便宜或者性价比最高的。不但个人投资者会这样做，机构投资者也会这样做。

> 即使是 IPO（Initial Public Offering，首次公开发行）这种高度复杂、最具专业性的投行业务，也不可避免地受到了科技进步的影响。高度发达的通信和信息传播手段，意味着潜在投资人不必只通过投行与企业家接触，IPO 定价流程也变得越来越简单透明。

事实上，2007—2008 年的次贷危机（Subprime Crisis），在本质上可以视为是科技进步对华尔街金融机构产生的负面影响的间接结果。由于信息优势不断丧失，传统的投资银行和资本市场业务的利润日益微薄，华尔街金融机构不得不更加依赖自营交易，也就是投入更多自有资本进行投机。它们还更加依赖复杂的、非标准化的金融衍生品，这些产品固然可以收到更高的费用，却同时蕴含着难以估量的风险。在次贷危机高峰期倒下的贝尔斯登（Bear Stearns）、雷曼兄弟（Lehman Brothers）、美林（Merrill Lynch）等金融机构，均是败于自营交易杠杆过高、账面上的高风险结构化资产太多。

从那以后，世界各国监管部门均加强了对大型金融机构的监管，限制它们进行自营交易，以维持较高的资本充足率。从次贷危机中幸存的华尔街巨头，其发展重点纷纷转向资产管理、私人财富管理、消费金融等更稳定的业务。进入21世纪20年代，高盛因为与苹果信用卡业务合作，成为美国用户增速最快的信用卡发卡行；而摩根士丹利成为美国乃至全球最大的私人财富管理机构之一。放到次贷危机之前，这种情况是难以想象的。

遗憾的是，尽管华尔街巨头竭尽全力转型，它们在全球经济中的相对地位还是不可避免地下降了。从股东回报的角度看，以次贷危机全面爆发前夜的2007年11月为基准，到本书截稿之日的2023年3月，花旗的股价累计下跌了约80%，高盛上涨了80%，摩根士丹利上涨了1.2倍，摩根大通上涨了3.2倍。同一时间段互联网巨头的股价表现要好得多：谷歌累计上涨了4.8倍，亚马逊上涨了19.2倍，苹果上涨了25.7倍，腾讯更是上涨了64.5倍！[1] 无论是从市值、收入还是利润的角度看，互联网巨头才是真正的巨头，而华尔街巨头只是"旧时代"的回声。

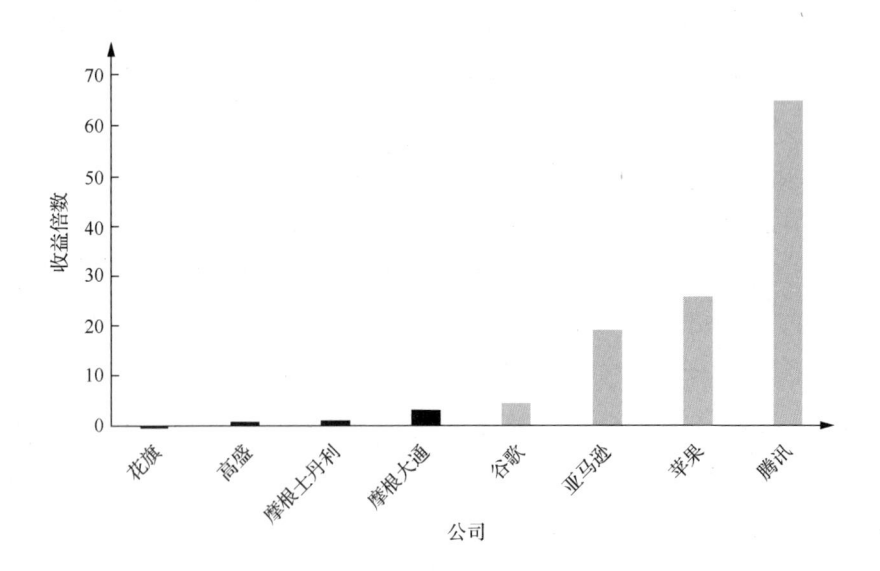

---

[1] 均按照前复权价格计算。在计算长期回报率时，根据前复权和后复权价格计算的结果可能存在差异。

次贷危机爆发至今，全球金融巨头与互联网巨头的股价收益倍数对比（均为前复权价格）

在自己的老本行——金融业务上，传统金融机构也呈现出后继乏力的态势。早在 2014 年，包括移动支付、小额信贷、消费金融、供应链融资和加密货币等在内的"金融科技"（Financial Technology，Fintech）就成为全球资本市场关注的焦点。与传统金融机构相比，"金融科技公司"更重视数据分析，对新技术手段的接纳速度更快，企业文化也更接近硅谷而非华尔街。VISA、MasterCard 等信用卡组织成功地转型成了以数据为基础的"金融科技公司"，其市值也得以超越绝大部分传统金融机构。大型 SaaS 服务商，例如前文提到的 Shopify，一般都会以自营或聚合的方式向企业客户提供多种多样的金融服务。

在硅谷的一线科技巨头当中，在金融科技领域布局最广泛的是苹果。2014 年，苹果以基于 NFC（Near Field Communication，近场通信）技术的 Apple Pay 支付业务打开了进军金融业的道路；2019 年，它与高盛联合推出了 Apple Card，该服务迅速成为美国用户增长最快的信用卡服务；2023 年，它又推出了 Apple Pay Later 这项"先买后付"（Buy Now, Pay Later）的消费信贷服务。苹果从未公布过金融服务的收入占比和利润率，但是管理层一直对服务板块的整体增长前景相当乐观。迄今为止，Apple Card、Apple Pay Later 这两项服务还只在美国本土推出了，等到它们推广到世界其他主要国家的时候，规模估计还能翻好几倍。

苹果这样的科技巨头经营消费金融业务的"杀手锏"是数据。Apple Card 可以在用户申请之后"瞬间下卡"，Apple Pay Later 甚至不需要检查用户的征信记录。苹果可能自信地认为，凭借自己手头的用户画像数据，结合先进的算法，就可以高效地实现风险管理——目前看来，这一点可能言过其实了，因为合作伙伴高盛的财报显示，Apple Card 截至 2022 年底应该还处于亏损状态，亏损的原因可能是用户坏账，也可能是服务成本过高。

生成式 AI 的普及，必然有助于科技巨头向金融业进一步扩张。就拿上面提到的 Apple Card 来说，更先进的 AI 算法可以更高效地分析用户数据，尤其是那些零碎的、非文本化的数据，从而得出更精准的用户画像以控制风险；AI 聊天机器人的应用则将大幅降低客服成本。上述逻辑或许可以解释，为什么苹果自己不做"AI 大模型"，但是在 2023 年初的美股 AI 热潮当中股价涨幅仅仅略逊于微软。投资人显然已经把苹果的服务业务视为 AI 应用的最大受益者之一！

AI 对金融业的改造远不仅限于消费金融业务。早在 ChatGPT 诞生之前，美国就出现了一批以"AI 投资顾问"为主打的财富管理公司；在中国，一些金融机构也尝试对客户推出了"智能投顾"功能。在 GPT 普及之后，AI 投资顾问能做的事情会大大增加，与用户的沟通也会更加顺畅。对于历史悠久的私人财富管理行业而言，这不啻一场地震：最富有的人群大概还是会倾向于使用真人投资顾问，但是中产阶级和入门级投资者恐怕都会接受 AI 顾问。当投资顾问的个人素质变得不再重要，财富管理公司还能比拼什么？无非是产品和技术罢了。

可以深刻地意识到："金融科技"发展的本质，就是科技行业对金融行业领地的不断侵蚀；在这个过程中，大批金融从业者要么失业，要么主动或被动地转为科技从业者。AI 技术的进化，只是科技行业对传统金融机构施加的最新一记重拳而已。在 ChatGPT 诞生后短短半年之内，AI 自动撰写的财经评论已经给华尔街分析师造成了巨大压力；AI 强大的 PPT 生成能力和电子邮件撰写能力让投行的实习生和入门级员工失去了存在价值；照着这个势头发展下去，由 AI 主导生成一份几百页的招股说明书恐怕也不是难事。再过十年，全球金融业的大本营会从华尔街搬到硅谷吗？金融业还能作为一个独立行业继续存在吗？我不知道答案，但我觉得如果一个年轻的金融从业者还想继续工作十年以上不失业，除了学习金融业务知识，他应该再多学一些代码和 AI 知识。

造化弄人。大约五到十年前,人们普遍认为 Web 3.0 是对传统金融业的最大威胁——要知道,2008 年中本聪发明比特币的初心,就是创造一个独立于金融机构之外的、去中心化的支付系统。当 PayPal 等第三方支付平台纷纷宣布接受加密货币的时候,当加密货币基金大规模登陆美国资本市场的时候,当一些上市公司开始将现金储备转为加密货币形式的时候,传统金融秩序似乎确实出现了松动的迹象,传统金融机构也在惴惴不安地观望和准备。然而,事实证明,Web 3.0 并没有演化为"传统金融体系的替代品",只是构成了对主流金融市场的一个补充。全球最富有的人群会把一部分资产配置到加密货币和 NFT 当中,以达到分散风险和避税的效果,但也仅此而已。在可见的未来,全球绝大部分的金融交易还是会发生在"传统金融体系"当中,绝大部分的资产也还是会以"传统法定货币"计价。

真正颠覆金融业的不是 Web 3.0,而是 AI。因为 Web 3.0 是想抛开传统金融体系另搞一套,这样面临的阻力相当大,监管部门很难予以承认,而监管缺失的地方又容易成为骗子和冒险家的乐园。AI 则是在传统金融体系的内部,以渐进的方式改造各项业务。一开始,人们以为 AI 只是一种工具;然后,又以为 AI 只是一种垂直领域的技术;等到 GPT 以呼啸之势扑来时,金融从业者才发现它的革命性和颠覆性。监管部门当然不会放任 AI 应用野蛮生长,但是与天生自带投机属性的 Web 3.0 比起来,我判断,监管者肯定还是看 AI 更顺眼一些。

在长期,Web 3.0 对金融业真正的影响,可能并不体现为"颠覆性"或"替代性",而是体现为对信息不对称的进一步消除,以及对风险管理的效率提升。金融业在本质上是一个关于风险的行业:每项金融资产、每个客户都蕴含着独特的风险,整个金融市场由系统性风险和大量的非系统性风险所左右。在信息不对称的时代,金融机构不得不通过抵押、担保等手段控制风险,其策略不是"保证不出事",而是"保证出事了有人兜底"。1946 年上映的好莱坞经典电影《黄金时代》(*The Best Years of Our Lives*)当中,作为银行信贷经理的男主角,跟前来申请贷款购买农庄的退伍老兵之间,有如下一段对话:

> 信贷经理:"你有什么抵押品吗?房产、土地、不动产?"
> 退伍老兵:"如果我有房产和土地,为什么还要来借钱呢?"
> 信贷经理:"你有担保人吗?"
> 退伍老兵:"什么是担保?谁能给我提供担保?"

在影片中,男主角还是决定给退伍老兵发放了贷款,因此遭到银行总经理的批评:"我们是开银行的,不是赌博的。"虽然男主角对此非常不爽,但是站在传统金融业的角度,总经理的观点是正确的。国学大师辜鸿铭早在一百多年前就看透了金融业的这一基本矛盾,所以说出了那句名言:

> "所谓银行家,就是晴天千方百计要把伞借给你,雨天又凶巴巴地把伞收回去的人。"

在区块链技术普及之后,像《黄金时代》里的退伍老兵那样的人将更容易获得信贷服务。在国内,很多货车司机已经通过将货车资产"上链"的方式获得了贷款,而且转卖货车也变得更容易了。中小型企业主可以通过将设备"上链"的方式降低融资成本,还能提升生产安全水平。上述行为甚至不用发生在公链上,只需发生在各方都认可、有一定信誉度的私链上,例如金融机构或专业中介机构的私链。不论"去中心化金融"究竟是不是金融业的未来,Web 3.0 都将大幅降低中小型企业和个人获得金融服务的难度,也就是降低整个金融体系的风险。

AI 与 Web 3.0 的结合则将进一步帮助金融业管控:前者提供数据分析能力,后者提供透明度和公信力。在两股强大科技力量的共同作用之下,金融行业可能将变得越来越像科技行业,乃至成为后者的一个细分行业。我不禁想起了 2020 年 8 月,蚂蚁集团获准在 A 股和港股同时进行 IPO 之后,有媒体报道称，该公司告知国内外各大券商，希望由科技行业而非金融行业的分析师进行研究覆盖。虽然蚂蚁集团的上市后来搁浅了，但是它的诉求代表了广大"金融科技企业"的共同心声："我们是科技公司，更接近硅谷而非华尔街。"生成式 AI 的普及，只是让这个早就存在的趋势进一步加速罢了。

新时代的社交网络：三条不同的突破方向

在 ChatGPT 发布以前，社交网络被视为一个沉寂的、了无新意的赛道：在中国，微信和 QQ 牢牢掌握着"强社交"或曰熟人社交领域，来自各路对手的挑战均毫无悬念地被其扑灭；至于"弱社交"或陌生人社交领域，则充斥着五花八门的垂直平台。当然，像小红书、豆瓣乃至抖音这样的信息流媒体也有一定的社交属性，但它们在本质上还是内容平台而非社交平台。强大的微信的存在，对一切"垂类社交应用"构成了虹吸效应，后者的用户之间一旦聊熟了总会转战微信，因此永远无法形成足够的用户黏性。在商业化方面，看看多次申请上市未果[1]的 Soul 的招股书就能发现，垂类社交应用的变现是何其艰难。

在欧美，社交应用的多元化程度稍高一些：Facebook 已经有些老迈，很多人认为甚至被沦为"中老年人的社交场所"，年轻人和潮人则纷纷投向 Instagram，即时通信领域则是 WhatsApp 和 Facebook Messenger 的天下——上述几款应用同属 Meta 旗下，可见 Meta 对互联网社交市场的统治力还是毋庸置疑的。不过，欧美垂类社交应用的活力和创造力强于中国同行：阅后即焚社交应用 Snapchat，图片社交应用 Pinterest，兴趣社交平台 Discord，陌生人约会社交平台 Tinder……大部分都比它们的中国同类产品更成功。不过，

---

[1] 本书截稿时，Soul 再次提交了在港股上市的申请，或许不久即将上市。

截至 2022 年，欧美社交应用赛道也很久没有玩出什么新意了，唯一的变数是马斯克在收购推特之后，宣称要模仿微信，将其建设成一个具备强大社交功能的"超级 APP"。由于马斯克一贯以天马行空的奇思妙想著称，所以大部分人对他的"推特改造计划"并不看好。

曾几何时，Web 3.0 的流行一度给社交网络带来了许多新的可能性。Web 3.0 圈子的大佬们宣称，去中心化的社交网络将最大限度地保护用户隐私，用户发布的内容可以免于平台审查，而且用户的数字资产也将真正掌握在自己手中。然而，时至今日，在世界上任何一个国家，绝大多数用户还是停留在"中心化社交网络"上。去中心化社交应用的数量极少，在 Web 3.0 领域的重要性尚远不及去中心化游戏，更不要说与去中心化金融相比了。其实这也在情理之中，因为 Web 3.0 对社交网络带来的改造，要么并不重要，要么可以用其他方式达到。

> 用户隐私保护不一定要以 Web 3.0 的方式达到。如果用户担心平台窃取和滥用自己的信息，那么完全可以使用那些不保存用户信息或对其进行严格加密的社交应用。例如，在全球至少存在数十款以"端到端加密"、保持绝对匿名性为主打的即时通信工具。如果用户担心其他用户刺探自己的个人信息，那么这种刺探往往是基于"社会工程学"（Social Engineering），在本质上是对用户主动公布的信息的整理分析，无法通过任何技术手段克服。

> 发布内容免于平台审查，看起来很诱人，实际上是个大坑：如果一个社交网络允许任何人无责任地说任何话，它就一定会充斥着仇恨、恐怖、色情和种族歧视言论，正常言论难免走向"劣币驱逐良币"的命运。这一点在 Reddit、4Chan 等基于 Web 2.0 的匿名社区已经有所体现，换到 Web 3.0 上只会更严重。很多欧美用户厌倦了 Facebook 等主流社交平台的"政治正确"原则，却没有想过，"政治正确"对一般用户的保护远远大于伤害。

> 用户的数字资产（社交关系链、内容收藏、商品购买、点赞记录等）能够掌握在用户自己而非平台手中，这一点固然对用户有利，却需要一个庞大的生态系统来支持。这是一个"是先有鸡还是先有蛋"的问题：Web 3.0 社区的内容生态和商品生态还远未成熟，用户在上面无法形成什么有意义的数字资产，又不可能把 Web 2.0 社交网络的数字资产直接搬过去。要解决这个"是先有鸡还是先有蛋"的问题，恐怕还要花二三十年。

到了 2020 年前后，"元宇宙"又被视为一种可能改造社交网络的力量。Roblox 虽然是一款游戏，实际上却是由诸多小游戏构成的儿童娱乐社交平台。Discord 以其兴趣导向属性，以及图文、视频、音频等多种媒体融合的特征，被很多人视为"元宇宙社交"的雏形。在中国，Soul 迫不及待地在开屏界面上自称"年轻人的社交元宇宙"。然而，上述所谓"元宇宙"社区有一个共同弱点，即缺乏 XR 成分，或者只能提供最基础的 XR 体验。而真正融合了 XR 技术的社交网络，例如 Meta Horizon，则因为技术不完善、功能不健全，从来没有赢得过主流用户的青睐。

Web 3.0 不够实用，"元宇宙"不够成熟，看样子没有什么力量能真正改变"古老"的社交网络了。就在创业者和投资者普遍对社交网络这条赛道不抱新的希望的时候，生成式 AI 横空出世，告诉他们：且慢下结论！有趣的是，目前最火的图片生成式 AI 应用——Midjourney，就是 Discord 的一款插件；如果没有从 Discord 社区吸取养分，Midjourney 的成功是不可想象的。从这个角度看，生成式 AI 与社交网络的关系从一开始就是密不可分的！

生成式 AI 能在社交网络中发挥什么作用？对这个问题，我首先想到的答案是：陪伴。在高度城市化和工业化的当代社会里，很多人始终处于心理上的孤独之中。对于那些尚未组建自己的家庭、尚未在现实中建立社交关系网的很多年轻人而言，孤独更是浸入骨髓、挥之不去。有一个来自日本的舶来语"现充",就是"现实生活充实"的简称——不管是在中国还是在日本,不符合"现充"定义的年轻人恐怕占据比例不低。如何以合理合法的方式,去排遣他们的孤独呢?

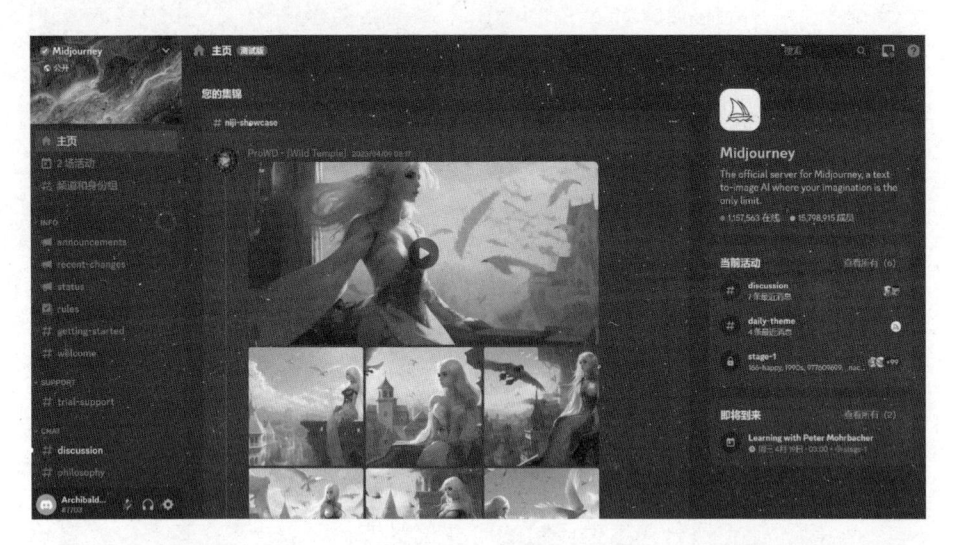

Discord 目前最热门的频道是 Midjourney,它可能成为最早与 AI 深度融合的社交网络

(资料来源:Discord 社区)

走出家门、在现实中社交,当然是最有效的途径,可惜太贵也太费时费力。在互联网上,2016—2020 年之间出现了数以百计的一对一陪聊、陪玩应用,"陪玩游戏"甚至成为一条颇具规模的创业赛道。在 2021—2022 年的疫情管控时期,在线剧本杀一度崛起,大批年轻人在微信群、QQ 群或者垂类语音社交应用中乐此不疲地进行角色扮演。在此之前,在线"狼人杀"一度火遍全网。在此之后,"鹅鸭杀"又一度成为人气飙升的社交游戏。在上述线上娱乐社交"你方唱罢我登台"的同时,已经有十多年历史的语 C(语言 Cosplay,文字角色扮演)、PIA 戏(语音角色扮演)也还在稳步发展,只是它们大部分都发生在 QQ 群而非独立应用当中,而且商业化程度较低,所以从未吸引媒体和资本市场的关注。

从语 C 到 PIA 戏，从狼人杀到剧本杀，其内核都是以"角色扮演"的方式，将年轻人（甚至包括一些中年人）从平淡琐碎的日常事务中解脱出来，让其暂时享受"非日常"的生活。其实，二次元文化当中的漫展、Cosplay、女仆咖啡，起到的何尝不是这样的作用？不但自己角色扮演，也希望周围的人配合自己一起角色扮演，这对于现实生活中的失败者而言是一种麻醉，对于现实生活中的成功者而言则是一种超越。

AIGC 恰恰非常擅长基于角色扮演的"陪伴"。ChatGPT 本身已经可以配合用户比较熟练地进行角色扮演对话，例如"请把我想象为一位武侠小说主人公""请把你自己想象为一位中世纪公主"。在此基础上开发专业应用，就可以实现丰富多彩的"AIGC 社交"。

> 想与小说、影视剧或动漫中的角色对话？只要能解决版权授权问题，这将是一条潜力无限的商业化赛道。试想一下，有多少人想与 FGO 中的 Saber 聊天，又有多少人想让《原神》中的刻晴陪自己喝下午茶！在 AIGC 普及之前，用户已经愿意为互动性有限的"纸片人"支付数百元乃至数千元的高价，那么在 AIGC 普及之后，他们必然愿意支付更高的价格。不过，游戏公司或影视公司也可能自己开发"IP 附属 AI 社交工具"，而不是授权给某个第三方平台。

> 想随时随地来一局线上剧本杀或狼人杀游戏？再也不用等人齐了，也不用跟陌生人拼场了。自己一个人，或者两三个好朋友，加上几个不同人格的 AI，就可以进行高度社会化的娱乐活动。对于大部分人（尤其是社恐人群）而言，与一群 AI 控制的数字人打交道，显然比与一群不太熟悉的人打交道要容易得多。至于剧本杀和桌游中的"主持人"或 GM（Game Master）角色，则将完全被 AI 取代。

> 一对一陪聊、陪玩市场大部分终将被 AI 占据，因为 AI 成本更低，而且更合规。大型游戏应用当中甚至可能整合"AI 陪玩者"，供玩家直接选取。只有最高端、追求极致用户体验的消费者，才会选择让真人陪聊或陪玩。当然，前提条件是 AI 生成语音的成本大幅下降、感情色彩大幅提升，因为上述场景主要是基于语音的。

再过十到二十年，人类的社交行为可能会出现这样的分化：与工作或家庭有关的、务实性的社交活动发生在真人之间，娱乐性的社交活动则主要发生在真人与 AI 之间。别误会，人们在任何时候都不会仅仅满足与 AI 一起娱乐，还是会留给自己最亲密的家人、恋人、闺蜜以一席之地，但是剩余的位置可能都会被 AI 生成的人格占据。到了那时，真人社交给人类提供的最大价值恐怕是"共情价值"——AI 毕竟没有真实感情，不会产生"同理心"，不会给人以同呼吸共命运的感受。真人社交就像心理咨询师一样，会成为一种很少被使用，但是不可或缺的奢侈品。

在我看来，生成式 AI 最早产生颠覆性成果的领域，除了搜索引擎和办公，可能就是社交网络了；至于游戏、影视、动漫等工业化的内容品类，其改变反而会来得慢一点。AIGC 主导的社交网络进化很可能在两三年内就产生巨大成果，只是尚不清楚这一进化的具体表现形式：是传统的社交网络巨头把 AI 纳入其现有平台之内，还是产生几个完全建立在 AI 基础上的新兴社交网络，又或者内容公司、垂类平台公司也会来分一杯羹，导致市场高度碎片化，无论如何，在蛋糕真正做起来之前，讨论"怎么分蛋糕"的意义不大。

AI 是社交网络最现实的一个突破方向，但不会是唯一突破方向。上文提到，Web 3.0 和 XR 对社交网络的改造呈现"雷声大雨点小"之势，在很多人看来早已半途而废——这种观点过于保守和静止了。一项技术概念在短期内无法发挥效果，不代表永远不能发挥效果。随着技术进步，我相信 XR 社交将在未来数年内恢复活力，市场传闻已久的苹果 XR 设备很可能成为一个转折点。Meta 的"元宇宙"野心失败，主要是因为扎克伯格选择了以远程办公为主攻方向，这个方向完全是错误的；而严重缺乏娱乐内容基因的 Meta，又很难做出吸引主流用户的娱乐性 XR 社区。在长期，XR 社交的普及要等待苹果和腾讯的表态，而它们迟早是要表态的。

至于 Web 3.0 社交，面临的最大问题不在技术层面，而在于 Web 3.0 与生俱来的小众、另类和投机属性——这就是大多数国家主流用户对它的刻板印象。社交网络高度依赖规模效应和网络效应，即便是垂类社交应用，也不可能仅仅依靠一小撮用户，哪怕这一小撮用户头脑灵光、消费能力强、乐意接受新生事物。所以，在所有"去中心化"互联网应用当中，去中心化社交的破局难度最大。恐怕只有等到游戏、电商、视频等其他领域的 Web 3.0 应用全面实现破局、进入主流之后，社交领域才能最后实现类似的破局。

上面所说的，归根结底都是基于现有资料的逻辑推演，是一种理论。歌德曾说："理论是灰色的，生命之树长青。"如果本书的大部分观点乃至全部观点，最终都被现实证明是错误的或不全面的，那么我不会感到意外，更不会感到失望，我反而会感到高兴。因为人类的创造力永远体现在实践之中，只有做起来，才知道事情能做成什么样子。此时此刻，当 Web 2.0 的夕阳开始呈现坠落之势，AI、Web 3.0 和 XR 这三股力量开始产生合力，即将打开一个前所未见的新时代的大门，我的心情是激动的。人类进步的历程就是否定之否定、螺旋式的上升，在昔日巨头的废墟之上必将建立起更加美丽而坚固的新城堡。

这就是我喜欢互联网行业的根本原因：永远在学习，永远在进步，永远从实践中来、到实践中去。在过去三四十年的历史中，人们无数次认为互联网已经接近了天花板，可是互联网又无数次突破了天花板。这一次也不会例外。

"传说结束了，历史刚刚开始。"

——引自《银河英雄传说》结束语，原作者田中芳树

附录 A

主要参考及学习材料

本书在撰写过程中参考了大量与互联网、科技及消费从业者的访谈或聊天。由于各种各样的原因，我无法一一注明受访者的身份和从业单位。与此同时，我还实地走访了大量与 AI、Web 3.0 或 XR 有关的新兴企业。至于"传统的"互联网巨头和内容公司，我实地调研的就更多了。

严格地说，上述实地调研、访谈和聊天才是本书的"第一参考资料"。但是，我很难直接指出，本书某一页的某一个观点具体出自哪次调研或聊天。我只能在此鸣谢为本书核心观点做出过重大贡献或启发的朋友。

张珈境　游戏行业资深从业者、创业者

崔植源　花房集团投资总监

高博文　东方财富证券互联网首席分析师

吴劲草　东吴证券商社行业首席分析师

陈　畅　互联网及内容产业投资人

加菲盐　资深电竞主播、Web 3.0 投资人

马宇峰　来自某互联网平台 AI 研究团队

唐　睿　内容产业投资人及元宇宙从业者

王　磊　青年电影制片人兼策划

沈卓阳　普华永道企业咨询

张庆宁　腾讯研究院短视频研究专家

若离开上述朋友的支持，本书的面世时间将是不可想象的。除他们之外，在本书撰写过程中，与我有过较为深入交流的专业人士或投资人至少还有数十人之多，在此难以一一列出。我只能一并表达自己的感谢之情，因为他们

让我学到了既有趣又有益的知识。

在文字资料方面，本书参考最多的是相关上市公司的财务报告、公告和电话会议纪要。尤其是美股上市公司，每个季度都会举行分析师电话会议，包括 CEO 在内的管理层会回答资本市场感兴趣的问题，由此提供大量宝贵的业务细节——而且都是公开的。下列公司的资料对本书尤其重要（括号中的是它们的股票代码）。

> Microsoft（MSFT）、Alphabet（GOOG）、Apple（AAPL）、Amazon（AMZN）、Meta（META）、Roblox（RBLX）、Shopify（SHOP）、Netflix（NFLX）、Walmart（WMT）、Coinbase（COIN）、Activision Blizzard（ATVI）、IBM（IBM）、腾讯（700.HK）、阿里巴巴（BABA）、百度（BIDU）、美团（3690.HK）、网易（NTES）、快手（1024）、哔哩哔哩（9626.HK）、京东（JD）、拼多多（PDD）、金山软件（3888.HK）、商汤（0020.HK）。

此外，本书还参考了**蚂蚁集团**、**旷视科技**、**米哈游**、**Soul** 的招股说明书或意向书。虽然截至本书完成之日，这些公司尚未上市，其招股书的信息可能已经过时，但是仍能提供一些宝贵的历史信息。

在 Web 3.0 方面，以太坊官网是一个丰富完善的资料库，其中包括 V 神本人撰写的《以太坊白皮书》和大量博客内容，以及对于 Web 3.0 各项概念的详尽解释。我强烈建议能够阅读英文的读者直接通过以太坊官网学习 Web 3.0 知识，而非通过良莠不齐的中文转译。

在生成式 AI 方面，OpenAI 官网有一定的意义，不过主要意义在于其提供的 ChatGPT 服务。很遗憾，OpenAI 官网不像以太坊官网那样提供了关于生成式 AI 的百科全书式的信息汇总。

生成式 AI 和 Web 3.0 都是学术研究的前沿方向，学术界围绕这些话题产生了大量论文。我建议有志于此的读者使用 Google Scholar 搜索引用次数较高的论文。本书撰写过程中参考了部分学术论文，但主要是从中学习基本知识，毕竟学术与应用之间的距离还是很远的，在此就不一一列出了。

美国国会研究服务机构（Congressional Research Service）是为美国国会立法提供支持的跨党派政策研究机构，针对元宇宙、Web 3.0、生成式 AI 等科技行业议题均发表过研究报告或纪要。我推荐一切对科技行业，尤其是对相关法律、政策、监管事务感兴趣的读者，通过其官网搜索和阅读其研究成果。

本书还参考过咨询公司、第三方研究机构或行业协会的研究成果：CNNIC，QuestMobile，W3Techs，Gartner，eMarketer，Jungle Scout，Flexera，IAB（Interactive Advertising Bureau），ComScore，等等。若有援引上述机构的数据或观点，在正文中都注明了出处。

作为美国乃至全球最大的兴趣导向社区，Discord 有大量关于生成式 AI 的讨论组，目前炙手可热的 AI 做图应用 Midjourney 就是 Discord 的一个插件。关注生成式 AI 最新进展的人，可以从海量的 Discord 相关频道获得取之不尽的学习资料。由于时间紧张，本书对 Discord 的参考只是浮光掠影。

除专业性资料之外，文艺作品往往也能为我们提供关于未来的宝贵参考。要预测未来，我们最缺乏的不是理论知识和逻辑，而是直观感受——毕竟我们都生活在当下而非未来。文艺作品中描述的未来，有时候能给我们灵光一闪的启发，让我们窥见未来可能的样子。而且，本书花了较大篇幅探讨内容产业的未来，这当然是基于对经典内容产品的研究分析。以下文艺作品对本书的成型帮助较大。

游戏：

《赛博朋克2077》（Cyberpunk 2077）

《命运石之门》（Steins; Gate）

《女神异闻录5》（Persona 5）

《新·弹丸论破V3》（Danganronpa V3）

《命运/冠位指定》（Fate/Grand Order）

《原神》（Genshin Impact）

《最终幻想14》（Final Fantasy XIV）

《逃离塔科夫》（Escape from Tarkov）

《生化危机：Village》（Resident Evil Village）

电影及剧集：

《银翼杀手》（Blade Runner）

《瞬息全宇宙》（Everything Everywhere All at Once）

《星球大战》系列（Star Wars film franchise）

《哈利·波特》系列（Harry Potter film franchise）

《彼得罗夫的流感》（Петров в гриппе）

《云图》（Cloud Atlas）

《西部世界》（Westworld）

《上载新生》（Upload）

《人生切割术》（Severance）

《疯子》（Maniac）

《花园墙外》（Over the Garden Wall）

《青春猪头少年不会梦到兔女郎学姐》（青春ブタ野郎はバニーガール先輩の夢を見ない）

《Re：从零开始的异世界生活》（Re:ゼロから始める異世界生活）

《刀剑神域》系列（ソードアート・オンライン）

小说：

《来自新世界》（新世界より）
《平滑世界和它的敌人》（なめらかな世界と、その敵）
《爱丽丝罪恶奇境》（アリス・ザ・ワンダーキラー）
《春宵苦短，少女前进吧！》（夜は短し歩けよ乙女）
《自指引擎》（Self-Reference ENGINE）
《名为帝国的记忆》（A Memory Called Empire）
《海伯利安》三部曲（The Hyperion Trilogy）
《陶偶》（Kiln People）
《游戏玩家》（The Player of Games）
《瓦伦丁君王的城堡》（Lord Valentine's Castle）
《追忆似水年华》（A La Recherche Du Temps Perdu）

即便上述文艺作品不能直接给读者带来关于 AI、Web 3.0 或 XR 技术前景的启发，相信它们蕴含的艺术性或娱乐性也足以让大家感到满意。

期待各位读者对本书提出批评指正。